复旦大学管理学院
文汇报经济部 编著

巅峰对话

（第二辑）

文汇-复旦管理学家圆桌谈

文匯出版社

编委名单

名誉主编（以姓氏首字母为序）

黄　强　陆雄文　王　勇　郁义鸿

主　　编

于保平　戎　兵

副 主 编

何连弟　陈颖燕　朱　伟

编　　辑

唐玮婕　张晓鸣　徐晶卉　叶松亭　傅盛裕　沈竹士　王颖颖　程亚婷

目录

创新，才有未来

陆雄文

（复旦大学管理学院院长、教授）

全球经济与社会正在发生深刻的变化，中国更是如此！

身处瞬息万变的大环境，商业领导者正时刻处于变革的风口浪尖。"狼来了"的戏码不再限于东西方的竞争或某个行业内的竞争，与未知、与自身搏斗是真实的新常态。其实，只有更宽容、更开放、更敢于尝试未知、更勇于迎接挑战，才有可能更发展。

一时的风头无两也许很快会销声匿迹，我们还需要进一步思考如何开创可持续发展的新局面。事有兴衰，不可胜在己，唯善于创新者才可立于不败之地。这个时代需要更多不因循守旧的智者、勇者。

唯此，人才是发展的根本。过去三十年来，商学教育随着国家经济的高速发展一同蓬勃进步。复旦大学管理学院恢复建院三十年来，培养出了一批又一批出类拔萃的管理专才、商业领袖，他们积极贡献于中国经济发展和商业文明进步。

下一个三十年，中国能否在过去三十年所垒叠起的巨大成就上再站上一个新平台，取决于我们是否有足够的智慧和勇气，取决于我们是否有高度的灵活性以及对创新升级的准备，取决于我们是否有能力将单向视角突破为多向视角，将局限思维进阶至无限思维。君子务本，本立而道生。只有学习创新拓展的能力，通过创新探索出方向，通过发展立足于长远，才能为社会、为未来创造价值。

所以，我们要把商学教育的发展与国家的变革与发展更紧密地结合在一起，为未来提供更充沛有头脑、有勇气的人才储备。

因此，我们要把中国企业发展的实践经验提炼成经得起检验的知识，并上升为理论，借助各种载体、通道，与全球的管理学者、商业实践者和社会公众交流分享。值此复旦大学管理学院恢复建院三十周年之际，我们将《变革的力量：中国企业30年成长案例》《复旦管理新知》与《巅峰对话——复旦－文汇管理学家圆桌谈》奉献给广大读者。第一本书中的案例研究展现了商学教育与商业实践密切的互动和合作；第二本书以通俗的方式展现了复旦管理学院学者的研究成果，以期给商业实践者以启迪；第三本书则及时回应了当下正在发生的商业热点话题。三本书多维度解读了这个时代的经济转型、管理挑战与商业创新，为中国的未来趋势贡献智慧。这也是复旦管理学院在课堂之外担当社会责任、助力国家进步的方式。

我相信，不管您是谁，展阅我们呈现的这三本书，都将有助于您在战略规划、谋篇布局、模式创新，乃至执行效率等方面有所启迪与收获。

君子不器，故而大。面对竞争和挑战，我们自修自省，深耕发力，共同开启下一个更加美好的三十年！

转什么，别转晕

王 勇

（《文汇报》副总编辑）

先看最近的一则新闻，说是某互联网公司开发出了机器人"写"新闻的绝招，号称一篇千余字的财经消息仅用时60秒，成品据称"文从句顺，数据翔实"，于是，有人惊呼：机器人码字又好又快，记者还不哭晕在厕所？

拿这事儿当开场白，就一目的——佐证这是一个充满着变化的时代。往大的说，中国经济进入新常态，超高速增长已成过去时，转型之路充满着未知的挑战；往小里说，纸质媒体正面临着生存大考，互联网新媒体如雨后春笋般涌出，传统媒体的前路似乎布满"不转型等死，转型找死"的地雷阵。

当下的中国，转型成了时不时就会飘入耳朵的高频词。无论是找到自己的市场定位，还是贴近自己的受众群体等，这些事情一直应该是纸媒要做的，但不会比现在更为迫切了。

要转型毋庸置疑，怎么转才是问题的核心。

新闻作为一个行当，源于人们对于"又快又准"信息的渴求。1959年9月22日，美国新闻评论家、作家沃尔特·李普曼在他70岁生日宴会上说，记者"以由表及里、由近及远的探求为己任，我们去推敲、去归纳、去想像和推测内部正在发生什么事情，它昨天意味着什么，明天又可能意味着什么。在这里，我们所做的只是每个主权公民应该做的事情，只不过其他人没有时间和兴趣来做罢了。"

随着时代的变迁，人们需求的个性化程度不断加深，新闻的表现形式、传播渠道也在发生重大的变化。如果要用"老黄历"来证明，电视的出现差点终结了广播，而当下互联网的蓬勃发展，同样已把报纸逼入了艰难的境地。

对于纸媒的管理者来说，"被"新媒体似乎成了一个不得不去"拼一把"的选择。但这过程中，我们看到了太多似是而非的尝试——不是把报纸搬上网络就叫做新媒体，不是写一些卖萌到近乎弱智的文章就能讨得年轻读者的欢心。而对于纸媒从业人员来说，身处与机器人同场竞技的时代，何必哭晕在厕所，如果受众对你文章的兴趣还不及一个机器人"写"的,那只能说明你完全没弄明白什么是新闻。

　　了解消费者的需求,这是任何市场管理的原点,然后才是分析自己所能运用到的资源,形成商业模式。经营企业如此,掌管纸媒亦如是。今年年初,有一条新闻很火,说是中国人都跑到"一衣带水"的邻国疯狂扫货马桶盖。这背后其实恰好折射出国内企业对于消费者需求的长期忽视,实在值得警醒与反思。

　　转型这条坑坑洼洼的路确实不好走,谁不想躺着就能把钱赚了。既然时代在变,那么我们就必须学会站着把型给转了,可千万别转晕咯!

原创型创新靠什么驱动

郁义鸿

（复旦大学管理学院产业经济学系教授）

值此恢复建院三十周年之际，复旦大学管理学院与文新报业集团文汇报社合作推出了《巅峰对话》的第二辑。

相比三年前推出的第一辑，本辑将"创新"这一主题置于更突出的位置。本辑开篇关于"新常态"的讨论揭示了创新驱动对于中国未来经济发展的重大意义，末篇落脚于教育本身的创新，体现了大学特别是商学教育在创新中应发挥的作用。全书首尾呼应，又在中间的每一章分别探讨了在产业升级、本土品牌突围、可持续发展、公共管理、"互联网+"商业模式等诸多领域中创新的影响和未来方向。

受托为本书作序，谨此就创新驱动这一话题提出一些个人的困惑及不成熟的思考，以期读者在分享百余位学者与践行者博大智慧与丰富经验之时，做一些更深层次的探究，或可激发创新思维并付诸实践，来推动中国的未来发展。

中国的快速增长在2012年已呈现拐点，2014年以来的增速下滑使得情势更为严峻，面向未来，如果不能实现创新驱动，中国很可能掉入"中等收入陷阱"。或许令人困惑的是，上自政府，下至企业及个人，早已谈论了多年的创新驱动，何以时至今日依然是一个需要大力呼吁和推动的事情？过去的中国发展难道没有依靠创新吗？未来的创新驱动与过去的创新驱动有何不同？过去的创新模式为何难以延续，并推动中国经济跨越"中等收入陷阱"？

以此视角分析，将创新划分为原创型创新和学习型创新两类模式是合适的。

不可否认，尽管中国增长"奇迹"的源泉主要来自于要素投入的增加且代价巨大，但创新与全要素生产率的提高也提供了强大的动力。但过去的创新主要是学习型创新，罕见原创型创新。说过去的创新仅仅是复制式的也是不公平的，但无论属于熊彼特五类创新——产品创新、技术创新、市场创新、资源配置创新和组织创新——中的哪一类，中国企业的创新主要得益于从发达国家的成果中进行学习，即使有所改进和完善，也主要是针对中国市场和消费特性的局部性的而非颠覆性的。概而言之，中国"奇迹"

的获得主要源于作为发展中国家的"后发优势"。

这样的创新模式难以持续,更难以借此跨越"中等收入陷阱",就因为"后发优势"已几乎利用殆尽。发达国家可供学习的东西越来越少,其对于核心技术的保护则日益加强,而恰恰在核心技术领域,中国与发达国家之间的差距仍然巨大。学习型创新无法获取核心技术,也就难以推动中国向更高发展阶段推进。

论及创新模式,原创型创新与学习型创新的关键差异在于其驱动力的性质和所需要的激励机制。原创型创新需要长期投入,而学习型创新采取的是"拿来主义",可在短期内见效,并不需要长期投入。

创新激励由制度决定,特别是,对整个国家而言,创新激励构成一个体系,是由整个的制度体系所决定的。从创新驱动角度而言,判断制度优劣的标准就是是否提供了足够强度的创新激励,特别是,是否具有足够的对原创型创新的激励。

就创新主体而言,企业家是核心。这么多年来,中国的企业大多追求短期利润,无论是国有企业还是民营企业,绝大多数在研发投入上极为不足。政府组织国家资源在航天等领域取得了举世瞩目的成就,但这种创新与民用领域相对分离,也未实现成果与资源的分享或协调合作。各级政府以GDP为导向,大量在创新扶持名目下的研发补贴却激励了对短期GDP增长有利的投资项目,而投入巨额资金的基础设施建设虽然改善了整体商业环境,却与创新无关。

就创新环境而言,长期激励首先来自于对知识产权的保护。C2C在国外被戏称为"Copy to China",反映了中国的学习型创新存在的深层次问题。学习型创新并不意味着简单复制,对创新环境的治理更不应任由"山寨"横行。在宏观层面上,房价连续多年的非理性上涨及过去一段时间的股市"疯牛"相继吸收了巨量资金,使得赚快钱、赚易钱成为人人追求的目标,大多数制造业企业都涉足房地产,二三十岁的年轻人都热衷于追逐股市短期暴利,这不仅使得原创型创新被弃之如敝屣,更使得急功近利就像毒液一般渗透到整个社会的文化理念之中。

就创新能力的培育而言,关键在于创新人才的培养。现行教育体制仍然具有显著的应试教育特征,而原创型创新所需要的人才应具有开放式和批判性思维的能力,应具有无约束的丰富想象力和冒险精神,这与应付考试的能力实在是风马牛不相及。

具有长期激励的社会激励体系需要通过制度变革和制度建设来构建,而制度变革非一朝一夕所能达成。与"后发优势"对应的"后发劣势"理论表明,当一个落后国家选择了较易见效的对发达国家的技术和工业化模式的模仿,虽然能够实现短期的快速增长，但却很可能因此导致制度变革的滞后，结果会给长期发展制造障碍，甚至导致长期发展的失败。这一概念原文为"Curse To The Late Comer"，即"对后来者的诅咒"，可见这一路径选择对于发展中国家长期发展具有何等重要的意义。

尽管中国的改革取得了巨大成就，但迄今并未构建起较为完善的制度体系，特别是，未能构建起提供足够创新激励的制度体系。正因为此，中国正遭遇原创型创新的瓶颈，因而面对跨越"中等收入陷阱"的极大挑战。

在此意义上，中国经济转型成功的关键在于创新模式的转型，而创新模式转型成功的关键在于构建能够提供强有力的长期激励的制度体系。在这一转型中，中国的商学教育所应承担的社会责任，不仅在于创新方向和创新之术的介绍与分享，更在于将原创型创新作为一种商业乃至社会文化的推崇和培育。

Chapter 1

第一章　面对经济新常态

中国经济运行增速有所放缓，经济发展进入了新常态。新常态，意味着经济增长方式更趋合理，对全球的影响将更为深刻和全面，但也不可避免地带来了新问题、新矛盾和一些潜在风险。我们不仅要将目光投放到如何抓住并利用发展的有利机遇，同时也要清醒地认识到规避风险的重要性和迫切性。如何面对复杂的国际国内经济形势？能否适应新常态、找到新平衡？关键在于全面深化改革的力度。

改革攻坚战的"中国式路径"

2015年9月7日，国家统计局发布数据显示，经初步核实，2014年GDP现价总量为636 139亿元，比初步核算数减少324亿元，按不变价格计算的增长速度为7.3%，比初步核算数降低0.1个百分点。虽然修订GDP是各国惯例，但这次下调，还是引来不少猜测。

中国经济不行了？未来的走势究竟如何？面对唱衰和质疑，关于中国经济的四个最新判断，也许会给你答案。

判断一：中国经济整体平稳的基本面没有变。"当前中国经济状况仍在预期之内。"中国财政部部长楼继伟近期也再次回应了外界的猜疑。楼继伟说，中国经济增速预计将保持在7%左右，并且这一状态可能持续4到5年的时间。"即使增速放缓，中国经济对全球经济增长的贡献率仍达到30%左右。"

判断二：中国宏观经济政策不会有大调整。楼继伟给了明确回应，中国政府不会特别在意季度性的短期经济波动，将保持宏观经济政策的"定力"。定力何来？楼继伟进一步表示，宏观经济政策将继续着眼于综合性目标，特别是保持就业增长和物价稳定，不会因为单个经济指标的变化而做大的政策调整。

判断三：股市调整大致到位，金融市场风险可控。中国人民银行行长周小川给出了最新答案：六月中旬以来，中国股市发生了三轮调整，但调整对实体经济未产生显著影响。股市调整以来，杠杆率已明显下降。目前，人民币兑美元汇率已经趋于稳定，股市调整已大致到位，金融市场可望更为稳定。

判断四：中小企业将获更多政策红利。一方面，国家用投资给中小企业发红利。在9月1日的国务院常务会议上，决定建立总规模为600亿元的国家中小企业发展基金。基金重点支持种子期、初创期成长型中小企业发展。另一方面与之配套，用减税为其卸包袱。在8月19日的国务院常务会议上，国家再度为小微企业减税。

如何确保GDP增长、国企改革、自贸区建设、产业升级、城镇化等都是被关心关注的重大话题。

嘉宾

张 军

复旦大学经济学院院长、教授

"中国应该避免美国经济'生产率不增长、创造就业能力弱'的结构性问题，通过劳动生产率的提升和发展实体经济，让更多的人由此获得财富，从而进一步带动消费。"

芮明杰

复旦大学管理学院产业经济学系教授、系主任

"要正确定位政府、企业与市场的关系，把政府不该管的事放下。而在关键时期，政府的出资既能够扶持产业，又能够使政府获益，这才是国有资产投资的正确方式。"

罗云辉

复旦大学管理学院产业经济学系副教授

"调整与空间、环境等要素的刚性约束相关联，使得我们应主要以智力要素为投入增量，以对刚性要素比例要求低的服务业为重要产业载体，走向创新驱动。"

中国经济的未来增长前景

↓ 中国经济基本面相比其他新兴市场经济国家情况如何？

张 军

与大多数新兴市场经济国家相比，中国的宏观经济基本面比较稳健。

对于中国经济发展的信心，以对基本面的判断为前提。首先，中国储蓄率高，维持在约50%的水平，比印度高近一倍；其次，政府长期控制赤字，中央政府赤字基本维持在2%至3%，而地方政府不可以有赤字；第三，20世纪90年代制定了法律，禁止地方政府向银行举债，中央财政也不可以向银行透支，消除了通货膨胀的隐患；最后一点是，虽然资本账户不开放，但形成了一道防火墙，同时，对长期资本持欢迎和开放政策，使在华直接投资始终存在。

这些条件使中国保持着较为稳固的经济基础，而与中国同列"金砖国家"的巴西、印度、南非、俄罗斯，其经济基本面普遍存在问题，主要体现在以下几点：

首先，储蓄率普遍在20%以下，缺少经济发展的资本。其次，政府面临高额债务与贸易赤字，没有足够的能力治理经济。还有一个与中国最大的不同在于，它们几乎都已实现了金融自由化，国际资本能够自由出入。虽然过去几年，国际资本涌入带动了这些国家的短期繁荣，但国际资本退潮也极易给它们带来影响。随着美国启动QE退出机制，短期繁荣也随之退去，这些国家经济基本面上长期遗留下来的结构问题又重新浮出水面。

↓ 中国经济的持续增长动力在何处？

张 军

尽管宏观经济基本面比较稳健，GDP增速仍处于中高速增长水平，但与此相比，劳动生产率提升十分缓慢，经济增长主要依靠投资驱动。中国经济的持续增长需要从要素驱动、投资驱动转向效率驱动。

早在1994年，美国经济学家克鲁格曼（Paul Robin Krugman）在其《亚洲经济的神话》一书中便指出了效率驱动的问题。而克鲁格曼的结论借鉴了刘遵义教授20世纪80年代的研究成果，刘遵义在研究20世纪80年代亚洲新兴市场经济国家的增长核算中发现，亚洲经济体尽管增长很快，但主要靠投资，生产率改进的速度很慢。经济增长靠的是"汗水"，而非"灵感"。随着人口老龄化的加剧，具有消费能力却不具有劳动能力的人增多，一国的储蓄率降低，投资受到限制，生产率改进的速度会更慢，从而进一步束缚经济增长的脚步。

保罗·萨缪尔森（Paul A. Samuelson）的要素价格均等化定理阐述了劳动生产率的重要性。经济增长是一个长期现象，由生产力决定，劳动生产率提高会拉动大量就业，提升工资水平，进而提高消费水平，部分消费品价格提高最终会带来物价水平的普遍提高，包括房地产和其他服务业的价格，进而使得全社会各部门收入水平都得到提升。因此，劳动生产率的提高对于实体经济各部门来说都是不可忽视的。

中国目前就面临"汗水"向"灵感"转换的问题。改革开放30多年，中国的制造业主要集中在中间产品和加工产业，且多为劳动密集型，在全球产业链上处于低附加值的生产地位，即靠"汗水"发展经济，而不是依靠创新与技术进步，通过提升劳动生产率来获得收益。

作为经济学家，我们评价一个国家经济的未来增长前景时，会看它是否在人均收入水平较低的时候注重发展实体经济，因为只有实体经济发展，人均资本存量才能扩大，即实现资本深化，这是一个很重要的逻辑。

劳动生产率的提升问题不仅困扰着中国，自2008年金融危机以来，美国劳动生产率的增长也处于长期低迷状态。克林顿政府财政部长、奥巴马政府经济顾问委员会主席，前哈佛大学校长拉瑞·萨默斯（Larry Summers）认为，美国在过去这么长时间以来，劳动生产率年增长不足1%，经济复苏主要靠需求拉动、银行信贷和房地产增长。中产阶级的劳动生产率没有提高。

参考美国的现状，针对提高劳动生产率的必要性，以金融、房地产为代表的服务业，虽然可以创造巨大的收益，但不提升整体经济的劳动生产率，反而拉高了生产要素和工资等价格。所以，房地产、金融发展得再好，依然是一种自我循环、自娱自乐的发展模式，对实体经济没有明显助益。中国应该避免美国经济"生产率不增长、创造就业能力弱"的结构性问题，通过劳动生产率的提升和发展实体经济，让更多的人由此获得财富，从而进一步带动消费。中国过去30年劳动生产率的年平均增长率为4%，若未来10到15年要保持7%至8%的GDP增长，劳动生产率的年增长必须达到或接近3%。

国企改革如何"落地"？

↓国有企业新一轮改革愈演愈烈，发展"混合所有制"仍是改革重点之一，落实混改难度有多大？

芮明杰

混合所有制存在一个重要问题：相比国资控股，民资控股的混合所有制企业通常运营效果更好。因此，在过去国有企业掌握控股权的混合所有制改革中，一些有实力的民营资本并不愿意和国企"混合"。如何看待、改变这一状况，值得探讨。

资本永远是追求利益的，有实力的民资为何不愿意与国资混合？经济学原理和各国实践显示，国企的决策速度、市场反应速度比民企慢，如果没有国家资源的支持，在完全竞争的市场上胜算如何，很难说。

在现实层面，由自然人作为法人的企业股东自主决策、自负盈亏，承担有限责任或无限责任，市场反应速度快。而国有资本的"所有人"是虚拟的，因其所有权归国家，国家是一个机构，而非确定的自然人。各级政府代表人民来履行国有资本的决策和管理职责，决策过程庞杂漫长、效率低反应慢是很正常的事。

西方发达国家在二战后至20世纪80年代也都曾经出现过国有化热潮，虽然与中国情况不完全一样，也一度挽救了资本主义国家的周期性经济危机，但国有企业成本高、效率低、亏损严重，造成国家财政赤字连年增加，私人资本发展受到很大影响。于是，在80年代后，国外又掀起了私有化浪潮。

↓ 中国南车与中国北车，中电投与国家核电已宣布合并，而关于各央企巨头合并的传言也是此起彼伏，民营资本与央企的整合"婚姻"前途如何？

芮明杰

新中国建立以来，无论是在竞争性领域还是非竞争性领域，大型和超大型企业都属于国有。即使在股份制改造之后，国有资产仍占据绝对份额。2006年，政府确认了国家要保持"绝对控制权"的七大战略产业：国防、电力、石油石化、电力通信、煤炭、民航和航运。在这些产业中，国企之间存在着一定的、但受到严格限制的竞争，而对新企业进入市场的管制则非常强。

发展混合所有制经济的改革主题定下后，作为央企的领军者，中石化率先启动在油品销售业务板块进行重组，引入社会和民营资本。然而，寄期望于民营资本参与到具有垄断地位的国有资本企业中去，以此来打破垄断，这种想法过于简单。

在国有企业新一轮的改革中，政府要有决心将现存的一些超大型垄断企业进行强制性分拆，这一点，在发达国家中已有成功先例。以美国电信业为例，自1910年起，AT&T公司把全美国的电信业置于其独家垄断之下达数十年。为了在长话领域建立竞争机制，1984年，美国政府以反垄断法为依据将AT&T强行"拆分"为一个长途电话公司和7个地方性电话公司。为了扶持AT&T的竞争对手，政府规定，AT&T作为垄断者，只能在一定限度内修改价格，而其竞争者则可以自由修改价格。这促使Sprint、Wordcom、MCI等一批全新电信商应运而生。竞争的直接结果是：到1992年，长途通信费用创纪录地下降了38%—40%；移动通信获得迅速发展；基于电话网上的增值服务业务达30万种之多。这在当时对促进美国电信业发展起到了积极的推动作用。

↓ 这一轮国资国企改革方向已定、细则未出，究竟该如何具体落地？

芮明杰

从公平和效率角度来讲，除了在不以营利为目的，而是旨在服务大众的公共领域保留国资，国有资本应从竞争性行业彻底退出，这既符合国有资本的特性，也符合广大百姓的利益。

当然，特殊时期，政府可以也应当在竞争性领域出资，对行业进行扶植、稳定、保护，甚至是保护或支持某一特定企业。比如2008年国际金融危机爆发后，美国最大汽车巨头通用陷入困境。为避免整个汽车产业崩溃，联邦政府紧急寻求国会授权，出台"不良资产救助计划"，开始向通用注资。救助计划"帮助稳定汽车产业,避免了另一场大萧条"。5年后,当通用实现了盈利后,美国财政部全部售出其所持通用汽车股票,彻底退出对汽车产业的救助。

要正确定位政府、企业与市场的关系,把政府不该管的事放下。而在关键时期,政府的出资既能够扶持产业,又能够使政府获益,这才是国有资产投资的正确方式。

突破生产要素刚性约束,助推产业升级转型

↓产业转型升级已成为一个切实摆在眼前的命题,如何破题?

罗云辉

一个经济体,如同一个企业,完成产出所需要的要素之间存在相互依赖和制约。基本的制约体现在:若某些要素不能增加的话,其他要素增加之与经济增长的效果就递减,而突破这种要素比例约束得靠技术进步。上海的土地面积、环境承载力、自然资源等生产要素都很有限,外延式的发展很容易就碰到这几类要素的刚性约束,使得投资回报率,或者说经济效率下降。"十一五"以来,不包括崇明,上海每年每平方公里的投资额都在1亿以上,若没有技术进步及由此引致的产业升级,增量要素的回报和整体的效率势必下降。

↓到目前为止,上海产业升级进展到什么程度呢?

罗云辉

上海的产业结构,按通常所用的标准,几年前就已达到"后工业化阶段"或"服务业主导"阶段了。

但对此类阶段划分,不必很在意。这种阶段划分好处是简单、直观,但容易让人产生某些产业总是优于另一些产业的认识误解,在政策导向上厚此薄彼。事实上,我们看到技术进步和商业模式创新可以导致新一轮的工业革命,可以迫使服务业已高度发展的美国着力于"再工业化",美国、法国、荷兰、以色列等国家,农业仍然持续发展并具有很强的科技含量和竞争力。在产业升级过程中,最活跃的因素未必是能事先预计的。因此,产业升级是表象,对其进行阶段划分往往是为了我们简化、方便的理解,但实质性的问题,还是要抓住其背后"资源配置效率"这个"里子"。

资源配置的效率,无论是中外经验,还是理论分析,都说明市场机制是有效手段,应起决定性作用。市场机制的有效运行,需要一定的"基础设施"。因此,

我们考察上海产业升级的水平，一个有效、可观察的视角是判断市场机制运行所依赖的"基础设施"，也就是给予资产权利的空间和保障程度。从这一视角看，上海在依法行政和服务型政府建设、投资环境的改善、要素市场建设、自贸区行业准入和简化审批、公用事业要素的价格管制和牌照发放等方面都已取得很大进步。

↓产业升级下一站的关键领域？

罗云辉

在看到进步的同时，依然有些问题是无法忽略的。就目前来看，产业升级仍是上海下一步经济工作的重点。调整与空间、环境等要素的刚性约束相关联，使得我们应主要以智力要素为投入增量，以对刚性要素比例要求低的服务业为重要产业载体，走向创新驱动。同时，政府的规划、服务、奖惩机制等方面的措施也都很重要，不过，可以更加关注行业准入、价格管制放松带来的机遇。

很多该大力发展的产业，特别是服务业，在上海是有很强潜力的。但由于准入还受到抑制，价格管制也不利于投资，产业的潜力远未发挥出来。如医疗服务业，需求持续高增长，但进入的壁垒很高，新医院审批、医护人员的编制、药品的价格管制，导致产业投资不足、竞争不足、医院管理效率不足、医药用品生产的创新不足。事实上，中国人口多，医生的临床实践丰富，上海不少医院科室在全球都具有很强的服务实力，加上丰富的医疗科研和人才储备，完全可通过加强监管、放松投资准入和价格管制促进行业大发展。韩国仅仅靠医疗美容，一年就能创造600亿美元的产值，其中一半消费者为中国人，连带还促进了其旅游、餐饮等诸多产业发展。

再比如教育，对高等教育、职业教育可开拓创新，引入社会力量办学。不仅节约财政资金，也有利于人力资本供给与社会需求的衔接，有利于教育机构的良性竞争和质量提高。现在大量的中国学生到国外就学，甚至成为东道国的经济增长点，我们拥有天时、地利，完全可以通过准入、价格、监管体系的改革，达到"人和"，实现发展，同时实现国民素质的提高。

类似的还有金融、文化、体育等产业。从这一点出发，我们也就意识到，上海自贸区的"负面清单"、"准入前国民待遇"具有重大意义，好的经验可先推广到整个上海。当然，很多影响上海产业升级的重要变量具有全国性或全局性，其调整完善，并非上海本身所能决定，如外资政策、税制、存款利率、汇率等。但从另一方面来看，国家整体性的改革需要探索，也需要平稳性。上海大可不必自缚手脚，完全可以在关键领域大胆地先行先试。

【延伸阅读】

《21世纪资本论》

作者：Thomas Piketty

（中信出版社）

《21世纪资本论》一书，提出了一个历史上被频繁提及、我们也心有戚戚的问题：不平等。作者是法国经济学家、巴黎经济学院教授，他在书中将不平等分成三类：劳动收入的不平等，资本所有权及其大量获取的收入的不平等，以及这两类不平等之间的互动。

作者列出了一些触目惊心的数据：在财富分配最均等的国家，如1970至1980年代的北欧诸国，最富有的10%的人口拥有50%的国民财富；到2010年，大多数欧洲国家的这一比例已升至60%，其中尤以法国、德国、英国和意大利为甚。在所有这些国家中，半数人口几乎一无所有，50%最穷的人拥有不到10%的国民财富，且通常该比率低于5%；而在10%的最富有者中间，金融与商业资产明显超过了地产，特别是股份与合伙人股份几乎构成了最大宗的财产。在拥有200万至500万欧元的人口中，地产占不到其财富值的三分之一；500万以上者，则不到10%。由此可见，房产只是中产阶级和比较有钱的人最爱的投资，真正的财富则由金融与商业资产构成。

作者认为，只有通过对资本（包括所有金融资产与非金融资产，可课税的财富应以其市场价值来决定）课取累进税，才能实现真正意义上的平等。但由于资本流动日益自由，富人的资本就会选择转移至低税率国家逃税。最理想的状态就是实现国际合作，至少也是地区性合作，比如欧盟内部实现银行数据共享，便可实时追踪资本的构成与资本的流向。虽然作者也说全球资本税的提议无异于"乌托邦"，但仍旧是一个"有益的乌托邦"。

（推荐人张竝，系自由译者、复旦商业知识FBK特约撰稿人）

十字路口的中国经济

　　席卷全球的金融危机爆发至今已超过7年,然而眼前的世界经济依然是增长乏力,身处其中的中国经济自然也受到了下行的压力,一方面稳中向好,但另一方面稳中也有难。

　　在一系列结构性改革的过程中,如何应对结构性调整带来的暂时性阵痛,如何保持经济在合理区间内平稳运行,这些问号将成为中国经济转型之路上一道道必须跨过去的门槛。复旦大学举办的"2014上海论坛"上,来自全球的学、政、商界领袖聚焦遭遇着增速放缓的中国经济,不约而同表达了坚持改革、坚定信心的看法。在结构调整的过程中,把质量提到速度之前,从中长期看中国经济仍有不小的潜力。在金融创新与金融稳定方面,让金融"回归"实体经济成了共识。在城市化升级与城市未来方面,则关注中国"城镇化"的道路和战略,以及城市规划与管理之道。

嘉宾

华　民

复旦大学世界经济研究所所长

　　"所有的这些经济活动,都是为实体经济服务的,离开实体经济,大部分的金融活动就是纯粹的交易,不会创造真实财富。"

刘利刚

澳新银行中国区首席经济学家

　　"金融改革应该有先有后。资本账户开放、人民币国际化都是一个长期的战略。"

邵　宇

东方证券首席经济学家

"中国经济正面临三重断裂，即增长模式的更新、改革元素的配合、全球化的再平衡的断裂。"

金范中

韩国海洋水产开发院中国研究中心主任

"自由贸易区成功的关键，是要有一个完善配套的法制保障体系，同时其管理机构必须有强大的管理能力。"

邱丽萍

香港贸易发展局大中华区研究副总监

"由于供应链的分散化分布，要求跨国公司有全球化复杂供应链管理的能力，同时管理许多供应链并进行高度有效的协调，迅速响应客户需求。"

Pauline van der Meer Mohr

鹿特丹伊拉斯姆斯大学校长

"增强港口的互联互通性，能够提升自由贸易区的竞争力。"

简大年

中国（上海）自由贸易试验区管委会副主任

"上海自贸区真正的本质，不仅是园区物流、集散功能的提高、产业的发展，或者贸易便利化环境的改善，它是我们国家的制度创新的试验田。"

Graham Mather

世界自贸区协会主席

"上海自贸区并不是简单地把一块地圈起来，有一些特殊安排的区域，更重要的，它是一片试验田，能够将试验田中的经验、理念推广到中国。"

刘传江

武汉大学经济与管理学院教授

"从农民到市民走两步，难以穿越'双重户籍墙'。而藏在'户籍墙'背后的是社会利益调整的问题。"

陈安杰

原上海市杨浦区区委书记

"改革开放给了上海史无前例的机遇。这个机遇到现在还产生效益，就是中国（上海）自由贸易试验区。"

陈友华

南京大学社会学院教授

"城市病背后的成因取决于两股力量的博弈，一股是市场，一股是政府。"

赵鹏军

北京大学城市与交通规划研究中心教授

"大城市病带来了乡镇地区发展滞后；乡镇地区发展滞后，又很难承接大城市人口的转移。"

许成钢

香港大学经济及金融学院教授

"市场帮助你解决效率的问题，而区域规划帮助你解决环境的问题。"

金融改革"回归"实体经济

↓近年来，中国大力推进金融改革，如果让各位对目前正在进行中的中国金融改革提些建议，当前最应该关注什么？

华 民

什么样的金融是有价值的？第一，为企业家正常的经营活动提供融资，包括债券市场和信贷市场。第二，为企业家的创新活动提供资金来源，即资本市场、股权融资。第三，如果企业家要创业，创业风险不但银行解决不了，资本市场也解决不了，那么就需要风险投资和私募股权投资。第四，所有大宗商品的库存都会面临时间风险，企业家要规避风险，就需要有一个远期产品。最后是政府方面，得有国债和地方政府债。所有的这些经济活动，都是为实体经济服务的，离开实体经济，大部分的金融活动就是纯粹的交易，不会创造真实财富。

在我看来,中国必须回到实业为本的道路,脱离了实体经济的金融很容易导致泡沫。我们要让银行业自由竞争,要把银行业的准入门槛拆掉,还要降低融资成本,恢复实体经济的增长。

刘利刚

金融改革应该有先有后。资本账户开放、人民币国际化都是一个长期的战略。以资本账户开放为例,最开始是鼓励海外对中国的投资,开放外商直接投资(FDI),吸引资本流入,在今后的一段时间内,我们应该转变为鼓励资本流出,让民间资本更容易地走出去。如果在吸引大量资本流入的同时,国内的资本也能够通畅地走出去,其实就能为国内资产价格减压。

↓我们讨论人民币,其实是把人民币国际化当作经济结构调整的途径。聚焦当下中国经济,我们到底面临着什么样的问题,有没有办法化解?

邵 宇

中国经济正面临三重断裂,即增长模式的更新、改革元素的配合、全球化的再平衡的断裂。因此接下来5至8年的时间,对于中国来说相当关键,如果我们能采取合理的策略,跃过中等收入陷阱,那么我们就能跨上高收入国家的台阶。

短期而言,要守住中国经济增长的底线。守住底线一定要投资,大家没有必要把它妖魔化,只不过投资要有效率,要倾向于民生,要符合改革的目标。比如,新的城镇化就需要投资,但不能再由政府一肩挑,而是可以通过公私合作模式PPP(Private Public Partnership)来完成。

华 民

当前的问题是: 短期我们能做什么? 长期我们能做什么? 我认为,短期一定要提高市场力量和投资意愿,本质在于提高利润率。最基本的做法是政府减税,进行财税改革;另外实行宽松货币政策。简单来说,就是把财政紧一紧,把市场松一松,资源配置向实体倾斜,短期来看,两三年就可以见效。

中长期来说,就是深化改革开放,深入推动市场化。这么一步一步推动下去,中国经济的潜力就能得到释放。

刘利刚

在政策方面中国可以做的有很多,成功的概率也很大。我对中国的经济一点都不悲观，只要把政策统筹做好，今后的十年应该是中国经济的黄金十年。

目前，除了财政的稳增长措施之外，货币政策也有宽松的空间。如果下一步中国的利率政策放松，可能还要用传统的货币政策放松的渠道，即存款利息要下降，降低存准率，这样整个经济体的融资成本才能下降。

自贸区：成功关键是什么？

↓ 能否结合国际已有的自贸园区、港区经验，谈一谈对上海自贸区的借鉴意义？

金范中

韩国从1970年开始建立了经济特殊区域，截至目前共有13个自由贸易区、8个特殊经济区，主要的港口都被纳入不同的经济发展区域。自由贸易区成功的关键，是要有一个完善配套的法制保障体系，同时其管理机构必须有强大的管理能力。

邱丽萍

作为中国最大的自贸区，香港的优势在于，货物进出香港不用交任何海关关税，设立企业也没有任何成本，外商投资者可以把利润汇回国内。由于供应链的分散化分布，要求跨国公司有全球化复杂供应链管理的能力，同时管理许多供应链并进行高度有效的协调，迅速响应客户需求。香港在此间起到了一个枢纽作用，它可以提供成熟的环境和服务支持，帮助贸易企业更好地管理其分散的供应链和价值链。因此服务非常重要，链条中的每个环节都可以通过这种服务业进行高度整合。

Pauline van der Meer Mohr

增强港口的互联互通性，能够提升自由贸易区的竞争力。首先应增加上海港内部的互联互通性，同时加强中国各个港口间的互联互通，以及中国港口和世界各国主要大港的互联互通。税收和相关的监管制度的完善，可以提高互联互通性。例如：2007年荷兰政府推出AEO证书认证，一旦获得认证，相关政府部门的控制就会减少，企业在国际贸易中可节省时间。此外，还可以对整个价值链、供应链进行认证。通过这样的方式，完成供应链认证后，港口与港口之间的互联互通性就会得到提升。

↓和其他的自贸区相比,上海自贸区有哪些不同之处?

简大年

　　上海自贸区不是传统意义上的自贸试验区,至少是"形似神不似"。所谓形似,它也是在一个国家的范围内划出一块区域,还有传统的物理围网,而且有一个很规范的面积。但上海自贸区真正的本质,不仅是园区物流、集散功能的提高、产业的发展,或者贸易便利化环境的改善,它是我们国家的制度创新的试验田。上海自贸区的成功怎么衡量? 制度创新能够完成,就是自贸区的成功。制度创新的核心和要害是两条:第一,通过负面清单管理模式等国际通行规则的推出,形成自贸区高标准的投资贸易规范。第二,通过高标准的投资贸易规则的制定和政府职能的转变、管理方式的创新,实现政府改革。

Graham Mather

　　我们之前一直在怀疑政府是不是全能全知,认为政府出台的政策必须"非黑即白"。但上海自贸区将成为一个巨大的试验场,而且走在创新改革的前沿,我对此深表赞同。

　　只有在不断的试验和改革当中,才能获得相关的经验,并且将经验复制推广。虽然自贸区还是雏形,但未来的空间是非常巨大的,上海自贸区不管是在国家、社会还是民族进步的过程中,都将扮演独特的角色,和世界的前沿的标准同行,成为下一个自由贸易区概念创新的基础。

↓既然上海自贸区的特别之处在于制度创新,如何推进?

简大年

　　第一,制度创新必须更好地和整个政府的简政放权结合起来。第二,制度创新必须更好地与企业的用户体验结合。第三,制度创新必须更好地与国际规则结合。第四,制度创新必须更好地与上海的"四个中心"建设结合。第五,制度创新必须更好地与自贸区的可持续、可服务结合。

　　自贸区是一个非常好的国家战略,不过要注意两条,不是要在自贸区建立一个金融中心,也不是建立一个人民币的离岸中心,而是把国家新的金融政策、金融产品,甚至一些金融标准在这里试验。

Graham Mather

　　如果要确保自由贸易区的成功,必须要实现政策设计和监督管理,包括能够很好地从过失和错误当中迅速地学习,克服困难和障碍。在这方面,上海做得非常好。

未来的发展方向何在? 上海自贸区并不是简单地把一块地圈起来,有一些特殊安排的区域,更重要的,它是一片试验田,能够将试验田中的经验、理念推广到中国。在过程中,不妨学一下以前欧洲的一些做法、经验。比如说国家资源给予和帮助,信奉自由贸易体系和管理制度是否能有一个平衡。如果这样的一个做法能够成立,它就会很好地消除一些不平衡、不公正、不透明现象。

城市与城镇化的变与病

↓ 中国的城市发展与城镇化大致经历过哪些重要阶段?

刘传江

中国过去50多年的城镇化道路大致可以归纳如下: 第一是在计划经济时代政府行为主导的政策规制型城镇化,以户籍、行政力量构造起城乡分割的二元社会,以农补工、抑乡重城,设置有高门槛的城乡人口迁移准入。

第二是在改革开放之后,可以称之为市场导向型的市场吸纳型城镇化,主要是源于人口流动管制有条件放松后出现的经济利益驱动。这种城镇化的基本轨迹和现状是大量的农村剩余劳动力背井离乡,进城务工经商,其中绝大多数没能在城市定居中变成真正意义的市民。

从农民到市民走两步,难以穿越“双重户籍墙”。而藏在“户籍墙”背后的是社会利益调整的问题。中国现在2.69亿农民工绝大部分属于这样的类型,转移不稳定、不彻底,其中最大的约束,就是财政属地体制下,城市财政预算不考虑非户籍人口的公共产品供给,无法分摊这部分人的市民化成本。

第三条道路是整合资源,建立达到国际水平的新型城镇,将周边几个乡镇结合,使得农民变成市民。这条道路已经有企业推动的案例。

陈安杰

城市和人一样,从小村庄到大都市,不仅需要自身努力,同时也离不开难得的发展机遇。新中国建立之前,有两个大的机遇推动上海的国际化进程。

鸦片战争以后,清政府开放五个口岸,当时上海是小县城,因为得天独厚的地理位置,得到迅速发展,出现很多商行、银行。

第二个机遇是20世纪20年代末期国民政府把上海市中心设在杨浦五角场,建了市政府大厦、博物馆、图书馆、江湾体育场。

这两次机遇对上海国际化发展有很大帮助，同时加快了城市经济发展。

新中国成立以后，改革开放给了上海史无前例的机遇。浦东原先的农田，现在变成全球创新和发展的前沿。这个机遇到现在还产生效益，就是中国（上海）自由贸易试验区。

↓在城镇化和城市发展过程中，有哪些比较明显的问题？

许成钢

人多地少是中国城镇化的最大制约因素。城镇化建设面临土地制度以及监管等方面的一系列难题，其中，如何"提高城镇建设用地利用效率"尤其值得关注。提升城镇建设用地利用效率，意味着必须加速突出土地资源的集约利用、高效配置。

所有发达经济体在城镇化建设过程中都有一个共同的做法，叫作区域规划。市场帮助你解决效率的问题，而区域规划帮助你解决环境的问题。城镇化的过程，并不意味着一切事情都由市场决定。

在城镇化推进过程中，如何处理好中央和地方政府之间的关系，是另一个值得关注的话题。全面改革需要很长时间，在短时间里，应该尽量设计自下而上的监督机制。否则，从上至下的统治不会有效率，无法解决地方政府的激励机制问题，也就不可能满足地方的发展需要。

陈友华

在以往城市化过程中，出现过很多城市病，而且愈演愈烈。城市病治理不仅牵涉大城市政府，也牵涉到大城市的居民。城市病主要发生在大城市，由于人口的大量积聚，会产生一些问题。实际上城市发展过程有规律，初期很慢，然后加速发展，在50%左右又进入减速过程，出现S形曲线。

城市发展不同时期有不同特点，首先农村人进城，城市人口增加、城市规模不断扩张。第二阶段是中小城市往大城市跑，大城市繁荣的同时，中小城市走向衰败。城市化意味着生产和消费更集中、规模更大，城市病是城市发展到某一个阶段必然出现的现象。

城市病背后的成因取决于两股力量的博弈，一股是市场，一股是政府。市场按照效益取向，会带来"马太效应"；政府资源投放则按照公平原则进行，维持社会和谐和稳定。

中国城市病的病因可归结三个方面，一是人口过快、过多地单向聚集；二是优质资源过度集中；第三，城市规划合理性以及规划的非刚性执行，导致定位混乱。

赵鹏军

我们的大城市生病了，交通拥堵、城市蔓延、环境污染、人口拥挤。与此同时，小城镇发展非常不足。这其实反映出城市运行过程中最本质的东西，第一是区域空间问题、空间效率问题，在同样的投入之下怎样的空间布局最有效；第二是社会公平问题。

这两个问题不是孤立的。大城市病带来了乡镇地区发展滞后；乡镇地区发展滞后，又很难承接大城市人口的转移。

↓一方面，城市病正日益显现。另一方面，新型城镇化肩负着弥合城乡差距的任务。未来的道路应该如何走？

赵鹏军

对中国来说，未来的大城市、新格局，不仅仅是大城市的繁荣，更重要的是城市与乡村的共存，实现农村现代化的过程。其次，实现城镇化空间优化目标，不仅仅依赖于空间的改造，与交通系统相结合，可能会更有效地实现目标。第三，村庄布局分散的背景下，大力建设乡村捷运系统，发展乡村公交，促进公共设施的服务均等化。第四，要多方面提高农村机动化水平，提供村庄内部道路的街道化，完善设施，在交通领域实现精细城镇化与人文关怀。

【延伸阅读】

《布雷顿森林货币战：美元如何统治世界》

作者：Benn Steil
（机械工业出版社）

1944年的布雷顿森林会议是自巴黎和会以来最重要的国际会议。虽然参会国家多达44个，但是会议的核心成果是在美英两国之间达成。时过境迁70载，历史再次走到一个特殊的时点。

美国外交关系学会国际经济部主任 Benn Steil 在其最新的著作《布雷顿森林货币战》一书中，将今天世界最大的债权国中国和最大的债务国美国同当年的美英做比较。我们不禁要问，历史是否会复现？人民币能够挑战美元的主导地位吗？

作者指出，目前美国在经济和政治实力上的"衰退"是相对于中国迎头追赶的惊人增速。在可以预见的未来，中国经济的飞跃不可小觑；然而，如今美国的情形和70年前的英国也是大相径庭的。20世纪40年代，英国经过了两场世界大战，将国库中的资金消耗殆尽，走到了破产的边缘。而今日的美国仍有印刷、发行货币和偿付债务的能力，并且美元仍然占据着全球60%以上的外汇储备。因此，拥有强大绝对地位的美元，仍未有其他货币竞争迫近的威胁。

尽管中国正在努力实现人民币的可兑换，而即使要达到欧元24%的外汇储备水平，还有很长的路要走。作者建议，中国需进一步深化改革，强化债券市场环境，从而吸引并支持更多的外国投资者。

经济"新常态"亟需管理学科创新

　　当前中国经济发展正在进入新常态。所谓"新常态"意味着经济增长方式更趋合理，对全球的影响将更为深刻和全面，但也不可避免地带来了新问题、新矛盾和一些潜在风险。如何面对复杂的国际国内经济形势，如何面对新常态下经济发展速度变化、结构优化、动力转换的特征，从国家发展战略到企业经营策略都离不开管理学的探索、创新与突破。

　　在复旦管理学奖励基金会和复旦大学联合主办的2015复旦管理学国际论坛上，来自管理科学与工程领域的知名专家学者、拥有丰富经验的政府官员和企业家们汇聚一堂，聚焦如何让中国从"制造大国"向"制造强国"转型升级；如何发挥我国互联网的规模优势和应用优势，构筑经济社会发展新优势和新动能；如何打造大众创业、万众创新这一引擎，引领经济发展新常态等当下最值得关注的焦点话题。

　　中国经济运行稳中有进，虽增速有所放缓，但在世界上仍然是一枝独秀。我们不仅要将目光投放到如何抓住并利用发展的有利机遇，同时也要清醒地认识到规避风险的重要性和迫切性。究竟能不能适应新常态，关键在于全面深化改革的力度。随着"一带一路"规划、"中国制造2025"战略、"互联网＋"行动计划的相继出台，新一轮的发展格局将对管理科学与工程学科领域提出全新的要求，全新的经济格局下也呼唤着创新的管理思维。

嘉宾

杨学山

工业与信息化部原副部长

"我在过去五年几乎走遍了中国所有行业的典型企业,坦率地说,没有一条生产线是不可以用机器替代的。"

秦　朔

原《第一财经日报》总编辑

"新的市场主体在不断涌现,中国新技术革命正在为未来新一轮爆发进行充电。"

于　刚

1号店创始人

"对于创业成功来说,我认为最关键的是时机。"

汪寿阳

中国科学院数学与系统科学研究院研究员

"未来可以研究的问题很多,但到底准确度如何,科学性怎么样,我们其实还有很长的路要走。"

智能制造：机遇与挑战

↓工业4.0浪潮袭来,大数据、云计算、RFID感应器家族、互联网、物联网、情境预测分析和决策软件等等技术催生构建了一个"智能生态",中国应该如何迎接这一变革?

杨学山

我在过去五年几乎走遍了中国所有行业的典型企业,坦率地说,没有一条生产线是不可以用机器替代的。

智能制造带来的这场变革将是历史的变革,是一个不可逾越的发展阶段。中国的制造业是从非常原始的状态跨越到智能制造这个新领域的。但近几十年的自动化进程已为企业走向智能化打下了坚实基础,信息技术应用正在从局部走向全局,为智能制造打下了十分清晰的技术路径。信息技术和工业技术相结合,变成今后推动制造业发展的新的技术体系。

↓ 如何从全局层面把握智能制造的发展方向?

杨学山

　　和最近特别热门的一些概念,比如说"大数据"、"智慧城市"、"云计算"、"互联网＋"相比,智能制造有着比较深厚和比较丰富的技术、产业和理论的积淀,因此我们分析它的来龙去脉,有利于把握它的本质。

　　从工业革命以来,任何一次产业的进步,它背后主要的动力来源于技术。智能制造分为两个部分,一是制造,二是智能,而变化核心则取决于智能的技术。传感技术和物联网;内容技术、软件技术和系统技术;网络技术——这三大类技术的成熟将推动着智能制造从原来的自动化上升到智能化。

　　而从产业和业态方面来看,中国拥有着世界规模最大、门类最多的制造业,已经从非常原始的状态逐步跨越到智能制造这个新领域。在东莞这个中国甚至世界的重要纺织业基地,产业升级不断推进,从最早半自动的纺织机,到后来自动化的纺织机,到最新的是自行管理和控制的纺织机,一个人管48台机器;在浙江,杭州成为电子商务发展的基地,阿里已经成为领先的电子商务企业,而义乌本身也已从原来的块状经济、工贸一体的业态转向了与电子商务结合的新模式。

　　企业自动化、智能化的融合,不仅是要通过信息系统把企业的各个方面结合起来,而且要和信息技术、企业的战略目标结合起来,和企业的核心竞争力、可持续发展结合起来,我们看到信息技术的应用正在从局部走向全局,为智能制造打下了十分清晰的技术路径。

↓ 如何理性应对,避免盲目跟风?

杨学山

　　未来产品中的很大部分将变成数字化的产品。有数字化、带IT技术的产品,与原来的静态产品相比,使用价值的实现过程有了本质的不同。制造过程的智能化正在从附加价值高、劳动环境恶劣和强度大、精确度要求高的领域,走向更加广泛的机器人领域。制造方式变了,产品变了,服务的方式变了,企业的组织架构,企业里从领导到员工的角色都会发生变化。在网络、技术、需求的支撑下,新的制造模式已经产生,制造业、服务业的边界已经完全可以打破。甚至农业产品也将是被"制造"出来而不是种出来的。

一定要认真梳理各个行业的基础技术，政府、企业、学界要共同研究、共同探索有利于智能制造发展的制度基础是什么，究竟什么该变化，变化的方向是什么，由谁来实施，落实为真正可操作的路径，并分解到具体的行业、具体的产品、具体的企业。只有这样，才能找到正确的方向，沿着正确的路径前进。

我们看了重要领域的发展方向，只有把基础构建出来，路径清晰下来，才能理性应对，否则还是盲目跟风。看见方向，把握机遇，一步一个脚印地往前走，相信中国的制造业一定能在这次历史的变革、模式的转换中真正实现由大变强。

如何用新思维开拓新市场？

↓以互联网为代表的新业态正在高速发展，国内的新需求已经形成，面对中国经济新常态带来的剧烈变化，传统领域企业应如何变革？是"转行"还是"转型"？

秦　朔

从供求关系看，中国当前依然面对着产能过剩的考验。在市场经济环境下存在供大于求的现象并不可怕，但如果运用了高杠杆的刺激手段，其实会很大程度上加剧过剩的现象。中国已经出现了新的需求，核心问题在于互联网的冲击使得传统供给模式被彻底动摇了。对于出现这样的局面，传统模式是被自己的路径依赖和对新需求的无视所杀死的。比如，网购侵袭线下零售和批发，大数据和精准投放颠覆了传统的广告业，服务电商重构酒店、旅游、餐饮业，在线教育颠覆传统教育，等等。

在互联网重塑产业的新格局下，任何环节的信息交流都会加速，数据传输和计算成本逼近于零，产品极致拓展和快速迭代成为可能。互联网思维帮助消费者从参与、个性等新的角度理解产品，用社交、移动的方法理解媒体，用娱乐的方法理解消费场景。打个比方说，现在互联网电台颇受年轻一代欢迎，通过这个平台，每个人都可以成为电台主播，收获自己的听众。诸如互联网电台之类的创新，符合整个创业的潮流。在这样的平台上，重新去连接需求，能让每一个个体得到释放，这与传统的、大众化的媒体完全不一样，是为你而定做的，由你选择的。

↓互联网正作为一个行业在全球兴盛和渗透，在这样的背景下，传统行业应该如何布局未来？

秦　朔

中国目前正在优化空间布局，比如正推行"一带一路"战略，同时国内制造业已全面升级，且正在推进工业化和信息化的融合，以及网络化、智能化、定制化、绿色化、服务化的商业模式创新。另外，我国未来的服务消费的空间非常大，从原来的衣食住行，到现在的体验式消费，如旅游、购物、教育、娱乐到医疗、养老、健康等。在新产业转型升级方面，我国同样有着规划，很多新的趋势都在发生，比如服务的增长快于工业的增长，工业中高技术产业、装备制造业增长较快，传统过剩行业继续低速增长，消费发展势头明显好于投资，消费中升级类产品销售明显快于一般消费品种。新的市场主体在不断涌现，中国新技术革命正在为未来新一轮爆发进行充电。

互联网"洗牌"中的新机遇

↓ "大众创业、万众创新"的号召中，创业创新如何抓牢机遇？

于 刚

如果让我给团队、商业模式、创意、时机和资金这五大要素排个序列，那么对于创业成功来说，我认为最关键的是时机，创业创新的秘诀就在于，要在合适的时机做合适的事情。

除了排在第一位的时机之外，第二你的团队，第三就是想法、创意，随后才是商业模式，因为创业者可以在创新过程中调节自己的商业模式。资金排在第五位，其实如果有好的团队和好的创意是不愁资金的。

↓ 互联网思维下的电商行业，有怎样的变化与发展趋势？

于 刚

当前的电商发展出现了十大发展趋势。第一，移动购物。移动互联网的发展非常迅猛，仅仅智能手机的拥有量就已达到8.15亿台，超过原来的预期，2017年将超过PC用户。移动端今年是个分水岭，移动端的购物用户的行为不一样，比如说购买的频次更高，因为用碎片化的时间去购物，所以，用户购买的时间更快，不需要做很多比较。所以创业者要充分顺应新的移动购物的趋势。此外，移动购物不仅仅是把一个顾客从PC端搬到移动端，像平板电脑、智能手机有很多独有的特性，比如说它有扫描功能，有图像和语音识别功能，有GPS定位功能，有设备之间的感应功能，这些功能让移动购物有很多新的商业模式出现。

第二，平台化。眼下，大的电商都在建自己的平台，首先顾客希望一站式购买；第二电商如果做大做强后，发现很多开发的功能已经带来了大量流量，可以给顾客提供更多的商品。但，如果要靠自己，发展会非常缓慢，因此电商企业可以充分利用社会资源来增加商品品类，扩大地域覆盖，拓展新的商业模式和服务模式。

第三，电商越来越向三四五线城市甚至乡村渗透。这些城市购物不方便，物流不方便，但只要是物流能达到的地方，电商都可以送到用户手上。

第四，物联网。物联网可以带来很多连接一切的想像空间，任何时候用户买商品后，只要放进冰箱时就能马上扫描，知道是什么时候买的、保质期是什么，甚至可以提醒客户哪些需要购买了，甚至自动下单，这些场景未来肯定可以实现。

第五，社交购物。在购物的过程中，用户经常希望得到一些建议，今后通过实时社交式购物，顾客可以足不出户购买任何国家的商品，与代购的互动可以在购物过程中实现。

第六，O2O。在最早的单渠道时代，一家商店覆盖一定的物理半径；有了PC之后，变成了鼠标加砖头；现在又加上了智能手机，可以随时处理订单。传统零售和线上销售将来会形成两种模式融合。

第七，云服务及电子商务解决方案，将来是"无商不电商"。现在80%的传统零售企业都在做电商，大家再也不谈是否"狼来了"，而是如何引狼入室，与狼共舞，怎么适应这个新的模式。

第八，大数据应用。因为电商有了大量的流量，可以引来更多的商家，商家又能增加商品的丰富度和地理的覆盖，这种良性的循环可以让网站流量更大，销售更大，顾客更多，最后形成大平台。大平台诞生后，可以为商家提供各种各样的服务，比如说商铺的装修、营销服务，还有金融服务，包括商品的保理服务、贷款服务等。

第九，精准化营销和个性化服务。大众营销的方式正在灭亡，大家已经开始过渡到窄众营销，要精确知道各个顾客群体有什么特性。

第十，互联网金融。平台企业的作用就是提供舞台、灯光、宣传，把顾客吸引过来。这里有商家，商家为大众服务，独立的服务商又为这些商家服务，互联网金融服务对象是大众顾客、供应商、商家和合作伙伴。

"新常态"下的管理学研究能做什么？

↓经济新常态下，学术研究发生了怎样的变化？

汪寿阳

数据时代的经济系统有什么特征呢？变量多杂，今天决策主体多，因素多，层次多,内外乱,关系复杂,层次杂、非线性、强耦合、突变型。数据海杂,海量级、非平稳、多种类、多尺度,参数繁杂。对应研究的新范式,我们大数据时代经济系统的研究范式有这么多的+,包括非线性建模+、动态建模+、多尺度建模+、混频建模+、区间数据建模+等。

过去的思想是用最少的变量去建模,但现在要处理的是海量数据,数万个变量、关系又非常复杂,解释的难度就可想而知。因此,复杂数据处理方法,尤其是特征提取方法,以及高频数据建模,逐渐用于宏观经济预测与预警、宏观经济分析。

↓当下和未来的学术研究将聚焦在哪些领域？会有哪些实际应用？

汪寿阳

比如,利用中国股市的高频数据波动率来研究宏观经济与产业之间的关系。引入高频波动率,成分波动率模型及加入行业维度,探讨多个宏观变量及其波动对股市波动率的影响,得到若干有价值的研究结论。

与此同时,混频数据建模与分析也在兴起,包括GDP季度数据,用电量月度数据,铁路货物运输输量周度数据,CPI月度数据,进出口月度数据等。这些数据频率相差很大,包括微秒级数据、毫秒级数据、秒级数据、分级数据、小时级数据等。

此外,还有多尺度数据建模,这意味着今天的世界经济模型,需要涵盖大多数国家的宏观经济变量、主要国家主要行业变量、区域经济变量、主要国家的市场指数变量和情绪指数变量。另外,我们的模型领域不仅仅有常规的经济变量,还分类编制了很多指数,而这些指数可以帮助我们建模分析。

最后经济地图也很有意思,比如说现在的经济景气跟踪图,已经开始运用一些计算机的图形学来直接运算,完成经济的监测。

未来可以研究的问题很多,但到底准确度如何,科学性怎么样,我们其实还有很长的路要走。

【延伸阅读】

《大繁荣：大众创新如何带来国家繁荣》

作者：Edmund Phelps

（中信出版社）

　　《大繁荣》的作者是诺贝尔经济学奖得主、就业与增长理论全球权威学者，书中他从历史角度着手分析人类社会繁荣的原因。他截取了18世纪到20世纪这两百年间的西方经济史，详细展现了现代社会是如何在大众创新所导致的经济繁荣中孕育成熟的。作者认为，人类社会最持久的一段繁荣期在19世纪初首先从英国开始爆发，这种繁荣此后在一个世纪内蔓延到了欧洲大陆以及北美。这样的一种现象，被美国经济学家 W·W·罗尔斯称为"经济起飞"，作者则称之为"大繁荣"。

　　从重农主义、重商主义时代开始到工业革命，作者采用比较分析法来探讨经济增长的终极问题。其中有关福利国家的对比，有关社会主义企业制度衰败的研究，有关美国大萧条以来的竞争增长的分析，延续了自熊彼特以来对于草根企业界创新的肯定。

　　当下的中国一直将发展作为第一要义，但是如何健康发展与可持续发展一直是国家、民众关注的重点问题。作者写西方世界的历史，其实对已进入中等收入国家行列的中国同样具有重要的启示作用。

（推荐人苏勇，系复旦大学管理学院企业管理系主任、复旦大学东方管理研究院院长）

摸清国家的"家底"

——为什么要编制国家资产负债表

2008年全球金融海啸发生以来，或许谁都不会预料到，余波竟能至今依然未尽。在分析探究这轮经济危机的深层次原因时，众多学者认为，目光过于短浅的宽松货币政策，加上监管不当，导致投资失衡。

事实上，越来越多的国际经验表明，导致宏观经济大幅波动甚至危机的原因不仅是外部的冲击，更多的原因来自不适当的经济政策和经济制度。国家资产负债表的编制、发表和对一系列风险指标的及时分析，可以将短期经济政策的长期成本显性化，对于"短期化"政策行为构成一定约束。预测由长期结构性因素导致的政府债务，还可以用来估算对财政的压力。

2012年，由时任德意志银行大中华区首席经济学家、复旦大学管理学院兼职教授马骏牵头的以复旦大学为主的研究团队，参照英国、加拿大、澳大利亚等国家统计部门公布的国家资产负债表，结合中国统计体系、经济运行与金融管理的具体情况，编制了2002至2010年的中国国家资产负债表和部门资产负债表，并在此基础上对国家和政府资产负债表将面对的未来风险展开专题分析。

尽管马骏团队的研究结果截止至2010年，但应当看到的是，从中发现的许多问题已经可以证明国家资产负债表，尤其是政府资产负债研究的必要性。通过国家资产负债表，我们能够了解国家的"家底"，摸清国家的资产（拥有多少值钱的东西）和负债（借了多少债）。只有把资产和负债这两个事情搞清楚，才能够真正理解国家未来将面临的风险和抗风险能力。

与此同时，无论是地方政府融资平台，还是人口老龄化等依旧是中国经济转型发展必须面对的考验。至少从这些个角度来讲，做资产负债表和以资产负债表为基础对一些政府债务进行预测是非常有意义的，可以帮助决策者未雨绸缪，早做改革的准备。

嘉宾

马 骏

中国人民银行研究局首席经济学家

"编制国家资产负债表相当于摸清'家底'。我们在刺激经济的时候，其实负了很多的债。短期光看到GDP增长很快，几年之后却突然发现债务大幅度上升。需要用资产负债表比较早地发现这些问题。"

张晓蓉

复旦大学管理学院财务金融系副教授

"我们可以为公共部门的每一部分都编制资产负债表，这样分子部门编制的地方公共部门资产负债表可以帮助我们判断债务产生的来源；哪些子部门是可以有利润来源和现金流入来支撑这债务，从而把金融和债务关系看得更清楚一些。"

李治国

复旦大学管理学院产业经济学系副教授

"如今，中国社会已显现'未富先老'特征，这是养老金出现缺口的主要原因。"

为什么要编制国家资产负债表？

↓"国家资产负债表"究竟是什么？如果中国能编制并公布一张清晰的资产负债表，会带来哪些好处？

马 骏

建立国家资产负债表，有几个方面的重要意义。

首先，通过国家资产负债表，我们能够了解国家的家底。什么是家底呢？讲得简单一点就是知道国家的资产（拥有多少值钱的东西）和负债（借了多少债）。资产可能是现金的形式，也可能是其他金融资产或非金融资产。要搞清楚负债很困难，尤其是所谓的"或有负债"，即现在没有偿债义务，但以后可能会发生的负债。只有把资产和负债这两个事情搞清楚，才能够真正理解国家未来将面临的风险和抗风险能力。

其次，把短期政策的长期成本显性化。我们在刺激经济的时候，其实负了很多的债。短期光看到GDP增长很快，几年之后却突然发现债务大幅度上升。眼下地方融资平台的债务问题备受关注，处理不好，再过几年可能就变成银行的金融风险。需要用资产负债表比较早地发现这些问题。

第三，通过预测由长期结构性因素导致的政府债务，来估算对财政的压力。什么叫结构性因素？举个简单的例子，比如人口因素。今后几十年内人口老龄化是一个不可逆转的趋势。在这个过程中，我们的养老金缺口肯定会上升，医疗成本肯定会上升。我们需要从财政资产负债表的角度，尤其是通过预测今后债务把这个问题显性化。

所以，至少从这三个角度来讲，做资产负债表和以资产负债表为基础对一些政府债务进行预测是非常有意义的，可以帮助决策者未雨绸缪，早做改革的准备。

张晓蓉

实际上，"国家资产负债表"并不是一个新的概念，它借助了企业资产负债表的概念。在国民经济核算体系当中，也称为国民经济资产负债表。大家经常听到的GDP核算则类似于企业的利润核算。

西方国家在20世纪30年代就开始了针对国家资产负债表的研究。目前国民经济体系核算也一直在进行理论化和系统化的梳理。西方国家在发表国家资产负债表方面已经有很多先进和成熟的经验，比如加拿大统计局在这方面的工作非常规范，每个季度都会发布国家资产负债表并分析其变动趋势。

关于国家资产负债表应包括哪些资产，即资产的范围和分类，基本的原则是测度经济资产。同时，每个国家在编制本国资产负债表时可以有自己的具体实践方法。

↓最近几年，中国财政的透明度有比较明显提高，那么，什么是好的财政统计和预算口径？

马 骏

我认为至少有以下四个方面。首先，一个好的预算口径必须要全面反映政府和公共部门的活动。如果只能反映一小部分的政府活动，就不太可能搞清楚整个政府经济活动的规模到底有多大，也很难理清政府负债到底有多大，政府干预应该是加强还是应该减弱？

其次，预算口径不光要反映流量也要反映存量。所谓"流量"就是收支和赤字，"存量"就是资产、负债和净负债的概念。目前，很多国家已经有了资产负债表。有些国家甚至把净负债作为政府财政指标的重要内容之一。从财政风险角度来看，分析负债的意义往往大于赤字的意义。

第三，好的预算口径的特点就是不光要反映当年的财政活动，还要反映长期的财政趋势和风险。

最后，不但要反映显性负债，也要反映或有负债。简单来讲，最典型的或有负债就是担保。国内地方政府给其下属融资平台做担保，这些还没有反映在目前的预算口径里。

根据国际货币基金组织（IMF）做的比较，加拿大、德国、瑞士等许多国家已经形成了比较完整的预算系统，而发展中国家相对来说预算的全口径程度比较弱，最差的是津巴布韦和越南等。

↓ 资产负债表能否发挥中长期的财政预测作用？

张晓蓉

国家资产负债表由居民资产负债表、企业资产负债表、金融部门资产负债表和政府资产负债表几个部分加总组成。地方政府也可以编制自己的资产负债表。资产负债表提供了某一个时点的债务和资产存量，可以为评估地方政府的举债能力提供更加合理的科学依据。编制并向公众公布地方政府资产负债表很有意义。因为它增加了财政的透明度，可帮助识别真实的财务账目水平，以控制将来账目规模的发展。更重要的一点是，公开信息以后，也便于监督。

我们可以为公共部门的每一部分都编制资产负债表，这样分子部门编制的地方公共部门资产负债表可以帮助我们判断债务产生的来源；哪些子部门是可以有利润来源和现金流入来支撑这债务，从而把金融和债务关系看得更清楚一些。

除了编制所谓"静态"的资产负债表外，政府还要提供滚动的长期财政预测，也就是除了资产负债表中资产负债的存量之外，还要提供未来几年的财政预算、收入和支出部分。在当年资产负债表上可能还要增加预测未来几年的资产负债，尤其重要的是未来的负债水平，用于辅助滚动的长期财政，将预测从三年推广到五年，甚至更长。

马　骏

通过中长期的财政收支预测，可以建立各个不同的预算之间的关系，比如风险和压力之间互相转换等，从而来判断在政策上某一本预算是不是能持续。如果这一本预算不能持续的话，是不是需要另一本预算中的资产来加以弥补。在这个基础上，可以帮助政府未雨绸缪地采取一些防范长期财政危机的改革。

● "地方债"危机是危言耸听吗？

↓中国的"地方债"可谓全球都在关注，几大国际投行评级、展望都与这个风险因素直接相关。从复旦团队的研究来看，到底是什么情况？

马 骏

我归纳了一下，中国的地方债务问题一般来讲道循三阶段的规律。第一阶段，就是经济低迷的时候，为了保增长，中央松动政策，允许地方政府利用各种各样的融资渠道借钱投资。第二阶段，投资过猛，经济过热，不良贷款的风险露出苗头。于是，就进入到第三个阶段，政策收紧，基础设施投资和经济活动大幅度减速，不良贷款增加。于是，又面临重新保增长的态势，再次回到第一个阶段。

我们的观点是，为了避免以上的恶性循环，应该逐步建立以地方债为主体、有自我约束机制的透明的融资体系。这会带来几个好处。第一，新体制有更好的透明度。如果地方政府发债的话，可马上明确发行主体，发行量、期限都是透明的，风险也容易识别。

第二，有自我约束的机制。如果是发地方债，债券市场会提供一个约束机制。市场对风险较大的地方政府就会要求更高的利率。如果风险极大，市场可能就根本不会提供融资。

第三，投资者有足够的分散度。如果光靠融资平台或银行贷款的话，那风险就集中在银行体系中。如果通过发行地方债的渠道来进行融资，风险就分散给了各种债券持有者，包括银行、保险、基金、外资、个人等，不会过度集中在银行，从而可以降低系统性风险。

第四，可以降低道德风险。如果是地方政府融资平台，隐含的一个假设就是，在发生支付危机时，上级政府会救助。这种隐性的担保和对隐性担保的过度预期会导致这些融资平台过度借债。在资本市场为主体的融资模式下，我们可以设计一套方法，使得这种隐性担保的预期可以大大下降。如果隐性担保的预期下降，就可以抑制地方政府的过度负债。

↓在债券违约方面，有专家提出要允许违约，藉此降低道德风险。这会否引发市场连锁反应？

李治国

伴随着区域经济的发展，地方政府确确实实有举债空间。但不可否认的是，现有的大量通过银行贷款的模式亟待转换，否则风险就会像滚雪球般，越滚越大，直至无法收拾。

事实上，理应让不会产生系统性风险的发债主体违约，只有这样，债券市场才不会出现劣币驱逐良币的问题。

张晓蓉

将政府担保或者隐性担保的债务体现在公共部门的资产负债表上面非常重要，这可以帮助我们识别真实的金融风险。一旦有担保之后，政府就被"绑架"了，而风险并没有降低或消失。实际上，政府的担保尤其是隐性担保很容易带来道德风险，鼓励投机，引发更多的金融风险。

至于地方债的违约风险，其实可以分为两块来看：一是风险究竟有没有，二是风险能不能化解。在我看来，中央政府"兜底"的行为确实可以解决前期积累下来的风险，阻止风险向其他部门转移，但是不能阻止地方政府今后的投机和冒险行为。对于以前积累下来的问题，无论包容还是惩罚都有利有弊，这些问题需要权衡，找到成本最低的解决方法。

当然，光靠市场机制和财政机制来约束还不够，因为这本来就不是市场行为主导的结果。如果能引入行政机制，譬如把债务违约和地方政府官员的仕途挂钩，建立起控制风险的"防火墙"，也许可以比较有效地约束地方政府的无节制发债行为。

↓未来中国的地方债模式将走向何方？地方政府资产负债表的公布是否有利于风险的提前控制？

马　骏

到底怎么从目前的融资平台模式逐步走向一个地方债为主体的融资模式？这个可能是一个很长的过程，不会一步到位，可能需要十年甚至二十年的时间。

我们的具体建议是这么几条：

第一，由财政部对地方政府风险指标进行详细分析，先挑选一批地方政府，例如挑出偿债能力达到一定标准的城市，允许它们发行市政债。

第二，立法规定地方政府债务的上限，规定地方政府发债所筹得资金必须用于资本性项目，不得用于经常性支出。

第三，通过立法，明确宣示中央政府对于市政债的偿还不承担责任。想要市场建立政府不会托底的预期，必须要出现一两个违约，这将是一个难过的坎。但如果跨过这个坎，就可以逐步建立起中央政府不担保的预期，或者叫打消债券市场对隐性担保的预期，使得地方债市场的定价能够比较准确地反映地方债务的风险。

第四，提高市政债的信用评级可信度。

第五，省级政府可以建立对下级地方政府违约预警体系，减少下级政府出现大规模违约的可能性。

第六，由中央审计部门负责对于地方政府公布的财政收支，资产负债表的偿债能力数据进行真实性审核。

最后，在允许地方进行直接发债改革的同时，赋予地方一些自主的税权，完善一般性转移支付公式。

李治国

在构建地方政府资产负债表过程中，一些城市可以先试点起来。如果公布出一张相对比较健康的资产负债表，其实可以显著降低地方债的融资成本，证明相关城市更强的支付与偿还能力。同时，它还可以提高财政与政府的透明度，有利于民众对财政问题的了解，有利于人大在预算制订过程当中发挥更大的作用，也有利于推动法制化进程。

此外，如果地方政府的资产负债表做出来了，就可以根据地方政府的资产负债表给出的存量指标，来更加科学地提出3到5年期的滚动预算，使财政工作更加科学有效地推进。在资本市场发展和金融工具完善方面，如果独立发行市政债，不但可以解决资金问题，还可以通过市政债来进一步完善债券市场和金融工具。

在我看来，上海可以率先试点公布资产负债表。事实上，过去5年中，如果光看经济增速的排名、财政收入占比，上海的数据都出现了一定下滑，而地方政府资产负债表可以提供一些内涵式和质量性的指标。同时，地方政府的资产和负债情况的公开，或有负债的披露，本身就可以改善上海的投资环境，加快上海国际金融中心建设。

“人口老龄化”带来中长期财政风险

↓ 在中国，人口结构的老龄化已成为不可逆转的趋势，这就让不少人感到担忧，养老金的缺口该如何解决？

马 骏

我们的研究发现,在不改革的情形下,中国财政中长期面临的四大压力分别是养老、医疗、环保、地方和铁路债。

养老金缺口是中长期财政的最大风险来源。医疗构成了中国中长期财政的第二大压力。第三大压力是环境治理成本。总量最小,但最急迫的就是地方和铁路债,因为这些债都是几年内要到期的,在相应的期限内,相关部门就要开始承担它的财政风险。

先来看养老金缺口,城镇职工养老金占我国养老金支出的绝大部分,也是今后养老金缺口的主要来源。目前我国城镇职工退休年龄是男性60岁,女性平均约52岁,这一标准下测算的赡养率为23%,到2050年,这一比例将变成103%。如果不改革,中国城镇将由目前4—5个劳动力赡养1个老人转变为约1个劳动力赡养1个老人,自然也就导致养老金的缺口。

第二大中长期财政压力来自于医疗。而这个压力也源于老龄化等因素。根据其他国家的经验,从1960年到2010年,发达国家的医疗支出占GDP比重基本上都是从5%上升到10%以上,最高上升到18%(美国)。为什么呢? 其实就是老人人均医疗支出远远高于年轻人。按日本的数据来算的话,75岁以上老人人均医疗支出比20至30岁的年轻人高出8倍,在韩国两者相差4倍。中国也不会例外。而且,随着人口老龄化,长期护理成本也会大幅增加。我们预测,广义卫生总费用(狭义卫生费用和长期护理费用之和)会快速上升,从目前的占GDP比重5.1%,上涨到2050年的10.2%。其实这个数字相对发达国家来说还是比较保守的估计。根据国际经验,在整个卫生支出当中,政府需要买单1/3。按这个比例估算,政府财政对卫生支出占GDP的比重就会从目前的1.4%上升到2050年的3.1%。那么,这个增量部分就是由于人口老龄化等因素带来的对政府财政卫生支出的压力。

以上这些长期财政风险,可以通过滚动预算的方式显性化,让政府、让老百姓能够充分认识到这些长期的风险,从而助推改革。

如果要基本弥补养老金缺口的话,我们提出两条建议:一是要延长退休年龄。具体来讲,建议把企业职工中男性职工的退休年龄提高4岁,企业女性职工退休年龄提高9岁。当然这是逐步的过程,不会一步到位。二是划拨80%的上市国有企业的股份给社保。

李治国

如今,中国社会已显现"未富先老"特征,这是养老金出现缺口的主要原因。2008年,中国的人均GDP达3 000美元,进入"中等收入陷阱"阶段,历史证明这个阶段是中等收入国家能否完成产业升级步入高收入国家的敏感阶段。然而,

"人口红利"持续衰减，社会财富的积累与老龄化进程无法实现同步。"中等收入陷阱"将残酷地瓜分中等收入阶层的收入，使其远离富裕。养老金缺口是对未来的结果和问题焦点的反映，而最核心的问题是经济发展能否与老龄化趋势相匹配。

即使目前把计划生育政策取消，老龄化的趋势也无法逆转。从中长期看，退休时间的延迟将成为解决老龄化问题的大概率事件，因为养老金缺口确实很难通过其他方式有效解决。如果为了避免发生欧洲式的主权债务危机，中国更需要提前启动延迟退休的改革。

然而，比延迟退休时间更需要做的是"养老金并轨"。企业20%、个人8%，合计28%的缴费率，换来的是一两千元的养老金，机关事业单位职工不缴费，一般都能有三四千元退休金。双轨制导致的巨大待遇落差，持续成为舆论焦点。养老金是人在年老退休之后保证生活质量的最大保障，理应根据个人对社会做出的贡献进行发放。政府多年来不断地提高企业养老金额度，实质上也是在努力弥补双轨差距。然而，不触动制度的根本，不直面矛盾的主要方面，是难以解决矛盾的。因此，养老金并轨，是回归公平必须走出的一步。

【延伸阅读】

《中国国家资产负债表研究》

作者：马骏、张晓蓉、李治国等
（社会科学文献出版社）

该课题于2011年初立项，由马骏、张晓蓉主持，组织了复旦大学和其他机构的研究力量，历时近两年，作了大量的数据分析、专题研究和对国际经验的整理。

该研究阶段性成果的摘要发表后，引起了各方面的高度关注。与当时的摘要相比，本书作为课题的最终报告修改和细化了对若干部门资产负债表的估算，扩大了所预测的养老金缺口的口径（既包括企业养老金的统筹账户，也包括了机关事业单位的养老金），增加了对长期卫生费用和财政压力的预测，改进了对国有企业资产负债表的估计，并对国际经验和在中国的运用进行了更深入的讨论。

书中详细总结了国家资产负债表编制的国际经验和方法、运用估值法编制了1998年至2010年的中国国家资产负债总表和居民部门、企业部门、中央政府、地方政府、中央银行、商业银行的部门资产负债子表，并初步估算了2011年国有企业资产负债表和政府持有的上市公司的股份市值。该研究对国家资产负债表未来所面临的风险进行了一系列专题分析和预测。比如，估计了未来38年的养老金缺口、广义卫生费用对财政的压力以及地方、铁路债务和环保治理成本对财政支出的需求，并将这些估计纳入政府债务可持续模型，对政府显性债务的长期趋势作了预测。此外，还对中国的对外资产负债表所面临的结构性问题和在资本账户开放条件下的变化趋势进行了分析。

第二章　产业突围与破局

　　"大众创业、万众创新"被视作新常态下经济发展"双引擎"之一。然而，创业不易，中小微企业的生存发展也是困难重重。面对日趋复杂的外部环境，创业企业和中小微企业如何规划长期发展路径？曾经新兴热门的电商已被称为"传统"，曾经站在风口浪尖的互联网企业也已经迎来了严峻的挑战。与此同时，传统企业积极"触网"、拥抱创新、寻求升级，要提高产品附加值，就必须向"微笑曲线"两端转移，结合新元素、协同合作，在更大的生态圈中发现自我，找到符合商业发展规律的新模式。

现代服务企业的"五新"突破之路

　　不温不火了八年，上海一家位于天山路慧谷白猫科技园的小企业，欧计斯，最近扬眉吐气了——由于在此番创新浪潮中抓住机会，公司成功研发出新型指静脉识别技术，一举打开海外市场，企业也从一家软件外包企业，顺利转型成全球生物识别领域的"执牛耳者"之一。

　　2015年，全市掀起了新一轮创新创业的高潮，立于潮头的，正是以欧计斯为代表的一批现代服务型企业。通过不断的技术革新与流程再造，它们在提升自身市场竞争力的同时，也在推动全市尽快形成以服务经济为主的产业结构。对于正在积极建设"四个中心"的上海而言，这无疑是个好消息。

　　事实上，在全球价值链条件下，我国的制造业要实现转型升级的发展战略，需要与现代服务业、特别是高端生产者服务业形成良性的互动发展机制。

　　就目前的发展势头看，上海的现代服务业整体呈欣欣向荣的态势，现代服务业联合会已有400多家会员单位，以企业和社会组织为主，涵盖金融服务、文化创意、信息服务等多个领域，其中包括一批已初步取得成功、兼具"新模式、新业态、新技术、新机制、新领军人物"等"五新"特质的企业，对应市场创新、技术创新、商业模式创新、机制创新和企业家心智创新五个"创新切入点"。

　　为延续上海现代服务业良好的发展势头，帮助业内企业持续创新，应更多关注这些"创新切入点"，争取探索出一条上海现代服务企业的"'五新'突破之路"。而寻求突破之路前，我们首先应当关注：眼下企业在创新过程中，主要面临哪些问题和压力？哪些来自企业内部、哪些来自外部？从政府、行业组织等不同角度出发，相关机构能为企业提供怎样的帮助，促进它们尽快成长？

嘉宾

周禹鹏
上海现代服务业联合会会长

"对现代服务企业来说，创新不仅仅是发展问题，首先是生存问题。"

赵效定
上海现代服务业联合会副会长

"作为主管部门，思想还要再解放一点，胆子还要再大一点。"

蔡来兴
上海现代服务业联合会副会长

"现代服务业发展水平决定了我国产品未来在世界产业链、价值链中的地位，决定了我们对全球资源配置力、商品劳务定价议价力和对全球经济事务的影响力。"

赵 凯
上海现代服务业联合会副会长

"为了解决人才问题，我们需要在扶持现代服务企业发展的同时，将培育创新人才放在最突出的位置上。"

周伟民
上海现代服务业联合会副会长、上海现代服务业发展研究院院长

"服务经济的发展要求建立与其发展特殊性规律相适应的制度环境。"

陆雄文
复旦大学管理学院院长、教授

"只要有智慧和敏锐的触角，就能够捕捉到市场的关键机会，重组资源和业务流程。"

骆品亮
复旦大学管理学院产业经济学系教授

"企业一方面需要对其内部价值活动进行重新审视，重构具有竞争力的企业价值链；另一方面，需要整合产业链上的相关资源，合纵连横，构建价值网，形成产业生态系统，实现产业共生共赢。"

包季鸣

复旦大学管理学院企业管理系教授

"现代服务业的竞争，其核心是商业模式的创新。离开商业模式创新，管理创新、技术创新都失去了可持续发展的可能和盈利的基础。"

张 洁

复旦大学管理学院产业经济学系副教授

"服务业能够实现大规模发展的主要原因，是解决了'大规模'和'定制'这一对矛盾。"

王 炜

薪得付信息技术（上海）有限公司CEO

"并不是中国的大企业不需要我们的服务，而是有时候'巨头'们受到的市场化、管控上的压力还不够，并不重视要在效率及核心竞争力上提升。"

张元刚

上海泽阳智能科技有限公司CEO

"'小鱼吞不下大虾'，我们感到普遍轻资产的现代服务企业需要配套的金融支持。"

谢赞恩

上海企源科技有限公司副总裁

"我们对行业未来的判断是，国内以后一定会诞生世界级咨询服务公司。"

用技术手段黏合矛盾双方

↓从行业层面看，现代服务业目前有哪些发展趋势？

骆品亮

随着产业分工的精细化，服务外包迅猛发展，出现了面向生产者的专业服务部门，此即经济学家布朗宁和辛格曼所提出的生产者服务业。在全球价值链条件下，我国的制造业要实现转型升级的发展战略，需要与现代服务业、特别是高端生产者服务业形成良性的互动发展机制，这已成为学术界、产业界及政府部门的共识。

在知识经济条件下,现代服务业的发展具有鲜明的时代特点,我这里特别强调两点:

一是服务业的知识化。我们的制造业是基于比较优势发展起来的,而现代服务业具有知识密度高的特点,其发展依赖于知识资本的积累,这是一种内生性的竞争优势。管理大师德鲁克曾精辟地指出,人类有史以来一直在与稀缺做斗争,而稀缺性看起来并不适用于知识信息。实际上,知识是唯一不损耗的资源,是可以不断创造并被共享的,具有报酬递增的性质。从这个意义上讲。知识型服务业是现代服务业的主要发展方向。正因为如此,现代服务业的发展对制度创新,特别是知识产权保护制度提出了新的要求。因此,知识型专业人才、知识创新工程、知识产权保护制度是现代服务业发展需要重点突破的瓶颈。

二是服务业的平台化。以网络为核心的现代信息技术推动了平台经济的发展,以阿里巴巴、腾讯、百度为代表的平台企业成为网络经济发展中一道亮丽的风景线。一方面,许多中介型服务商转型为平台服务提供商,利用平台的黏性与集聚性,为双边或多边用户提供交易服务,而平台商则通过收取会员费、交易佣金或者第三方付费(比如广告费)来盈利。不同于传统服务商,平台服务商能够享受到边际成本递减的好处。网络经济学中的梅特卡夫定律指出,网络的总价值以网络规模的平方速度增加,因此,平台集聚的用户规模越大,其价值就越高,两者之间大致上是几何级数的关系。平台经济的发展规律是"赢家通吃"。因此,许多平台型企业能以递减的边际成本进行扩张,这就是传统服务商对平台化转型充满热情的主要原因。另一方面,平台经济的发展为我们整合优势的服务资源、构建多种公共服务平台提供了基础条件。特别值得一提的是,生物医药产业和汽车产业中的产业技术创新平台,这些平台的构建是从产业链的视角来开展的,不仅仅是传统意义上的企业技术联盟。

发展现代服务业,政府重在制订产业规则和提供公共服务,包括: 设定市场准入条件、形成有效竞争、规范行业标准、引导有序竞争、扶持创新型企业、提供公共信息服务、确定主导产业群、优化产业资本配置等。而企业需要主动进取,大胆创新,特别需要转变经营理念。不同于制造业,服务业的竞争应是价值导向的,即为顾客提供具有差异化的服务。为此,企业一方面需要对其内部价值活动进行重新审视,重构具有竞争力的企业价值链;另一方面,需要整合产业链上的相关资源,合纵连横,构建价值网,形成产业生态系统,实现产业共生共赢。

包季鸣

21世纪的商业竞争是现代服务业的竞争。基于互联网的电子商务内容服务等新兴服务业,已经成为全球经济重要的新的增长极,现代服务业正成为现代产业体系的纽带和核心。而现代服务业的竞争，其核心是商业模式的创新。离开商业模式创新，管理创新、技术创新都失去了可持续发展的可能和盈利的基础。沃尔玛是开杂货店的，可口可乐是卖汽水的，微软是卖软件的，国美是开电器店的，小肥羊是卖火锅的。但是为什么他们能成功？说明一个道理，无论是高科技，低科技都能成功，关键要能找到成功的商业模式，并把商业模式的盈利能力发挥到极致。

既然商业模式如此重要，那么现代服务业商业模式创新的趋势是什么？

从现代服务业发展的趋势来看，可以用"五化"来归纳，即网络化、平台化、增值化、生态化和融合化。关于网络化大家有一定的共识。关于平台化和平台经济，现代市场奉行"赢家通吃"，谁最先建立了一个高效的平台，谁就是赢家。苹果的成功在于打造了内容汇聚和交易的平台，谷歌的成功在于构建了信息汇聚和分享的平台。可以说，创造平台是服务经济时代最能增强活力的途径。

关于增值化，现代服务业商业模式创新的本质是纵向上把产业链打通，打造全产业链的服务业平台；横向上则做大做广，建立更多战略联盟，形成集成式服务平台，通过平台来提升商家的共同价值。

生态化意指商业模式是一个有生命的系统机体，平台生态系统需要有源源不断的补充品以及网络效应。以苹果商店为例，最初应用软件只有几万款，现在达到将近70万款，而且还在源源不断地补充。

记得哈佛前校长曾说，今天最成功的人，他们最特别的不是掌握了多少知识，而在于他们思考问题的方式。企业需要用组合拳来实现创新的商业模式，其中有几点需要注意：第一，尊重用户体验，填补市场空缺。第二是铺开免费战略，即商业模式一定要有更多合作者加入，进入的门槛要很低。还有一个观点非常重要，不要一开始就指望颠覆性的创新，每次解决一个问题，通过持续的微创新来实现颠覆性创新。

张　洁

现代商业社会呈现出"你中有我，我中有你"的局面。大部分消费者都知道亚马逊是有名的网上零售书店，但其实这两年它在云计算方面的服务能力已得到了市场认可，可以给全球范围的客户提供云计算服务。同时，它为企业提供售后维修服务，东芝笔记本电脑和宾利汽车的售后服务，就外包给了亚马逊。

服务业能够实现大规模发展的主要原因，是解决了"大规模"和"定制"这一对矛盾。业内管这种现象叫现代服务业的大规模定制化。原本大规模和定制是两个相互矛盾的概念，不可能"黏合"在一起，但当云计算、互联网等技术手段成功突破瓶颈后，成功让原本"一对一"的定制服务项目可大规模复制，以此降低了相应的服务成本,实现规模经营。

服务业在近年快速发展的原因,除了实现大规模定制,还因为客户需求被有效挖掘,越来越完善的专业化分工,使得更多的企业能够将自己不擅长的部分外包给效率更高的企业。例如,一些全球大型咨询公司,在清晰界定哪些业务自己可以规模化经营后,把不能规模性经营的业务外包,只留下能够流程化、规模化完成的高附加值业务。其他的小公司再将这一部分外包的业务流程化、规模化。如果大家在整个产业链上都有这样清晰的定位,那将形成一个完整的系统,每个企业都有自己的附加价值,市场也能发展得更加协调。

周禹鹏

最近,经济理论界有人提出,现代服务业有两个发展趋势值得研究和把握,即制造业服务化和服务可贸易化。

所谓制造业服务化有三层含义:第一,传统的制造型企业注重向"微笑曲线"两端延伸,在生产制成品的同时,更加重视前端的研发、设计和后端的售后服务环节,从而增加企业的附加值,而且这一趋势会在今后更加明显。我们说宝钢这样一个典型的制造业企业,它的服务收入已占总收入的三分之一,服务业利润已占企业总利润的50%。第二,原本依附于制造型企业的研发设计和销售、售后服务等部门随着专业分工的细化逐步独立,服务对象不再局限于本企业或产品,而独立成为一种新兴产业,发展成为一个新兴业态。第三,随着制造企业的发展,其中有相当一部分投资开始进入产业链的衍生环节或增值服务中。所以讲,服务业不仅是指传统的商贸类服务,更要关注生产型服务业的发展。发展现代服务业绝不意味着要抛弃制造业,而是要致力于制造业的服务化,这对传统制造业来说就是一种提升。

其次,"服务可贸易化"是指服务产品可以直接进行交易。这并不是一个全新的概念,因为以前的服务产品也可以进行交易,但眼下一个很重要的改变是,由于依托互联网等现代信息技术,特别是移动互联网和云技术,从而使得服务产品的交易突破了时间和空间的限制,最终导致"平台经济"的蓬勃发展。

事实上,平台经济如今已渗透进各行各业,这里举个小案例加以说明。譬如,小微企业贷款难问题,以前想了很多办法,成效却有限。在平台经济时代,这个问题有了新的解决办法:一方面,通过平台企业的线上审核,需要用款的小微企业即可注册为平台会员,并将该企业从事的行业、资金需求量等信息在平台上公布,另一方面,平台也接受资金供应方注册成为会员,使双方位于同一平台,双向选择合作伙伴,解决资金问题,这是平台经济和金融服务业相结合的一个很好的案例。将来,上海会涌现一大批依托于互联网进行贸易的平台,最终形成广泛的平台经济效应。

对现代服务企业来说，创新不仅仅是发展问题，首先是生存问题。

需要配套支持

↓ 目前上海的现代服务企业，在持续创新发展的过程中，主要面临哪些问题？

谢赞恩

作为一家管理咨询与服务外包企业，我们从事的行业在中国是新兴行业。

公司面临的外部问题仍需要社会各界与有关部门的共同关注。譬如，与国外相比，国内市场还不够开放。举例来说，美国埃森哲接包了美国国税局后台所有的文档处理，IBM接包了新加坡所有ATM机器的维护。纯粹站在资源有效利用的角度讨论的话，目前国内开放给本土第三方咨询服务企业的市场，还有很大的拓展空间。

王　炜

我们是一个基于互联网平台、用信息化手段为客户提供人力资源服务的企业。全球500强企业我们服务了其中的40家，外企占了我们服务总量的80%，这些外企在管理成熟度、效率、生产率、竞争力上要比本土企业好。它们认为使用我们的服务极大地提升了效率和效益。但奇怪的是，本土的大企业对这一类服务的接受度相对较低。通过与客户以及潜在客户交流，我们相信，并不是中国的大企业不需要我们的服务，而是有时候"巨头"们受到的市场化、管控上的压力还不够，并不重视要在效率及核心竞争力上提升。也有一些公司"不屑"与本土民营现代服务企业打交道，有只认海外"世界级公司"的这种"反向歧视"现象。如何消除这种不合理现象，需要政府，企业和社会各界的共同努力。

张元刚

我们公司接了3张政府的"单子"，分别在浦东金桥碧云、陆家嘴和五角场，是上海发展"智慧城市"和"加快推动现代服务业"两大战略的受益者。

但我们也有困惑，譬如知识产权问题。我认为，今天中国现代服务企业间最大的竞争是模式的竞争，但我们做的东西一直被模仿和抄袭，而在知识产权保护方面，我们国家在立法层面更相信"看得到、摸得着"的东西，但显然这种保护方式在现代商业社会中急需更新升级。

我们公司在南京和天津招标过程中的亲身经历，揭示了现代服务企业的融资问题。有一家财大气粗的跨国公司提出"政府如果没钱，我们可以先垫资"，我们的公司就不可能有这个底气。在天津我们有机会拿下一个"大单"，合同额是一亿，但我们公司的注册资金只有1000万，"小鱼吞不下大虾"，只能寄希望于对方将"大单"分拆。通过这两次经历，我们感到普遍轻资产的现代服务企业需要配套的金融支持。

● 期待有更多"新领军人物"

↓ 对于现代服务企业面临的问题，行业协会和有关部门能提供哪些帮助和建议？

陆雄文

坚持创新。从理论上来讲，创新有多种途径——市场创新、技术创新、商业模式创新等，但最重要、最根本的创新还是商业模式的创新。反思过去十多年中国经济的高速增长，许多人认为并不是靠创新推动，而是由资源消耗和低成本劳动力支撑。的确，从宏观经济数据来看，政府的投资和出口占据了主导地位，但即使在这样的环境里，我们看到很多企业，尤其是大量的民营企业，能够成为隐形冠军和行业领跑者，其实是靠创新驱动。它们的机制灵活而开放，市场策略适应市场需要，而且在整个商业模式上，完全能够根据中国形势和市场结构来建立资源配置和业务流程。这种商业模式的创新，构成了中国过去十五年快速增长的重要动力。

我们仍然需要坚持创新的发展方向，因为商业创新更加高效。只要有智慧和敏锐的触角，就能够捕捉到市场的关键机会，重组资源和业务流程。在此基础上，当企业占领了一定市场份额，且资金充裕的情况下，为了培育长期的核心竞争力，企业必须考虑技术创新的投入。在中国，华为、振华重工（原"振华港机"）、格兰仕空调都是走商业创新和技术创新并举的道路才成为行业的领跑者。上海完全有这样的基础，因为上海是中国人才资源、知识资源密集的高地之一。

蔡来兴

如果站在更高的层面讨论现代服务业的发展，我认为现代服务业是中国走向经济强国的核心竞争力。基于此，对于发展现代服务业要有新思路、新举措：

首先，发展现代服务业的战略目标，要聚焦到尽快建立、完善世界经济强国的核心功能上。中国未来三十年要从经济大国转变为世界经济强国，世界经济强国必须具备"五力"：即强大的物质生产力、科技创新力、国际经贸竞争力、文化软实力、城市国际竞争力。从本质上讲，这"五力"的发展水平都与现代服务业发展水平息息相关。换言之，现代服务业发展水平决定了我国产品未来在世界产业链、价值链中的地位，决定了我们对全球资源配置力、商品劳务定价议价力和对全球经济事务的影响力。因此，发展现代服务业不仅是为生产服务、为生活服务、为公共活动服务，而且要为我们国家建设世界经济强国的核心功能服务。如何将这些核心竞争力集中在一个城市，真正形成世界级核心竞争力，这是国家的全局战略，对正在建设"四个中心"的上海来说，也将是一个艰巨的历史使命。

其次，推动现代服务业发展的"突破口"要放在"五新"上。说到底，现代服务业就是服务业的现代化，它走两条路：一是通过最新的科技成果、发展理念、发展方式提升传统服务业，还有一种则是创造全新的模式。这两种方式，最终将会催生出一大批新模式、新业态、新机制、新技术和新领军人物的"五新"企业，这是发展现代服务业的希望所在。通过梳理上海100个"五新"现代服务企业的成功案例，在互联网、云技术条件下，我们看到了五方面的创新发展思路，有专业化的再分工，有碎片化的整合，在个性化基础上的规模化，还有挑战传统边际效应的平台化经济模式以及虚拟化的制造。

第三，发展现代服务业的攻坚点，要放在领军人物的培养上。在知识经济时代，借鉴国内外正反经验，我们要创新人才培养方式和机制，打造"创新联盟"，迅速形成创新生产力。在创新联盟内，将优秀创新型人才和各类专家聚集起来，产学研紧密结合，多学科交错，跨学科探索，产业链、市场链、价值链环环相扣，以及创新服务的一条龙配套，迅速培养出一批引领市场、引领世界的新技术、新产品和顶级的领军人物，这是超越"追赶战略"，实现跨越发展的重要保证。

周伟民

当前，"五新"企业已成为上海创新转型的重要推动力量，为了进一步发展壮大现代服务业，从发展方向来看，要进一步围绕凸显建设上海国际大都市的总体发展目标，注重与金融、贸易、航运中心的建设联动，与服务先进制造业联动，与上海国际文化大都市建设联动，与智慧城市建设联动，与改善民生和发展社会服务联动，从而提升服务业发展水平和能级。

从发展环境来看，服务经济有其自身发展的特殊规律性。服务经济的发展要求建立与其发展特殊性规律相适应的制度环境。这个制度环境可以分成三个层面：一是市场经济的基本制度，包括现代企业制度，产权制度等；二是基本的管理制度，包括税收制度、信用制度、监管制度等；三是行业管理制度。而服务经济对制度环境的总体要求是市场化、法制化、国际化、创新化。

从发展地域来看，目前，上海市区两级已形成了一大批各具特色的现代服务业集聚区，他们已积累了一整套管理、扶持和服务企业的成功经验并具有非常优秀的园区管理团队，服务企业可依托利用这些集聚区，抓住全国各地加快发展现代服务业和世界关注中国经济发展的机遇，向全国乃至世界辐射。现代服务业集聚区在当好"五新"企业发展的"保姆"和"摇篮"的同时，也要不断总结、完善管理服务模式，使之标准化、品牌化、连锁化。

赵效定

推动现代服务业在上海的快速发展，政府要起带头引领作用，这就对政府主管部门的各级领导干部提出了新的更高的要求。对部分同志来说，"创新驱动、转型发展"，大力发展现代服务业可能还是一个新问题，如果沿用传统的思维模式来管理、推广，例如项目式管理方法，可能在实践中是远远不够的。因此，我认为，各级领导干部应该学习思考如何突破传统的思维模式，在宏观综合分析后寻找突破点，来推动现代服务业的发展。在学习的过程中可以借鉴国外的发展经验和一些成熟的商业模式，思考与提出现代服务业发展中的前瞻性问题。借用一句并不过时的老话，作为主管部门，思想还要再解放一点，胆子还要再大一点。

赵 凯

我认为，企业要寻求"五新"突破之路，最关键的还是新领军人物。我们在调研中发现，目前比较成功的"五新"现代服务企业大多依赖人才，而且各个企业普遍反映专业技术人才紧缺，特别是海外人才。造成人才紧缺的原因有很多，地方政策是一大瓶颈，比如我们的所得税高，比新加坡和中国香港都高。

为了解决人才问题，我们需要在扶持现代服务企业发展的同时，将培育创新人才放在最突出的位置上。不仅致力于培养行业的创新型人才，还要下决心培养世界级创新人才。在创新领域，中国想要后来居上追赶欧美等国，这将是关键的手笔。

另外，在日常运营中，我们也要注意发现人才、珍惜人才。上海是人才集聚之地，"海纳百川"是上海精神和发展之源。人民网曾发表一篇文章讲到，企业也好，主管部门也罢，在发现人才的过程中要特别注意杜绝三种现象：一是"近视"，对人才视而不见；二是"斜视"，习惯高高在上，把人看扁了；三是"色盲"，没有识才的本领和意识，看不清楚，辨不明白。发现人才、珍惜人才还有一条十分重要，就是要给人才创造好的环境。在调研中，我们发现，现代服务企业从创立到发展，一般都会有一个关键点，要么是资金链濒临断裂，要么是关键职位人才荒，这就需要行业协会和主管部门，在关键时刻能主动挺身而出，帮企业一把。

【延伸阅读】

《上海现代服务业"五新"100例》
（第一辑—第五辑）

编著：复旦大学管理学院商业知识发展与传播中心·上海现代服务业联合会
（上海人民出版社）

该书历时3年，在对近200家企业进行广泛调研的基础上，遴选100家企业创业创新实例结集出版。以"新模式、新技术、新机制、新业态、新领军人物"的五个创新角度，大致分为"互联网与信息化"、"服务外包"、"金融服务"、"文化创意产业"等不同门类，解析了这些企业的创新点所在、创新带来的市场效应以及企业所具有的可持续发展能力，在完整的商业表述中为读者提供可参考和借鉴的商业模式。真实、生动、形象地展现上海现代服务业的现状，为创业者和有志于创业的年轻人提供学习借鉴的例证、为政府主管部门提供鲜活的行业、企业的解析，为投资者提供投资方向和企业选择。

发展现代服务业，"根深"才能"叶茂"

2015年7月初，统计部门公布了第二季度的GDP数据，同比增长7%，让不少市场分析家略感"打脸"，因为考虑到复杂的国内外经济环境和不断加大的下行压力，此前的市场预期是6.8%。

为何实际结果能好于预期？原因有很多，包括农业生产形势较好、工业生产基本平稳等，但数据显示服务业的良好发展，对二季度7%的GDP增速，贡献巨大：第二季度，第一产业同比增长3.5%，第二产业同比增长6.1%，第三产业同比增长8.4%。至于整个上半年，第三产业增加值占国内生产总值的比重为49.5%，比上年同期提高2.1个百分点，高于第二产业5.8个百分点。

事实上，自从2013年一季度我国服务业占整体经济规模的比重首次超过制造业的占比，中国社会已越来越接受服务业在经济结构中"挑大梁"的"新常态"。

然而，要想更加准确地把握这个新趋势，仍需要我们不断地反思总结。

因为中国过去30年的发展，依托的是制造业的快速崛起，是制造能力的不断扩大和生产能力的不断提升，但随着"人口红利"逐渐耗尽，制造业发展开始遭遇"瓶颈"，中国制造业要升级、要提高产品附加值，就必须向"微笑曲线"两端转移，从着力于发展制造业转向发展服务业，几乎成为必然。

然而，这是否意味着我们可以"放弃制造、专攻服务"？随着中国的服务市场越来越大，本土服务企业在遭遇越洋而来的竞争对手时，该做出怎样的应对？而上海未来又该着重发展哪些服务行业？

嘉宾

范秀成

复旦大学管理学院市场营销系教授

"从上世纪二三十年代到七八十年代，上海制造在国内消费者眼里都是名牌，怎么现在影响越来越弱，上海品牌所剩无几了呢？"

张 洁

复旦大学管理学院市场营销系副教授

"最近几年拉动上海服务业发展的'主引擎'已逐渐从传统服务行业过渡至信息服务、科技研发等'知识密集型'服务行业。"

徐云杰

复旦大学管理学院信息管理与信息系统系教授、副系主任

"若想打造一个完整的'供应链服务企业'，就必须实现商流、物流、资金流、信息流的统一。"

裴理瑾

复旦大学管理学院市场营销系讲师、博士

"不少传统意义上的制造企业，为了和竞争对手区别开，在设计、售后等服务环节中体现了很多创新。"

制造业、服务业，融合才是大趋势

↓制造业服务化与服务创新是中国制造业升级的重要路径，那么"制造企业服务化"后究竟算制造企业还是服务企业？

范秀成

中国经济结构早已进入另一个阶段，我们的经济趋势是：服务业占比会越来越大，制造业占比相对来说会逐渐变小。今后，制造业还是综合国力的重要体现，但服务业会越来越重要。

"制造企业服务化"后究竟算制造企业还是服务企业？关键要看理念。通常来说，服务企业总要"放下身段"，紧跟客户需求，制造企业则可以挂上"工厂重地，闲人免进"的牌子闭门生产，再拿着成品到处去推销。随着市场竞争越来越激烈，很多技术导向的制造企业，因不太考虑客户需求，在市场竞争中显得封闭、迟钝，服务导向的理念越发具有普遍适用性。

裴理瑾

其实，现在不少传统意义上的制造企业，为了和竞争对手区别开，在设计、售后等服务环节中体现了很多创新。虽然分析GDP时可以分别计算服务业和制造业占比，但现在已很少有企业宣称自己纯粹做制造或纯粹做服务，事实上，一个发展的趋势是，制造业和服务业的界限越发模糊，两者本身就在逐渐融合。

"制造企业服务化"的典型例子是IBM：最初它只提供售后维修、保养服务；后来，因为很多客户不懂信息系统，它的服务往前延伸，开始为客户提供系统设计；当收购普华永道咨询团队后，IBM又开始涉足企业战略规划，实现了从"战略规划－系统设计－具体实施"的全覆盖，成为企业的"整体解决方案提供商"。

在这方面，本土企业中也有比较成功的案例。作为全国最大的非电空调制造商，早在本世纪初，远大空调就开始尝试从销售空调设备向销售服务整体解决方案的商业模式转变，2007年远大空调正式开始将合同能源管理（EPC）引入中央空调领域，开创中央空调EPC先河，为用户提供空调能耗审计、节能诊断、设备运行、系统维护等集约式服务。EPC模式符合各方利益：社会对能源需求剧增，政府从注重能源开发向加强能源的"需求侧管理"转变；成本效益最大化的需求，客户从自行管理楼宇设备向"专业化、社会化"管理转变。空调厂家从"空调制造"向"空调服务商转变"。

"知识密集型"服务行业成"主引擎"

↓服务业在全国范围内发展进入"快车道"，在上海的经济体系中，目前正在扮演怎样的角色？

张 洁

与全国相比，服务业在上海经济中扮演的角色无疑更加"重量级"，大幅度超过制造业。而且，最近几年拉动上海服务业发展的"主引擎"已逐渐从传统服务行业过渡至信息服务、科技研发等"知识密集型"服务行业。

举例来说，过去几年，全市就业人口年均增速约3%，制造业从业人员年均增速不足1%，服务业从业人员年均增速约5%，知识密集型服务业从业人员年均增速接近制造业的10倍。

这一发展势头还体现在跨国企业地区总部、研发中心和投资性公司等机构数量的增加上。（截至2015年8月底，已有522家跨国公司地区总部落户上海，其中有306家投资性公司、36家亚太区总部，390个研发中心。美国、欧洲和日本企业为主。）

徐云杰

从地域上讲，上海的服务业发展走在了全国前列。而从企业角度讲，总部位于上海附近的阿里巴巴集团，则可看作本土服务企业的代表。

2012年，阿里先被拆分为"七剑"，其中淘宝、天猫、阿里国际业务、聚划算可以看作是产品平台，而一淘、阿里云和阿里小企业业务，则可以看作是支撑系统运行的"基础设施"。而在2013年，阿里被重新拆分成25个事业部，同样也可以归为平台和基础设施两大类。

细分后的阿里，覆盖了从原料到消费者这一整条价值链中的多个环节，包括采购、销售、支付等，而数据则成为贯通25个事业部的核心。依托阿里云，阿里集团打破了工业时代的管理模式，业务数据流在各事业部之间的流动，确保了消费者的需求与零售商、批发商、生产商的快速对接，使价值链上的各环节都从消费者角度进行商业运作，平台生态更趋完善。

若想打造一个完整的"供应链服务企业"，就必须实现商流、物流、资金流、信息流的统一。

"狼"来了？无需过分担心

↓随着中国服务业市场规模越来越大，也引起了越来越多海外服务企业的兴趣。"狼来了"，对本土服务企业而言需要做好哪些方面的准备？

范秀成

看起来本土服务企业和外资服务企业从事的行当比较类似，但根据过去一些商战经验，双方真正"短兵相接"的机会不多，更多还是"各走各的路"。

不管什么类型的企业，都有一个适合其发展的生态系统，跨国公司发源于海外、服务于全球，不是为中国市场创办的企业，更不会为中国市场做出根本的改变，虽然这些跨国大公司在中国市场会有一些本土化调整，但本质上实行的还是全球标准。因此，凡是适用标准化的行业，跨国公司的优势就突出；凡是强调本土化、个性化的行业，表现就相对较差。

和制造相比，服务业更加注重本土化，很多服务内容和文化相关，这就导致服务企业对市场生态更"挑剔"，也注定了海外服务企业在中国"水土不服"的几率比海外制造企业更大。这就是中国服务企业的发展机会。本土服务企业生于中国、了解中国的优势，为抢占市场、"狙击"外来竞争对手留下了很多可以发挥的空间。

裴理瑾

举两个例子来说明这种服务企业对当地商业生态环境的依赖性。

Zappos.com是美国成功的线上卖鞋电子平台，正是因为其独特的商业模式和服务创新，2009年亚马逊向其伸出橄榄枝，将其纳入旗下。Zappos.com的企业文化很特殊：企业要取悦客户，还要取悦员工，只有员工满意了，才会更好地服务消费者。如果将这种模式复制到中国市场，能成功吗？我个人不看好，因为美国人买鞋、买衣服的消费习惯和中国消费者差别很大。有消费调查显示，美国消费者如果对某个网站的消费体验良好，忠诚度会很高，Zappos.com75%的订单都来自"回头客"。但在中国，曾有企业提供过类似的服务，却因消费习惯不同，最终失败。

反而是一些草根企业利用本土化资源，开拓了新的模式，赢得了成功。2002年，美国汽车租赁行业领头企业之一"赫兹租车"进入中国市场，但生意一直惨淡，三年后，其上海门店便已从5家萎缩至1家。赫兹租车初期在中国的失败在于没有意识到两国消费观念上的差异：在美国，高昂的人工成本使得"配司机服务"比自驾要贵很多，因而租车市场以自驾为主；但在中国，人工费用较低，客户大多愿意选择配司机服务。正是看到这一商业契机，2006年，"一嗨租车"成立，采用了"第三方专业配司机租车服务"模式，不需要大规模的店面建设和购置自有车辆，采取车主带车加盟的形式，搭建租车相关的服务平台。此后的实践证明，这一创意决策降低了公司成本，使经营管理更灵活，为行业发展开拓了新模式。

技术手段无法捕捉"隐性要素"

↓最近几年，上海为了促进服务业的发展，先后开展了"营改增"试点、在全国率先开展现代服务业综合试点等，不仅各类举措热热闹闹，效果也比较明显。下一步，上海服务业的发展大方向在哪里？

范秀成

我一直在思考一个问题：从上世纪二三十年代到七八十年代，上海制造在国内消费者眼里都是名牌,怎么现在影响越来越弱,上海品牌所剩无几了呢?

原因有很多,除了品牌保护意识不强,我觉得一个比较重要的原因是行政干预过多。上海以前纺织业很兴盛,后来政府决定放弃这个行业,就全都关闭了。如今,周边长三角地区涌现出那么多服装企业,没有好的品牌、没有好的设计,而这些上海曾经都有。如果让上海企业"自然生长",相信结果很可能类似跨国公司,生产和加工的东西外包,只留下品牌、营销、研发等核心职能。

裴理瑾

耐克就是"轻资产跨国公司"的典型代表。过去它把生产、制造、销售外包,只保留研发和品牌,如今,耐克连研发都外包了,只保留品牌。因为耐克相信其他专业机构的研发能力比它还要强,耐克只要想办法搞清楚消费者的需求和潜在需求,然后对第三方研发机构提出设计要求就行。

范秀成

有很多人认为,像上海这样的大城市,未来应该发展一些辐射面广、穿透力强的服务业。我却认为虽然服务业具有辐射力,可也要有"根",要尽量挨着服务对象发展。从全球角度看,服务业具有相对聚集的倾向。正如米兰是时尚之都、法兰克福是展览之都,伦敦是金融中心、波士顿名校云集、全世界的IT公司都往旧金山扎堆……所以,我认为上海的服务企业没必要过快地"辐射全球",建议更多关注长三角区域内的制造业。科技手段解决了信息传输的载体问题,但在知识创造环节中还有很多"隐性要素",目前的技术手段还无法捕捉。

【延伸阅读】

《竞争优势的终结》

作者:Rita Gunther McGrath

（哈佛商业评论出版社）

大数据和移动互联网是一场颠覆性的革命,将从信息不对称的服务业,延伸到政府、制造甚至第一产业中。中国的互联网企业目前正处在这一轮变革时期,依靠技术

"一招鲜吃遍天下"的时代已经过去，互联网企业需要变革原有产业概念，以变"态"思维和互联网思维来构筑企业发展思路。

在当前的移动互联网时代，企业的所有优势都是暂时的，必须跟着业态风水轮转，灵活转型。阿里巴巴原先作为一家电子商务平台，在移动互联网和社交领域进行布局，以及成立菜鸟网络科技公司涉足物流，是典型的混业管理。

哥伦比亚大学商学院教授McGrath在其《竞争优势的终结》一书中破解了"核心竞争力"的迷思，指出，"产业"（Industry）属于传统工业概念，它适合于相互不兼容的工业技术时代，但却不再符合跨界竞争的市场现实。企业应该打破产业概念下形成的市场区间和竞争屏障，打破自我设限，保持期权一样的变"态"能力。灵活转型、业态切换能力才是现代企业的核心竞争力。

（推荐人钱世政，系复旦大学管理学院会计学系教授）

为中小微企业成长破题

大众创业、万众创新是眼下中国最时髦的词汇，被视作中国新常态下经济发展"双引擎"之一。

我国中小微企业数量众多，已经占到全国企业总数的98%以上，拥有全国发明专利总数的65%，占据国内生产总值的60%、税收的50%。草根创新创业，将成为中国经济未来增长的不熄引擎。中国有13亿多人口，9亿劳动力，7 000万企业和个体工商户，蕴藏着无穷的创造力。

经济学家马歇尔将企业发展比喻为森林中大小树木之间的竞争，小树在与大树争夺阳光和空气的竞争中屡屡失败，但最终结果一定是大树被更有生命力的小树所取代，如此循环往复而使森林生机勃勃。当前，由于信息技术进步及新的商业模式出现，交易成本不断降低，推动了产业链的裂解、延伸、交叉和融合，生产的网络化和社会化特征更加明显，中小微企业数量不断增多、作用更加凸显。借助发达的生产网络和资本市场，中小微企业不断开发新技术、新产品，创造新的市场空间。微软、苹果、华为等大企业无一不是由中小企业发展来的。

近几年，在改善融资、扩大市场准入、完善市场化体制方面，中央各部门一共出台扶持中小微企业的相关文件以百计，用心不可谓不细致，举措不可谓不完善，然而现实情况却依然无法令人完全乐观，中小微企业的生存发展仍旧困难重重。面对日趋复杂的外部环境，中小微企业长路径如何规划？如何化解融资困难、运营成本上升、人才紧缺、知识产权保护等一系列难题？

嘉宾

薛求知

复旦大学管理学院企业管理系教授

"企业的目标不一定要做'大而强'，也可以是'小而美'。在我们的商业文化中，主流价值观过于单一，似乎企业一定要做大才算成功。"

孙金云

复旦大学管理学院企业管理系讲师、博士

"国家经济发展状况和中小微企业成长状况有相关性，但并不完全同步。"

郁义鸿

复旦大学管理学院产业经济学系教授

"事实上，最强的创新能力都来自中小企业，因此政府应重点关注中小微企业的创新并予以扶持。"

刁红进

交通银行总行小企业部高级经理

"商业银行支持小微企业发展，既是一种社会责任，也有其内在的发展动力。"

中小微企业当下的生存现状如何

↓ 展开讨论之前，请先就中小微企业的概念作一番界定？

薛求知

各国对中小微企业的界定有所不同，就国内来说，较新的中小微企业划分标准是2011年工信部、发改委和财政局联合发布的，具体根据就业人数、营业收入来划定。其中就业人数在300人以上，营业收入2 000万以下的为中型企业；就业人数20人以上，营业收入在300万以上为小型企业；就业人数在20人以下，营业收入在300万以下为微型企业。

孙金云

　　这份四部委文件与以前的区别是，增加了微型企业的定义。还对不同行业进行了不同描述，分别都进行了非常明确的规定。具体分为7种行业类型，在制造业和建筑业方面，增加了固定资产的指标，按照就业人数、营业收入和固定资产三个标准进行划分；另外5个行业依然沿用就业人数、营业收入这两个标准进行划分。

↓从2008年起，复旦大学管理学院与交通银行合作，对江浙沪在内的长三角地区中小企业进行研究，每半年推出《交通银行-复旦大学中国中小微企业成长指数报告》，目前报告辐射范围已经从长三角地区扩大到全国。该报告的意义？说明了些什么问题？不同行业、地区之间呈现怎样的特点？

郁义鸿

　　中小微企业在各国经济中都是比较重视的话题。复旦大学管理学院以中小微企业自身发展成长为研究的重要方向，此份报告对政府、学术机构、银行都有一定指导意义。我们组织了学院内的金融学、统计学等专家，通过调研获得数据，每半年发布一次成长指数，客观地反映长三角地区中小企业的发展状况。

薛求知

　　各国都对中小微企业的生存和发展比较重视，会出台一些专门政策加以扶持和保护，这是因为中小微企业吸纳了众多就业人口，减轻了政府的就业压力。同时中小企业往往生存在大企业看不中、无暇顾及而对于国计民生还挺重要的领域和行业，因此对经济发展起到不可或缺的作用。

　　从研究来看，中小微企业还有两个重要作用，一是自由经济的维持者，市场经济最基本的元素，打破垄断靠的是众多企业在竞争环境中的比拼，从而提高经济效率；二是中小企业在平衡地区经济发展中起到积极作用，一些落后地区的发展起步阶段，往往是中小企业起了助推作用。据我所知，最早到西部投资开发的是沿海的民营企业，他们具有敏锐的把握机会的能力。这是我们进行相关研究的重要背景。

孙金云

　　2011年，我们的研究范围从长三角地区中小企业指数扩大为全国中小微企业指数，这不仅是研究范围的扩大，因为长三角在经济上具有代表性，但其他区域亦有自己的特色。指数一共分三块，绩效指数，以财务指标为主；信心指数即企业未来发展的信心展望；风险指数是对企业系统风险所做评价。通过对连续三次指数趋势的解读，我们发现，中小微企业的成长指数逐步攀升，成长状况逐步好转，在绩效和信心方面表现出同样的趋势。然而，风险指数却在每年攀升，这是一个比较独特的现象，值得我们深思。

在研究范围从长三角扩张到全国的过程当中，我们确实发现有一些区域性的差异。第一个差异是"西进"。在这一期的指数当中发现，长三角和珠三角这两个先进行改革开放试点的区域，由于劳动力水平开始提高，尤其是薪资水平的提高，导致大量的劳动密集型企业、劳动力和原材料成本占比比较高的制造型企业开始有西进的迹象。我们发现西南地区的成长速度，明显比三大传统经济发达区域的增长指数高。

第二个差异是地方政府服务水平的差异。很多中小微企业无从得知政府的服务信息。虽然政府官员对扶持政策非常了解，但中小微企业遍布在各个角落，并非每个企业都有这样的信息渠道。因此那些跟政府能够保持密切信息来往的企业，先天会有获取这类信息的优势，从而能够体现出更高的绩效水准。这种信息不对称性，在经济发展水平偏弱的区域表现得更为明显。

中小微企业的"成长烦恼"

↓中小微企业生命周期普遍比较短暂，有数据称，5年内平均破产率达到30%—50%左右。中小微企业面临的风险来自哪里？

薛求知

中小微企业生命周期问题，应从两个层面来看。

首先，中小微企业破产率高在某种程度上具有合理性。企业是有生命周期的，许多企业当时创办靠的是一腔热情，一个好的创意或产品，或某种技术专利和机会，其中有一定的盲目性和冲动性。他们对市场把握能力、运作管理能力往往不足，而市场经济外部环境竞争激烈、变化迅速，优胜劣汰明显，那些缺少市场基础，无法创造价值的企业，支撑不下去，失败也是正常现象。大企业是从小企业发展而来的，那些能存活下来，最后做大的企业，它们都经过竞争的逼迫和磨炼，形成了自身的核心竞争力，管理能力和市场的应变能力都比较强，关键时刻能做出正确的决策。

其次，我们不可否认，在一定环境条件下，有些企业的失败是可以避免的。如果政府对其进行一定的扶持和帮助，可能转危为安，从而跃过发展初期的瓶颈，这些企业可以重新活过来，继续成长。假如政府的扶持系统不完善，中小微企业的死亡率可能就会加大。以江苏省的情况为例，小微企业突出的问题表现在，生产要素的制约非常明显、融资渠道比较狭隘，满足不了企业发展的资金需求；此外，用地指标难以得到保证、用工不足、生产成本和人力资源成本不断上升等。在这种情况下，许多小微企业面临"不转型难生存，想转型没能力"的窘境。

郁义鸿

风险和不确定性密切相关，不确定性越大风险就越大。假如对经济环境变化趋势有比较明确的了解和把握，有些因素并非风险因素，例如劳动力成本上升是确定的，只能算是一种环境变化因素，而不能称其为"风险"。

风险主要来自两大方面：市场和政策。

市场风险分为国内和国际市场的不确定性，例如日前黄金价格暴跌，间接导致国内金融市场的不稳定。另外，不同行业的不确定性是不一样的，企业必须考虑所在行业的未来发展前途。

政策的不确定性往往在于政策条文不能真正落实。尽管政府颁布了许多扶持中小微企业的政策，例如2002年的《中小企业促进法》、2005年的《非公经济36条》，但中小企业发展过程中仍遭遇障碍——垄断行业依旧进不去，盈利机会依旧得不到。核心问题在于，政策设计从条文上比较全面和系统，但政府机构设置缺乏系统思考。政策的推进和落实需要各方协作，一项政策往往需要几个部委一起发布，而政策实施中不同部委之间的协调不太有效。另外，金融危机以来，政府管得更"宽"了，政策的不确定性也越来越大。

因此，所谓风险，中小微企业首先应关注不确定性，确定的因素可以未雨绸缪，而不确定性因素不容易掌控和把握。

↓ 当前外部宏观环境，对中小微企业发展有什么影响？

孙金云

国家经济发展状况和中小微企业成长状况有相关性，但并不完全同步。金融危机后出口大幅下滑，出口占比高的省份成长困难，这是宏观经济带来的系统性影响。此外还有一些特殊影响，比方说应对金融危机的政策是通过国家层面投资来完成的，影响的是一些中小企业占比较低的行业。把资金投入到国企占比很高的地区，以此来拉动内需和投资，必然对中小微企业的生存环境带来挤压，且很难得到明显缓解。

如果我们建立一个企业模型，输入部分包括劳动力原料和从外界吸纳的资源，输出部分包括提供什么样的产品给市场，企业在输入输出过程中扮演了增加价值的角色。过去经济成长更多依赖人口红利和成本优势,这种优势持续二三十年是不现实的,这也是世界各国经济成长中普遍存在的问题。我们必须认清系统因素的现状,然后在系统背景下寻求突破发展。

郁义鸿

把握趋势是最关键的。对企业而言,则需要看清楚未来的转型方向,哪些产业有很好的前景,哪些产业会走向衰退。在技术创新方面,找到国内市场需求的方向。把这些问题想清楚后,大概可以得到一个明确的战略定位。

政府及金融机构应该做些什么?

↓ 中小微企业的融资环境究竟如何? 形成原因又在哪里?

刁红进

中小微企业融资问题是一个国际性的话题,中小微企业数量众多,参差不齐,尤其在创业初期,风险较高,这个阶段融资相对困难一些。有的企业经过自身发展后有了一定的规模,生存能力就会变强,融资的成功率就会大一些。

商业银行支持小微企业发展,既是一种社会责任,也有其内在的发展动力。其内在动力主要有以下几个方面:一是中小微企业市场空间大。目前全国有4 000多万个这样的中小微企业(含个体户),融资市场很大,这是银行大有作为的蓝海。二是金融脱媒,大客户融资渠道多元化,间接融资比率逐年下降,大量融资需求通过直接融资得到解决,银行话语权下降。三是利率市场化,商业银行利润空间受到挤压,迫使其在客户结构、信贷结构方面进行转型。近年来,商业银行纷纷将业务发展重点转向中小微业务,这对解决中小微企业融资难题是大有帮助的。在这方面,交通银行有一些成功的探索和实践。

郁义鸿

中小微企业融资难是个世界性问题。在宏观层面更需要放开,从而降低银行服务中小微企业的交易成本。许多中小银行专门做中小微企业业务,如浙江的某个小银行,通过人盯人的方法,尽可能消除信息的不对称,人力成本或有提高,但风险却能明显降低。我们必须放开银行业的准入限制,让民企去建立大量小银行,提供多样化的金融服务。

↓ 目前我国中小微企业的商业环境和海外相比有哪些差距?

郁义鸿

在美国，企业的交易成本非常低，除了政府的服务简便，商业信用也有保证，企业不需要担心应收账款是否能收回，市场环境的规范程度相当高。

国内的现状是政府管得太多，大量竞争性行业都还没有放开。举个例子，在中国香港，一块钱就能注册一家公司，但在大陆，注册企业需要盖许多公章。企业经营中交易成本非常高，很大程度上侵蚀了企业的利润。我们不一定要做得和香港一样，但政府的职能定位需要转变，真正成为服务型政府。

薛求知

从政策的有效性来说，我们通过对中小微企业的调查后发现，许多企业不清楚、不知道已出台的政策内容，信息的通晓率很低。

另一方面，我们的商业信用体系不完善。主流商业价值观是"急功近利、一夜暴富"，使得企业经营缺乏恒定心和持久力，不顾商业伦理和道德，制造假冒伪劣商品，偷工减料，降低技术标准和安全标准。这样一来，政府就加大监管力度，提高了准入和监管门槛，对中小微企业的市场进入和市场生存的难度加大，由此形成恶性循环。

诚信体系的缺失不光是中小微企业面临的问题，也是社会制度和文化建设需要长期关注的热点问题。

工欲善其事，必先利其器

↓在成长过程中，中小微企业除了受到宏观环境的影响，内部管理水平也决定其发展方向，企业如何规划成长路径？如何在行业中找到自己的定位？

薛求知

首先从企业的战略定位来看，企业的目标不一定要做"大而强"，也可以是"小而美"。在我们的商业文化中，主流价值观过于单一，似乎企业一定要做大才算成功。其实只要踏实地在自己的行业持续做下去，假设一个30人的企业，50年后，还是一个30人的企业，有很精到的专业能力，产品或服务口碑好、对顾客有持续的吸引力，也是一种成功。

这方面，印度给我们很大启发，许多企业存活时间很长，即便是菜摊都能传承几代人，他们同样受到社会的尊重。而我们的商业文化中缺少这样的观念。我们应该提倡首先让企业存活下来，哪怕做得比较谨慎保守，一直生存下去也是值得鼓励的。繁荣经济、吸纳就业人口的社会责任不能完全由大企业承担，需要众多企业去做，而中小微企业在这其中可以发挥非常重要的作用，这都需要鼓励坚守而专注与自身行业的中小微企业。

当然，企业一定要找准自己的市场位置，即所谓的细分市场，不要一下子做太宏伟的规划，先把细分市场做深、做透。同时，我们也不要千篇一律地盯着高新技术产业，传统企业找准位置也能做得很好，大有作为。

孙金云

我们知道中小微企业虽"小"但并不"弱"，即便其市场规模小，但竞争优势、毛利率水平、顾客忠诚度等指标不　定输给大企业。规模虽小，竞争优势却可以很强。因此，小企业在细分市场的定位显得尤为重要。企业通过战略选择，做细分市场的领先者，成为某个领域的专家。对中小微企业来说，需要先找到好的细分市场，而后有效地进行构建，并伴随这个市场不断进步。

另一方面，企业需要在商业模式上创新。市场环境在变化，顾客需求在变化，企业应该通过调整商业模式以及不断创新，来满足顾客全新的需求。不仅是互联网，在传统行业也要大胆尝试。比方说平台模式和传统商业模式相比产生价值增值，解决了企业成长问题和生存空间问题。因此，只有创新才可能有出路，这是优胜劣汰的基本规律。

郁义鸿

某种意义上来说，行业定位的空间之大超乎企业想象。企业需要关注市场缺什么，许多行业现在看是"蓝海"，进去后发现是"红海"，因为缺乏核心竞争力。只要有不到1%的人口形成某种共同特征，就能构成细分市场。美国有3亿人口，中国的人口数量数倍于美国，能形成多少细分市场？这样的市场规模，足够企业把某个产品做得很好。

另外，我们要做自己的品牌，需要思考能为消费者提供什么价值。做蓝海，必须做到你所创造的价值别人很难复制。我比较欣赏乔布斯的理念。乔布斯认为企业最基本的理念不是要赚钱，而是改变世界。我们有多少企业家是秉持这种理念去做企业的？中国能不能出现苹果这样的公司？

【延伸阅读】

《长三角中小企业成长报告》

作者：长三角中小企业成长研究课题组

（格致出版社）

　　长三角地区的中小企业在中国发展史上具有重要的地位，不仅仅因为这一地区本身的经济活力和发展速度，更由于在我国特殊的政策环境下它们屡屡充当了变革的先锋和"试验田"。近年来，中小企业开始面临诸多困境，来自环境的挑战、内部发展的困局，也有企业家成长的迷思。在五期"交银—复旦长三角中小企业成长指数"的基础上，撰写出《长三角中小企业成长报告》一书，并不简单地将若干指数进行合并汇总，而是对中国中小企业研究的成果汇编，涵盖产业经济、企业战略、财务、统计等的多个领域。作为一份研究合集，它为我们提供了有关长三角地区中小企业成长的真实状况和发展思路。这是我国中小企业研究领域不多见的既具研究价值又有实践指导意义的成果。

变"态"思维下的互联网企业转型

　　2014年9月，阿里巴巴在美国纽交所成功上市，创造了美国历史上最大的融资规模。有人说，这是一个时代的开始，也有人说，也是一个时代的结束。

　　当然，说话的人站在不同的立场上。说它是时代的开始，那是因为阿里巴巴独特的"中国式创新"，完全不同于美国的任何一家互联网企业，从某种程度上，这代表着中国的互联网企业真正实现了自我价值的飞跃。而说它是时代的结束也并不为过——在阿里巴巴之前，百度腾讯早已上市，京东、360、唯品会也提前一步赴美上市，可以说，阿里巴巴是中国PC互联网时代最后一家上市的巨头企业，在此之后，机遇将更多地留给移动互联网企业。

　　站在这个临界点上看问题，似乎特别有趣。当传统企业还在孜孜不倦地"触网"，这些被誉为站在风口浪尖的互联网企业也已经迎来了严峻的挑战。以阿里巴巴为例，在PC互联网时代，阿里旗下的淘宝和天猫所向无敌，但在移动互联网时代，业务平移并不是一个明智的选择。因为很多竞争，已经不能从同一个维度去思考，在很长一段时间里，马云被微信的崛起压得喘不过气来，因为他相信，"打败淘宝的，不会是另一个淘宝，而是微信"。于是，阿里巴巴必须谋求转变，马云不得不祭出了O2O，通过线上线下的结合来实现业务的再一次跨越。马云还不得不调整支付宝，将它作为一个新的场景入口，比在繁复的淘宝上增加新的应用更加有效果。

　　今天的阿里巴巴，已经与一年前阿里上市时大不一样。阿里巴巴更多地在布局云端、布局线下、布局无线端，布局DT时代，永远争取快人一筹。就在前不久，阿里巴巴与苏宁云商"握手言和"，也许，这又是一场颠覆性的革命。

嘉宾

钱世政

复旦大学管理学院会计学系教授

"移动互联网的竞争背景下，创业创新者都希望通过引进投资和上市来获得更快的发展，在原有制度框架下，核心管理者的股份会因此被大量稀释，其战略决策将受到资本市场的波动影响，从而干扰企业的创新进程。"

方军雄

复旦大学管理学院会计学系教授

"衡量互联网企业市值高低的最重要因素是'商业模式的可持续性'，市值差距就是投资者对于该企业商业模式可持续的一种预期差异。"

曹 雯

复旦大学管理学院产业经济系讲师、博士

"IT科技企业和新兴互联网企业在消费者领域直接竞争已经没有很大的优势，需要避开这块红海，开发企业用户这片蓝海。"

阿里 IPO，一举两得？

↓阿里为何选择美国上市？

钱世政

赴美上市是在移动互联网引发数字化产业变革的背景下阿里做出的一次战略转型，给阿里带来两方面的利好：保证阿里管理层对公司的控制权，并在制度创新的环境中，加快技术创新的速度，完成移动互联网时代的战略布局。

阿里巴巴赴美上市，无疑进一步确保阿里高管对于公司的控制权。阿里巴巴坚持合伙人制度，上市"合伙人"达30人，多为阿里高管。美国股市的"双重股权"结构有助于解决阿里管理层投票权问题。

然而，阿里赴美上市的初衷远不止确保管理层控制权这么简单。美国股票市场的监管制度创新适应了阿里的制度创新,赴美上市是阿里加速在移动互联网领域进行布局的关键。

移动互联网的挑战前所未有。这种挑战主要来自哪里？移动互联网浪潮改变了互联网企业的商业模式,互联网企业已从纯粹做产品、打造服务平台,发展到争夺移动互联网的端口和开发移动端功能,这对于互联网企业而言是一个关键性的战略调整。在PC互联网时代加冕为中国互联网三大巨头的BAT(百度、阿里和腾讯)已经在移动互联网战场上展开了角逐,通过推出新的移动产品和连续收购,迫使自己快速转型。

以阿里和腾讯为例,原本各走各道,在电商和移动IM(Instant Messaging)领域各霸一方,但随着移动互联网时代来临,双方业务在手机端重叠。通过微信,腾讯进攻电商领域,而移动电商正是阿里尚未建起"防火墙"的突破口。如果消费者习惯于用手机购物,阿里还会是电商老大吗？于是,阿里与腾讯的移动战争仓促开场。移动社交是开展移动支付与移动电商的重要平台(截至2015年3月,微信每月活跃用户已达到5.49亿)。阿里在无线领域的布局和资源并不如腾讯,面对微信的捷足先登,阿里将赌注压在了旗下社交产品"来往"身上。但从2013年10月推出至今,"来往"无法撼动微信的地位。欲在移动互联网领域站住脚,阿里还需有进一步的突破与创新。

突破创新不仅仅指技术创新,更重要的是制度创新。20世纪50年代中后期至60年代早期,经济学家提出技术创新是经济增长的最根本因素,而制度创新在产业革命中的重要性被忽略。直到1973年,英国经济学家诺思和托马斯在名著《西方世界的兴起》中指出,有效率的经济组织在西欧的发展正是西方兴起的关键原因所在,这对十年前盛行的"技术创新决定论"提出了挑战。诺斯还进一步指出,制度创新而非技术创新,造就了第二次产业革命。所有创新活动都有赖于制度创新来积淀和持续激励,通过制度创新得以固化,并以制度化的方式持续发挥着自己的作用,这是制度创新的积极意义所在。

工业革命以来,创新集中于"物化技术创新",体现为经济中新产品、新工具的不断发明,其传承主要依靠物。然而,移动互联网拉开了体验经济的崭新时代,"价值决定价格"的传统定价法则解释不了今天的商业现象。它涉及的绝不仅仅是渠道、终端、传播、支付方式的变化,而是商业生态的巨变。企业无法通过沿用成长于工业化时代的物化技术创新思维来适应这种"巨变",应通过创设新的、更能有效激励人们行为的制度来实现变革。

移动互联网的竞争背景下,创业、创新者都希望通过引进投资和上市来获得更快的发展,在原有制度框架下,核心管理者的股份会因此被大量稀释,其战略决策将受到资本市场的波动影响,从而干扰企业的创新进程。阿里提出的"合伙人制度"即为保护核心管理者的决策权而设，与通常意义上基于股权的合伙有所区别。

然而，"同股同权"的传统法律原则，曾让阿里上市一度陷入困局。香港地区的相关法律就不支持能够以少量股份行使控制权的双重股权结构。在经济法的平等原则之外，美国股票市场更为尊重契约自由。以此为基础，"双重股权结构"应运而生。在这种股权结构设计下，Facebook、Linkedin等几家具有影响力的互联网公司已成功上市。

"双重股权结构"使创始人和管理层在股份被稀释的情况下，依然能够拥有对公司业务的较大战略决策权，保证发展方向和战略实施。

"我们不在乎在哪里上市，但我们在乎我们上市的地方，必须支持这种开放，创新，承担责任和推崇长期发展的文化。"马云的话显现了阿里坚持"合伙人制度"的决心。作为制度创新的领头羊，美国股票市场的监管制度创新适应了阿里的制度创新，有助于阿里加快技术创新的步伐，加快完成移动互联网时代的战略布局。

▎中美互联网上市公司市值差异之谜

↓我国互联网企业在资本市场的表现不尽相同，处于第一梯队的中美前三家互联网公司，除搜索引擎公司外，电商和社交领域的企业可谓旗鼓相当，Facebook与腾讯、亚马逊的市值均在1 200至1 500亿美元左右，而阿里IPO市值更是超2 300亿美元。然而，处于第二梯队中国互联网企业市值远远落后于美国企业，雅虎、Twitter和Netflix等市值在200—300亿美元，新浪、新浪微博、优酷土豆等市值均不足50亿美元。如何来衡量互联网企业市值高低？

方军雄

衡量互联网企业市值高低的最重要因素是"商业模式的可持续性"，市值差距就是投资者对于该企业商业模式可持续的一种预期差异。

互联网企业作为服务类企业，影响其市值高低的核心因素在于商业模式的可持续性。

早期创立的中国互联网公司，基本都以美国互联网企业的商业模式为样本。在这种情况下，美国投资者在投资这些中国公司时，会以美国本土公司为参照。而中国互联网企业在IPO时，也会将自己跟美国本土互联网企业对比，以此迎合美国市场。当投资者面对两个甚至多个商业模式相同或近似的企业时，用户使用黏性、转移成本高低，以及企业在市场竞争中的表现等就成为投资者衡量企业商业模式是否可持续的两大参考因素。

以腾讯为例，其拥有庞大的用户群体，用户在其平台上留下了个人信息积累和朋友间的社交联系积累，用户转移的成本非常高；在锁定用户的同时，腾讯还不断开拓增值服务，如QQ空间和各种互联网服务，如网络游戏的开发，以此获得稳定的客户群体，这种双边的市场结构和良好的用户黏性，有利于企业发展和提高资本市场对公司的预期。

而对于阿里而言，其发展也借鉴了美国电商企业的模式，但这种拷贝来的模式已经历了市场的检验，在与国际竞争者eBay的竞争中，阿里完胜。另一方面，阿里的各个业务模块，无论是B2B、B2C，还是C2C，买卖双方都有很高的转换成本。

作为搜索引擎，百度用户的转移成本并不高。虽然在与谷歌的竞争中，把后者逼出了中国大陆市场，但更多的可能是受到政策的影响。

在用户转移成本高低和是否经历过市场检验这两个参考因素的对比之下，腾讯与阿里的高市值与高估值就不难被理解。同样我们可以用它来解释中国互联网企业第二梯队的低市值现象。

新浪微博、优酷土豆、京东，这些第二梯队的中国互联网企业几乎都能在美国找到其"原型"，Twitter、Netflix、亚马逊……用户的转移成本低，也没有与其美国"原型"在同一个市场上有过竞争，投资者很容易对其商业模式的可持续性表示怀疑。

曹 雯

这些企业的商业模式不成熟，没有形成固定的买单客户群体，没有找到新的经济增长点。这对于企业的市值有重要的影响。

↓互联网企业在资本市场的争夺将如何影响企业在现实中的表现？

曹 雯

中国互联网巨头的收购大战硝烟弥漫，得到资本市场助力的企业将通过收购进一步完善自己的产业链生态系统。对于企业发展而言，并购是一种明智的选择，而且有利于规避风险。在资本市场获得资金后，互联网企业进行投资并"不差钱"。在收购一家公司和设立一家新公司之间，前者的风险大大小于后者，而且有利于节省时间成本、获得新机。

方军雄

　　互联网发展到最后是上下游整合，中小公司被大公司合并或退出市场。互联网产业发展变幻莫测，对于那些在市场上发展势头良好的公司来说，最优的策略是把具有潜力的公司买下来，在将原有业务做好的基础上，再去发展新的业务。如果反垄断法律实施得不特别严格，这些公司在得到资本市场的助力之后会发展得更快。

微软的转型：以云为首，移动为先

↓2014年，微软针对企业级的两大云服务在中国落地，这意味着微软在移动互联网时代的战略转型"云优先、移动优先"，微软认为此次战略转型契合了行业发展的需求，您对此怎么看？

曹　雯

　　微软的战略转型是被迫的，是在Google、苹果等竞争对手的夹击下不得不做出的战略转型。30多年前，微软曾用软件改变了世界，引领了时代。长期以来，微软以垄断性的Windows操作系统为基础，扩张其在Microsoft Office办公软件、IE浏览器等方面的市场，获得开发者版税，在发挥软件影响力的同时，突袭其他商业领域。

　　但从1995到2005年，微软进入"迷失的十年"。自90年代以来，互联网行业飞速发展，软件行业发生了巨大变化，大部分软件都实现了网络化，但微软依然坚持原有的软件售卖方式。这种"单向价值链模式"遭遇了以谷歌为代表的新兴互联网企业"价值网模式"的挑战。谷歌依靠搜索引擎平台，整合Chrome浏览器、YouTube、Google工具栏、Gmail等产品，以及新开发的安卓系统，形成整体竞争合力和价值网优势。

　　近年来，移动互联网兴起，使微软面临双重挑战。苹果公司先后推出了iMac、MacOSX操作系统、IPod、iTunes、Macbook、iPhone、iPad等产品，以及采取的APPStore等应用商店模式，连同谷歌，在移动端对微软形成了强有力的冲击。对手的捷足先登让微软在移动互联网背景下的战略转型困难重重。带领企业创新的领导人也在不同的战略转型阶段经历了几次换帅。

　　在2008年比尔·盖茨退出微软管理层后，史蒂夫·鲍尔默接管微软帅印，加快转型步伐。在2012年10月，微软连续四天之内，相继正式发布了Windows 8、Surface平板和Windows Phone 8。Windows 8和Windows Phone 8增加了对在线服务的整合和依赖，而Surface平板是纯粹的硬件产品。这暗示着以鲍尔默为首的微软管理层将硬件和在线服务看作是引领微软走向未来的业务。

然而，这条道路并没有引领微软走出泥沼。Windows Phone 8本身没有问题，但相比苹果IOS系统、谷歌Android系统，它没有很大的变化和增长点，在与抢占市场者抗衡时，它不占优势。同时，微软的商业模式也受到了前所未有的挑战。2011年，微软与手机生产商诺基亚达成战略合作，试图沿袭以往的软件硬件捆绑销售的模式和操作方式，正如在微软和联想战略合作中的那样。然而，基于Windows Phone 8系统的Lumia系列智能手机都没有受到市场认可。

↓所以，微软急需调整战略，开发新产品，找到新的商业模式？

曹　雯

是的。因此，2014年，微软作出了重要的战略调整。首先，任命此前负责微软Windows Azure云计算业务的萨提亚·纳德拉为新任CEO。这位技术型CEO的上位可以看作是微软的一次重大调整——以云为首，移动为先。具体而言，即注重企业级云计算业务；注重移动计算。该战略调整完全基于微软对未来IT计算机行业发展趋势的判断。

Windows Azure是微软基于云计算的操作系统，其主要目标是为开发者提供一个平台，帮助开发运行在云服务器、数据中心、Web和PC上的应用程序。云计算的开发者能使用微软全球数据中心的储存、计算能力和网络基础服务。太多的例子已经证明了这种企业级的业务比消费业务更加具有后劲儿。此后，Windows Azure更名为Microsoft Azure，更加显示了云计算平台在微软众多业务中的地位。萨提亚能够出任CEO，很大程度上与其负责Windows Azure云计算业务和推动企业级业务发展有关。

移动计算是未来IT计算机行业发展的另一个主要趋势。各种移动智能设备迅速普及，基于云计算、跨平台的移动计算已经浸入到了人们生产、学习、生活的方方面面，将成为未来科技发展的主要方向之一。当时，距离苹果iPad面世已经过去4年时间，而微软却固执己见，迟迟没有让最流行的办公软件Office登陆iPad平台。随着纳德拉的上任，iPad版Office软件套装终于在今年正式亮相。

落地中国的Office 365是微软的新一代云计算产品，是一个针对微软Office服务的应用平台，允许第三方开发者构建Office相关的应用，用于增强Office的功能和可用性。Office Store上的软件初期免费，通过免费积累客户群体，吸引更多人在Office Store上开发软件，再吸引更多的用户，把平台慢慢做大，再进行收费，提供增值服务，这种平台效应有助于扭转微软当前的局面。

微软大手笔发展Office 365软件和业务是一个明智的举动。Office软件作为微软的拳头产品，在先期培养了一批用户群体，它们的习惯已经养成，微软在这方面具有先入为主的优势。微软的长项在于商业用户，Office软件收入来源很大一块在于公司用户。从平台角度做商业软件的公司非常少，如何通过平台的方式将其做大，开发商业用户这块处女地，构建起B2B的商业模式，这是微软未来发展的关键。

↓ 在新兴的互联网企业面前，IT科技企业如何寻找和重新确立它们的位置，获得产业竞争优势？

曹　雯

　　"仅仅销售一张光盘"的时代已经消失了，IT科技企业只提供一个产品远远不够，必须朝着平台的方向发展，把平台做大，才会强者愈强。很多平台采取的是B2C、C2C的模式，面对的是终端客户和消费者，针对商业用户的比较少。IT科技企业和新兴互联网企业在消费者领域直接竞争已经没有很大的优势，需要避开这块红海，开发企业用户这片蓝海。

零售业：无电不商，无商不电

关于商业进化的故事，总是回过头最好看。

2014年8月，腾讯、百度、万达达成战略合作；2015年8月，苏宁云商与阿里巴巴相互持股，联手展望商业的未来。所有关于"融合"的预言，全都变成了现实。

时间轴如果再往回移一点。你一定会记得，2012年，马云和王健林打了一个赌。马云认为电商可以占据零售业的半壁江山，王健林则嗤之以鼻。此后的三年，电商与实体商业像冤家对头一般，干了无数架。有意思的是，3年之后，阿里巴巴在与苏宁握手言和时却说，实体商业是看得见的苦，电商是看不见的苦，大家都很苦，因为担心未来。

苦，是因为大家都发现，自己的弱点，就是对方的强项。而传统商业和电商这两条原本泾渭分明的平行线，逐渐靠在了一起。无论是"腾百万"也好，"阿苏"也好，这里面的合作者都有两方面，一是线下商业巨贾，一是线上互联网翘楚，在未来的商业拼图里，两者缺一不可，界线也越来越模糊。

过去，我们总是在讨论电商的优势，它其实就是被技术裹胁着的一种趋势，而技术的本质就是创造价值或者降低成本。互联网的发展，把商品从线下挪到了线上，它看得更远了，触角更深了，它的组织边界从原来的辖区变成了全国，甚至变成了全球，这其中的规模性，吓倒了传统商业。

今天，我们再谈电子商务的时候，已经不能与实体商业完全分隔，说是O2O也好，C2B也好，双方都是在一个新的更大的生态圈中诠释自己的角色，互相补充，共同协作。这其实就是商业的进化，电商的崛起是一个过程，一道催化剂，它在赶走了商业最末端的虾兵蟹将之后，与之结合，变成了符合商业发展规律的新模式。

嘉宾

刘 杰

复旦大学管理学院信息管理与信息系统教授

"电商与传统商业一定会走向融合，你中有我，我中有你，共同的目的都是为顾客提供价廉物美的商品和便利贴心的服务。"

邹德强

复旦大学管理学院市场营销系讲师、博士

"城镇化的大机会，是线上与线下零售业都要重点关注的。"

肖耀峰

绍兴百盛有限公司总经理

"零售行业本身业态的变迁，从超市、百货、专业店到购物中心，零售行业一直在做加减法，由大变小、由小变大。"

黄 华

百联电子商务有限公司总经理

"并非所有线下的都是传统的，也并非所有线上都是现代的。"

王 浩

"燃"健身O2O平台创始人、原天品网首席执行官

"电子商务对于数据、效率以及其他方面的提升是很明显的。"

张天兵

德勤咨询战略合伙人

"传统零售作为整个业态不会消失，但是业态的形式会发生很大改变。"

葛惟颖

易观商业解决方案高级副总裁

"线上线下的分开竞争真正获利的其实并不是零售商或者电商本身，而是其他环节。"

许　维

原《天下网商·经理人》执行主编

"电子商务的环节很长：从生产、流通、创造品牌到怎样把实物卖给消费者。"

电商的机遇与挑战

↓ *请各位先阐述一下各自眼中的"电子商务"概念？*

刘　杰

说到电子商务，首先要了解商业的本质。狭义的理解就是，买卖，commerce。广义理解是商务，business。无论根据哪种理解，商业都是社会分工的产物。商业的真正目的是让人们生活更美好。每一次技术上重大的发展，都会对商业带来影响。渗透性非常强的IT技术，特别是互联网的发展，给商业带来巨大的变革，由此产生了电子商务。

狭义的电子商务称为E-commerce，也就是我们常说的B2C、C2C、C2B、B2B等。其中，B2C的模式有淘宝商城的平台模式，也有1号店的主要卖自己所有的产品模式。B2B的模式也各有不同，比如阿里巴巴是平台式的，也有如宝钢开网站卖自己的产品、以及中石化做招标采购等。广义的电商叫做E-business，包括企业对政府的B2G模式、供应链管理等，从大的范畴来说，都属于电子商务。当然，这些模式之间也可以相互交融。

无论是哪种意义上的理解，网络真正改变的是人与人、人与物、物与物之间的关系，使相互关系间的信息更加透明。传统的商业可以利用消费者的信息不对称赚钱，但在网络环境下，这样做就比较困难。因为通过互联网及其社会化网络应用，消费者对商品的认识，有时甚至比商家了解得还要多。互联网，尤其是移动网络，摧毁了传统商业中阻隔商家与消费者之间的屏蔽，例如：商户和顾客间的物理距离；商品陈列的空间限制；顾客搜索商品的复杂度；以及营业时间的限制等。这些都使传统商务受到前所未有的挑战。

王　浩

广义的电子商务，是指所有利用电子手段在网上进行商务的行为，也包括电视购物。我们经常会提到的狭义电子商务，是指在网上进行购物以及销售的行为，通常被分为B2C和C2C两部分。B2C按类别可以分为平台型的B2C，如天猫；

也有自营型的B2C，如京东；还有非常多根据商品分类的垂直B2C。

为何要做电商？潜在的前提是消费者的行为趋势发生了变革。现在80后青年网购的概率很高，平时上班，周末聚会，生活方式发生了变化；90后一代甚至连电脑都不愿意打开，直接通过手机等其他终端购物。所以，如今做电商的人还要拥抱移动互联网。电商与移动电商的发展初衷，是消费者行为趋势发生了改变。

许　维

电子商务的定义不断在变化、演进。过去我们对电子商务的理解局限于"在线零售"的概念，而如今，电子商务已经远远不只是"在网上卖东西"的概念。电子商务的环节很长：从生产、流通、创造品牌到怎样把实物卖给消费者。电子商务改变最大的是零售环节，即如何把商品展示在消费者面前，但对前面的环节的改变会变得越来越多。

人类的历史正处在一个工业革命的拐点上。从工业革命到现在，人类的历史不过是在沿着工业革命的逻辑不断上升。计算机诞生之后，工业革命借助信息化，使其逻辑走到了顶点，以至形成现在非常繁荣的局面。但从现在开始，由于大数据对生产和营销活动的影响，未来的逻辑可能会改变。

↓电子商务的优势在何方？未来的发展潜力有多大？

邹德强

技术的根本作用还是创造价值或降低成本，电子商务企业存在的基础是其渴求性（desirability）创造了价值；其可行性（feasibility）即降低了交易成本。如果说市场是看不见的手，组织就是看得见的手，组织的形式能够降低交易的成本。技术永远超出人们的想象，电商通过技术的手段，拓展其平台，使其组织边界不断扩大。

为了更好地生存，电子商务应该做到以下三点：一、通过技术的方式降低交易成本，提高周转率，例如通过手机应用获得订单；二、在物理产品之外，贡献更多的价值；三、协同作用，形成超越自身价值链的价值网。

电商把商业与科学联系在一起，改变了我们对传统商业的印象。接下来，我们要考虑的是如何强化其科学性，比如说准确的预测，在平台的基础上，知道是谁在什么情况下买了什么东西，这就是大数据实现的预测。大数据能够精准地测量投资回报率、衡量每个顾客的价值。

中国电商现在做得不好，所有的模式都是复制效仿而得。目前还很少有从事电子商务的企业考虑设计新的市场机制，尤其通过技术手段，实现原先做不成的商业模式。

另外，电子商务的成功并不能只看它给消费者带来的便利，还应看它给供给方创造的价值。淘宝创造了众多的微型企业家（micro-entrepreneurship），为残障人士等弱势群体创造巨大的收入来源。

张天兵

每一个传统零售业态都有其特定的目标客户群体，都有其各自存在的价值，这就是为何不同的实体业态不会被互相取代。互联网的出现可以聚集大量的人群，如微博、微信等。当人群聚集的时候就有很大的商机。互联网给人流聚集，带来新的可能性和新的地点。

电子商务把人群聚集的方式、整个销售过程以及商品从生产地转到用户手中这一过程背后的供应链分拆开来，以不同的方式完成，这是电子商务带来的最大变化。互联网出现之后，销售服务和实体供应链的优化就可以分拆开来。在以前的业态下，前端的销售服务和后端的物流通过销售店铺聚集在一起的。互联网的作用之一就是把销售端的陈列、比价、介绍等销售服务功能与物流供应链分拆。

淘宝、天猫的快速发展有两个原因：第一，人们越来越习惯在网上购物；第二，围绕着电子商务的物流供应链快速扩张，形成新的、从工厂到消费者家庭的供应链布局。当供应链网络的发展能帮助提高从商品制造到家庭消费在内所有环节的效率时，就会加快基于互联网的电子商务的发展。

王　浩

由于亚马逊等电商的强势发展，美国每年有大约40%的百货商场关门，而中国电子商务的发展仍未到达这一阶段。根据国家统计局的数据，2014年中国网络购物的交易总额占社会消费品零售总额的10.7%。而在美国这个数字大约在15%到20%之间，日本、韩国的份额更高，由此可见中国电子商务进一步的发展潜力。

在2009年至2011年间，当京东发展起来的时候，太平洋、海龙等实体3C卖场的租赁费、转租费直线下滑，到现在已经很难再转租出去了。所以说，电子商务对于实体3C零售市场的冲击是确实存在的。另外一个现象是，服装是所有品类中电子商务化进行得最超前的领域，很多人已经养成了服装网购的习惯。

传统零售如何复兴

↓传统零售业正面对怎样的挑战？面对来自电子商务的激烈竞争，传统零售业如何应对？

肖耀峰

从我的角度讲，电子商务是利用互联网工具使交易双方无需谋面而进行的交易活动，我认为与传统零售并不冲突。正如零售行业本身业态的变迁，从超市、百货、专业店到购物中心，零售行业一直在做加减法，由大变小、由小变大。随着新技术的出现，电子商务更像出现的一种新的业态。传统零售业也能利用新的技术来完善自己，而电商企业也可以吸取传统零售商的核心优势，来弥补不足。

整个社会生产力的进步是不可逆转的，在线购物目前暂时还不能完全替代线下零售，而电子商务的巨大潜力绝不可小觑，做实体的企业面临如何转型的问题。首先要看清行业内的问题和优势，在电商大发展的前提下，百货公司受到冲击最大的就是价格比较低的服装及相关满足基本生活的商品，未来我们可能会把最低洼价值链中的商品首先从实体店中砍掉。目前高价品牌不愿意将其商品放在网上，百货场要做好这些品牌的现场购物体验和服务。另外，从整个行业的拓展战略上考虑，我们可以一步步进行渠道下沉，发展二、三线城市，利用时间换空间，在下沉的过程中让企业做进一步的转型。

我认为，实体行业不会消失，但不意味着行业内所有的企业都能生存下来。实体零售百货这几年面临的困难很大，处于转型的十字路口，自身的信息技术、盈利模式、管理理念已经非常落后，未来单体的零售企业的生存空间将进一步被挤压。零售企业必须走连锁化、规模化的发展之路，并不断创新和转型，只有这样，才能确保企业在复杂的竞争形势和快速变化的市场环境中生存。

黄 华

从零售角度来看，我认为电商是顶级的无店铺销售的形态。从整个零售业的发展历史来看，传统零售业一直受到无店铺销售的冲击，包括电话销售、邮购、电视购物等，电商是技术更新换代后无店铺销售最巅峰的形态，它的方便快捷对传统零售产生的冲击也更大。

并非所有线下的都是传统的，也并非所有线上都是现代的，我认为不能将电商和传统零售业完全对立。毕竟中国零售业态的创新仍不成熟，西方已经有一百多年的历史，而中国的发展才三十年。经济增速放缓，消费者对价格的敏感度就更高，线上、线下的竞争目前就会更加激烈。但是，我们也要看到，一些线下业态的发展势头也比较迅速，奥特莱斯业态仍然保持了较高的增速。

然而，电子商务的出现对传统线下如零售企业带来了影响是不争的事实。传统企业以招商、联营为主的模式在过去几乎一成不变，在未来进行改造升级是必然趋势。与西方零售企业相比，国内零售企业的自有品牌太少，缺少特色，重复性太强，其自身布局和业态升级还远远没有完成，零售企业、供应链需要变革，提升自身特色是当务之急。

对传统线下企业来说，必要认识到积极利用电子商务新渠道的重要性。百联集团始终在推广线上、线下合作的模式，2006年集团直接成立了百联电商，从事网络零售和在线支付。我们的思路是先做地区市场，再做全国市场，进一步扩大在线的规模。在发展方面，百联电商更强调品质、体验和服务。

我们认为线下企业目前发展电商的时间不晚，随着电商发展环境逐步规范，传统企业发展线上线下联动的电子商务模式将能更好地满足消费者的需要。

对手还是伙伴？

↓电子商务与传统零售，是对手还是伙伴？

邹德强

要说电子商务与传统零售，是对手还是伙伴，不如换个更通俗的说法，是替代还是互补。如果要创造一个价值，有两种可替代的方式，那这两者就是对手。如果两者可以共同创造一个更大的价值，两者就是互补的伙伴关系。

电子商务和传统零售并没有一个非此即彼的答案。下单的过程是电子化的，但商品仍是物理意义上的商品，电子化的部分不能取代目的地零售商的价值。从价值创造的角度来说，无论电子化是价值链的一个环节还是一条完整的价值链，甚至是我们看到很多的平台产品，例如苹果的iTunes，是多条价值链形成的价值网，这些都可以叫电子商务。

事物还在发展的过程中，我们没有必要一刀切，把电子商务和传统零售割裂开来。从某种意义上说，不同类别的经营方式是多维的连续体，我们应该更务实地来看待其特征。

王　浩

我认为传统零售与电子商务的关系亦敌亦友。传统零售是电子商务的导师，但新技术会带来更多更新的东西，有些东西是传统零售难以做到的。比如，讨论炙热的"大数据"概念。商场和百货商店里的店铺拥有者很难知道顾客是谁、该顾客在商场里已经浏览了多少区域。但这对电子商务来说是非常方便取得信息，通过技术手段就可以知道这个用户是谁、从哪个网站过来、浏览了哪些品类，大数据带来的是革命性的创新。所以说，电子商务对于数据、效率以及其它方面的提升是很明显的。

↓ 两者如何共同创造价值？

刘 杰

　　无论是传统零售还是电子商务，对于每个消费者来说，购买过程都有三个阶段：购买前、购买中、购买后。购买前如何让顾客对你产生信任、敢于下单；购买中和购买后涉及到的问题是，如何让顾客重复购买、实现多次销售，也就需要在这两个阶段使顾客满意。信任和满意度是商业的两个基石，无论是电子商务还是传统零售都应该围绕这两个基石展开。

　　从历史的进程来看，电子商务在今天可能只是刚刚开始。传统商业不能过分自信，但也不必过分担心电子商务的发展潮流，应该以开放的心态去拥抱电商，不断转变思路。传统商业有个80-20法则，即只有20%的商品是能赚钱的，80%的商品并不能赚到钱。对于传统商家，要尽量减少那80%，而要做大20%。但对于电子商务而言，80%的长尾部分的交易成本并不高，因此，和传统商业不同的是，电子商务还应该抓住长尾市场，并将其做得更好。

　　目前众多网购平台大打价格战的最大原因是被资本市场绑架了，亏钱赚流量，这不可持续。国内电子商务企业应该一方面重点考虑如何通过信息系统来优化供应链，另一方面使消费者更满意、更信任，使商家更放心、更便捷。在此值得一提的是，线下零售可能出现"赢者通吃"的特征和"先入优势"现象，但在电子商务领域却不会出现。一旦有新的模式和技术出现，会被消费者迅速传播和利用，原先的电子商务格局很可能被快速重组。

葛惟颖

　　在"电子商务"一词之前，曾经说过一个叫"互联网化"的词，事实上"互联网化"才是中国各行各业未来的发展出路。其实"互联网化"与所有行业都相关，它是中国未来经济发展的大方向。从业态角度，两种形态在未来会同时存在，过往所有的线下商业形态未来都会提供线上服务。当然，今天线上零售很大一部分还要依靠线下实现，线上、线下结合。两者在哪一段能形成最好的结合才是未来业内最需要探讨的问题。

　　实际上，做线上电商，从事网络零售的成本并不低，而线下零售的成本近年来也在逐步上升。线上线下的合作首先要探讨的就是如何降低制造商的流通成本，这是双方合作的共同点。线上线下的分开竞争真正获利的其实并不是零售商或者电商本身，而是其他环节。我们一直在研究在国外非常成功的店配模式，就是线下的终端布点如何与线上合作，从而降低物流环节、供应链环节的成本。这个市场的机会和份额非常大，我认为零售商和电商必须要有共同做大市场的视角。

许 维

归根结底，线上和线下价格不统一是最大的问题。在国外，价差很小，国内两个渠道长时间价格不同，是不正常的，在未来的某个时间点一定会趋向统一。最可能的结果是，线上再涨一点，线下再降一点。现在线上的价格不太正常，比国外价格高更多，这中间的利润可能是税收高、流通成本高以及零售业效率低等原因综合导致的。

另外，线上和线下不要一上来就想着如何配合，产生"一加一大于二"的效果，这是过高的要求。分开做能否每个都做好，当每个渠道都可以独立完成购物，可以让消费者更加自由的选择，在这个基础上，再考虑两者配合亦不迟。

王 浩

首先，产业要融合，不管是淘宝还是京东，从事线上电商的人肯定有短板，相比传统零售做了几十年的人，不在一个量级上。而做传统零售的人常说"电子商务就是弄一个网站"，这也是不合理的。双方要有更多的理解和沟通，这是合作与融合的前提。其次，核心的诉求是价值的分享，或者叫"分工协作"。有些大的电商平台已经获取了电商流量和用户的制高点，要有分工协作的机制，让整个生态圈和谐发展。

↓能否对未来零售业格局作一些预测展望？

刘 杰

无论电子商务市场如今多么热闹，它仍然不能完全取代传统商业。传统商业的各种业态是不会消失的，正如百货公司没有取代杂货店，超市没有取代百货公司，购物中心也没有完全取代超市。电商与传统商业正走向融合，你中有我，我中有你，共同的目的都是为顾客提供价廉物美的商品和便利贴心的服务。实际上，未来可以说是"无电不商、无商不电"。

黄 华

我认为未来零售业发展可能有四个趋势。一、电商未来在发展中会逐步规范，在税收、防范虚假销售等方面，与传统企业处于同一个起跑线上，传统企业的线上业务也会逐渐崛起。二、线下零售会进一步升级改造，供应链会发生革命性的变化。三、线下零售和线上零售会共同发展，相互融合，相互交叉，这是整体的大趋势。四、移动支付和移动电商会形成大的亮点。

葛惟颖

商业也是种业态，无论苹果未来会怎样，起码到目前为止是成功的。苹果的创新发展不仅仅推动公司本身的经营，更难能可贵的是形成了一条新的产业链，形成了共赢的局面。商业的目的本身就是盈利，从未来的格局来说，线上线下、传统企业、消费者，各方都会围绕各自得到的利益来优化目前的生态链，是融合还是取代，这个谁也说不准，但一定会形成一个共赢的平衡生态链。

张天兵

首先，如果我们回顾过去十年中国互联网发展的速度，并认识到未来十年核心消费者将是成长于互联网时代的群体，可以预见零售业中互联网化的程度会大大提升。

第二，传统零售作为整个业态不会消失，但是业态的形式会发生很大改变。社区零售店由于物理位置等特点，其存在会更加牢靠；而超市会受到较大的影响；百货类实体店乃至购物中心等业态的消费者娱乐成分和体验成分比例会增加。

【延伸阅读】

《品类杀手：
零售革命及其对消费文化的影响》

作者：Robert Spector

（商务印书馆）

这是一本有关商业变革论著。该书作者是一位商业新闻记者，同时也是一位零售业的研究专家。本书讨论的焦点是专业化零售商，那些专业超级市场被作者称为"品类杀手"，本书对这类零售商如何控制品类、为什么能够控制品类、以及如何扩张进行了详细的分析，同时也讨论了从"品类杀手"那里夺走大量市场的巨型一般商品折扣店如沃尔玛等。本书表达的一个基本思想就是：商业零售和消费者文化一直处在不断的变革中，无论哪种商业业态，都可以从另外一种业态中获取发展经验，电商也是如此。

《三双鞋：美捷步总裁谢家华自述》

作者：谢家华

（中华工商联合出版社）

　　这是一本有关电子商务创业故事的书。在书中，美籍华人谢家华讲述了自己儿童时期就从事一些商业活动的故事，回顾了其创建 Link Exchange 并卖给微软的经历。本书重点讲述了他投资并参与运营"美捷步"（Zappos）的重要细节。"美捷步"是在美国做鞋子生意的电子商务公司，本书从公司战略到企业文化、从供应商管理到客户服务、从多次筹资的困难，到12亿美元卖给亚马逊等不同方面，讲述了"美捷步"成长相关的细节。实际上，贯穿全书的一条主线是谢家华先生的价值观：奉上幸福（Delivering Happiness，这也是英文原著的书名）。

（推荐人刘杰，系复旦大学管理学院信息管理与信息系统教授）

第三章 反思：监管、社会责任与可持续发展

中国正处在国家发展转型的重要时期,过去三十多年,经济增长的成就显著,然而,经济增长不等同于经济发展,越来越多的问题,如食品安全、雾霾危机、诚信问题等等在高增长之下随之而来。经济发展的内涵应该要丰富得多,社会、企业和个人都应摆脱纯粹功利的动机,站在长远来看,树立以"人的发展"为核心目标的理念,这才是解决资源、环境和生态问题的根本之道。

可持续发展：关注公正，聚焦创新

从顶层设计到具体落实，可持续发展已经成为至为关键的政策之一。全球范围内的气候变化与环境污染问题，也迫使可持续发展从理念逐渐诉诸实践。在可持续的争鸣背后，关于能源使用、环境治理乃至外交事务的种种"冰山以下部分"，渐次浮出水面。

而放眼国内，由于近年来频发的环保危机以及颇受争议的空气质量，更多观察者开始由表及里，反向追溯可持续发展的界定及其必要性。无论是社会学、经济学抑或管理学，可持续俨然有跻身显学之势。

因而，可持续发展从方略层面，逐步深入具体的产业、企业乃至个人行为，成为可操作的准则。按照本意而言，可持续发展既关乎当代人的需求，同时也与保障后代的权利相关。

但在实际的社会运转中，眼下的发展需要和未来的开源节流，却常常构成一对矛盾。如何在眼下和将来之间求得动态平衡，也是众说纷纭。虽然"可持续"成为热词，但何谓可持续，如何可持续，却牵涉到异常庞杂繁复的外延与内涵，千人千面，亟待厘清。

在当下这个时代，可持续发展是必要的吗？应该如何正确地理解可持续？落实到不同的领域，可持续又该如何贯彻、践行？

嘉宾

蒋青云

复旦大学管理学院市场营销系主任、教授

"那些资源消耗大、环境不友好、大量使用人力资本的行业应该最先考虑可持续发展的问题。"

郁义鸿

复旦大学管理学院产业经济系教授

"人的发展本来就应该包含在经济发展的内涵之中，某种意义上是任何发展的终极目标。"

丁　敏

美国宾州州立大学 Smeal 商学院营销和创新讲席教授、
复旦大学可持续创新和增长研究所所长

"把可持续发展视为一系列的约束，而商业实体的目标应该是在这些约束下的最大化利润。"

可持续是目标，更是约束

↓可持续发展的本意是既满足当代人的需求，又不损害后代满足需求的能力。但是这个界定比较宽泛，在具体实践中会有不同的解读。应该怎样描述可持续发展？

郁义鸿

自可持续发展的概念提出以来，形成共识的核心理念主要涉及经济增长与资源、环境和生态系统之间的关系，以及后者对经济增长构成的约束和限制。关键是，大多数自然资源是可耗竭的，环境的承受能力是有限的，生态系统也是容易被破坏而难以修复的……尽管不同领域的专家学者、政府官员或企业家可能从不同角度给出不同的解读，但基本上都是围绕着这些核心理念来展开的，因此原则上并无冲突，只是强调的侧面可能有所不同。

蒋青云

可持续发展的概念之所以比较宽泛，原因是人们对这个问题的产生、意识、认知、探索和反应的过程是随着时间推移而动态变化的，而且处在不同境遇中的人们还有自己不同的看法。在我看来，可持续发展广义上的理解是实现人与资源、环境的协调发展，从狭义来看是要将资源节省、环境友好和人的发展纳入到社会、经济及企业发展的目标、战略和行动之中，从而突破新古典经济学和现代管理学既定的假设及思维框架。

丁　敏

很多人把可持续发展作为目标，实际上它应该被视为一种优化约束。这种误解引发了对三重底线（Triple Bottom Line，即企业盈利、社会责任、环境责任三者的统一）等概念的争论。无论从商业还是从实际性的角度，三重底线是不道德、不可能，并且无效率的。一家上市公司的任务是要增加股东的财富，不应该要求它为实现社会目标而优化。如同要求政府为我们提供服务的同时还要它实现盈余最大化。从实践的角度看，对于大多数企业而言，为了某个目标而实现最优化已经具有很大的挑战性；在任何实践中要求组织为三个不同的目标（人、地球和利润）最优化运营都是不可能的。

比较合理的做法是，把可持续发展视为一系列的约束，而商业实体的目标应该是在这些约束下的最大化利润。企业习惯于在资金、劳动力等条件受到约束的情况下生产经营，因此也应该处理好其他的约束。不同于在最优化问题上增加额外的目标，在现有最优化问题中增加约束条件，不会让最优化变得不切实际。把可持续发展视为约束条件，不会对企业造成损害；相反，这也许会给企业带来新的商机。在新增约束条件的情况下，能够找到成本最小化解决方案的企业，要比竞争者更出色，且能为股东创造更大的价值。

↓ 在今天这个时代，可持续发展有哪些新的内涵？哪些领域对可持续的要求更为迫切？

蒋青云

可持续发展是全球都面临的问题，每个领域都应重新思考自己未来的发展思路和模式。当然，从实践上看，那些资源消耗大、环境不友好、大量使用人力资本的行业应该最先考虑可持续发展的问题。

关于可持续发展这一话题，目前有两个方面的新观点：第一，可持续发展的唯一实践出路是创新，包括技术创新、组织创新和管理创新等。第二是公正发展

（Fair Development）。由于全球各国经济发展程度不一，一国之内各地区、各行业的发展也不够均衡，所以要求各国、各地区和各行业执行同样的可持续发展战略框架和措施，显然是不公平的。换句话说，发达国家、发达地区、先进行业的可持续发展和发展中国家、欠发达地区、一般行业的可持续发展应当在目标、纲领、战略和行动方面有不同的要求，同时前者和后者之间，还应当通过协同合作，让各自的可持续发展问题都得到解决。举例而言，有卓越现代设计能力的发达国家（地区），与拥有某种传统工艺制品的发展中国家（地区）形成有效合作，就可以让传统工艺品在价值上大幅提升，不仅可以满足发达国家（地区）的需要，而且可以让发展中国家得到更多收入。

郁义鸿

　　在中国经济进入转型发展阶段的背景下，可持续发展应该赋予一些新的内涵。我以为，首先需要强调，发展不同于增长。经济增长通常可以简单地用GDP增长或人均GDP提高来反映，但经济发展的内涵要丰富得多。就此而言，中国过去三十多年有了GDP和人均GDP的大幅提高，也就是说，经济增长的成就是非常显著的，但另一方面，经济发展的成就有多大？是否真的实现了发展？都是被质疑的。

　　面向未来，我认为，中国需要把人的发展作为发展的核心目标。其实，人的发展本来就应该包含在经济发展的内涵之中，某种意义上是任何发展的终极目标，但这么重要的东西，却在过去很多年被忽视、被抛弃，甚至被践踏。纵观中国发展至今的种种表现，可以说，树立以"人的发展"为核心目标的理念，已经刻不容缓。

　　要树立以"人的发展"为核心目标的理念，需要打破一些误区。首先，切勿以为收入提高了人就发展了。中国有不少富人，快速致富的结果并没能带来其素质的提高，反而穷奢极欲，失去了生活目标。不少人信奉功利至上，这能说是"人的发展"吗？其次，不要以为平均受教育年份提高了人就发展了。尽管受教育年份可以作为其中的重要指标，但它肯定不是充分条件，甚至不一定是必要条件……这里的关键是，要真正把人作为"人"，并由此出发来观察、思考、分析、研究包括经济、社会、文化、科技等在内的各个方面演化，来深入发掘可持续发展的内涵，并拓展其外延。

　　需要说明的是，从长远来说，只有人的发展，才是解决资源、环境和生态问题的根本之道。在经济学中，上述这些问题产生的原因之一，就是外部性的存在。尽管经济机制的设计和政府的规制可以对这些问题的解决提供帮助，但总体而言都是治标之策。而人的发展意味着，未来每个人、特别是企业家和经理人，都会自觉自主地来消除这种外部性，即不做任何有损于环境生态的事情，这就可以治本。

呼应大环境，抑制 GDP 冲动

↓现在提到可持续，感觉最相关的领域就是环保和新能源。但从实际情况来看，环境污染屡有发生，新能源的发展也有产能过剩、技术缺位等问题。问题的症结出在哪里，可持续应该如何贯彻？

郁义鸿

就环境污染事故频发的问题来说，症结是，一方面，人的发展远远没有达到和中国当前的人均收入水平相称的程度；另一方面，法律如同虚设，政府监管也远远不到位。

就新能源产能过剩来说，由于在目前的体制机制下，地方政府有着强烈的 GDP 冲动和投资冲动，再加上中央政府的财政补贴政策指向有问题，从而使得该产业可以在很短时间内实现产能的急速扩张。关于技术缺位，其原因主要是中国的产业升级面临障碍，一方面缺乏足够的能力；另一方面也缺乏足够的激励。

蒋青云

环境污染是工业化的伴生物，如果没有可持续发展观念的诞生，问题可能会更可怕。在我国，只要是工业化过程仍在继续，环境污染问题是不可避免的。但是，如果我们把可持续发展真正纳入经济和企业发展的目标之中，就有利于制定相应的环境治理政策，就会让环境污染得到控制，让环境再生变得可能。我国将节能减排作为政府、企业考核的绩效指标之后，环境污染和能源耗费现象得到了较好的控制。当然，要从根本上得到控制，还需要有更有效的制度保证和治理政策。

关于新能源产业的问题，情况更加复杂一些。就全球范围看，这是一个新兴产业，存在着不可预期的风险，也存在着巨大的潜在价值，所以大量的资本进入该行业，是技术创新、资本创业的新天地，出现产能过剩、技术不足等风险非常正常，总有一些"前浪"要"死在沙滩上"。就我国看，由于我国特有的地方政府 GDP 绩效考核机制和财政补贴机制，导致各地政府竞相争上新能源项目，不断重复建设，全然不顾技术本身是否成熟，其结果必然是产能过剩、技术上低水平重复、产业链不配套等。因此，在中国，要贯彻可持续发展思想，根本上要让政府退出竞争性产业，全力成为监督者，而将主角变成企业和创业家。

↓当可持续成为一种产业要求的时候，应该怎样从抽象概念变成指导原则？
各个产业的可持续发展之间有没有共性？

郁义鸿

从大的方面来说，可持续发展对所有产业都提出了要求。要说具体的指导
原则，我想，中国应该向欧洲好好学习，可以从欧洲各国的实践中吸取和借鉴很
多十分有益的东西。然而，要所有产业都可持续发展是不可能实现的。因为，随
着科技的进步和社会的演进，有些产业是会被淘汰，也应该被淘汰的。

蒋青云

可持续发展应当遵循产业生态共同演进的原则：一是整个产业链各个环节
均需要通过创新改善其主要价值活动，以符合可持续发展的需要；二是这一产
业也需要考虑与其他产业和环境之间的共同演进问题。所以，从概念到行动，主
要应当遵循两大原则：第一，产业链协调原则。比如，新能源汽车发展，不仅仅
是造车，还要考虑消费者的使用环境建设，一个环节缺位，整条产业链休克。这
正是目前我国新能源汽车面临的最大问题。第二，产业之间、产业与其发展环境
之间的共生原则。比如，新能源汽车的发展，离不开能源行业的技术进步，要以
材料工业的技术创新为基础，还需要教育和人才培养的支撑，当然，更需要来自
政府政策的支持。

前面讲的是每个产业的共性问题。就可持续发展战略而言，各个产业之间
肯定不尽相同。比如，传统制造业的可持续发展，重点在于通过技术创新降低资
源耗费、减少环境污染和提高员工知识技能等，而先进制造业的可持续发展重点
则是如何通过组织和管理创新，提高人们的协同工作效率，改变商业模式等。

基业长青源于创新

↓对具体的企业而言，可持续发展也显得尤为重要。我们常提到创新，可持续
发展和创新之间是怎样的关系？中国企业在可持续发展的道路上有哪些问
题，如何改变？

丁　敏

非常重要的一点是我们要把这种发展视为人们的需求（或者客户需求）。
过去，一家企业在生产产品时，可以牺牲自然环境或者对员工不友善，但这种情
况不会再持续下去。现在的顾客不太可能再买这样的产品了，他们希望所买的

产品，在设计和生产上都符合可持续发展或公正发展的原则，因此，一家企业必须通过再创新来创造出满足这些顾客需求的新产品和服务。

换句话说，这种要求企业满足可持续发展或公正发展原则来生产产品、提供服务的需求，将掀起所有行业下一轮的创新热潮。现在美国很多产品还没有满足源自可持续发展/公正发展的需求，如果中国可以跨越这一步，能通过创新来满足这些需求，那么中国就可以超过美国，并在不远的将来引领世界发展。

我们总在讨论创新，挑战在于要弄清楚企业应该尝试什么样的创新，才能带领它们走向光明的未来——我相信那些重新审视产品/服务是否满足客户对于可持续发展需求的创新，就是真正有意义的创新！

蒋青云

创新是可持续发展的必经之路。也就是说，可持续发展只有通过各种创新行为才能实现。

首先是大多数企业技术创新能力比较低下，机制不够健全。但华为为中国企业树立了一个典范，那就是要坚持创新投入，把研发作为企业发展的核心，总有一天会有突破。

第二，组织创新勇气不足。很多企业的问题不在技术上，而在组织方式上。要改变组织方式，就会涉及企业权力的重新配置，组织运行方式的改变，牵涉面大，阻力也大，于是很少企业会尝试。比如，我国电信运营商，完全可以通过内部机制的改变，让顾客更满意，让新业务开发更有效率，也可以更多地依赖新型移动互联网业务的增长，而非耗费大量人力、物力、财力互相打价格战。

第三，管理创新认识不到位。管理创新是一个较为综合的活动，也是更为柔性的专业活动。我常常从营销的角度来诠释这一问题。以制药行业为例，我国企业常常将重点放在仿制药品和强化推销等环节，投入多、效益低，原因之一就是没有从管理角度开展相应的创新活动。什么是从管理角度开展创新活动？比如，可以考虑开发病人友好型的剂型（如泡腾片），开发方便使用的包装（如按服用次数、天数的包装），使顾客的认知过程更加简化（如白加黑）。这些微创新，常常具有大效益。

郁义鸿

我以为，企业的可持续发展就是要实现基业长青。在市场机制条件下，竞争就会导致优胜劣汰，因此，真正能够实现基业长青的企业并不是太多。这属于正常的状态，也有利于提高效率和社会福利。

创新是实现企业可持续发展的根本之道。创新是指持续不断的一个过程，而非指一时一事的创新。这就是说，创新更需要培育的是其能力，这种能力应该是综合性的，团队性的，组织性的，而且是可延续、可继承的。

中国的企业大多数不具有创新能力，甚至将近70%的大中型企业不开展任何研发活动（中国国家统计局数据）。这样的企业怎么可能实现可持续发展？依靠行政性保护的垄断企业，尽管看起来很强，但实际上是大而不强，而且这种"大"也不是靠竞争力来实现的。

要改变这种状态，首要的是要引入竞争。在实实在在的市场竞争压力下，企业才可能具有创新的激励。更重要的是，需要在制度上推行重要变革，建立起长期发展的激励机制。这无论对企业还是对政府都十分重要。

【延伸阅读】

《泡泡理论》

作者：丁敏

（复旦大学出版社）

可持续发展虽然理念很崇高，但它的局限之处在于实践中难以操作，有几大受限之处。对可持续发展进行批判的一个主要缘由是，这一概念缺乏可行性。实践中，除了一些容易做到的事情（例如，减少温室气体和废水排放）之外，很难在私人和公共领域执行可持续发展。毕竟，我们不知道该如何平衡当代人需求的满足和允许后代满足自己的需求。事实上，我们也许都无法预测后代到底会有什么样的需求，更不用说如何让他们满足这些需求。

所以，作者提倡用公正发展来弥补可持续发展的不足。

在"泡泡理论"的框架中，可持续发展和公正发展都是人类发展的原则。但如果仔细分析可持续发展，会发现它其实可以理解为一个"模糊"和"局限版本"的公正发展，但两者的差别，要远大于它们的相似之处。

作者指出，最重要的差别，在于两个原则各自的知识基础和定义方式。作者认为，1987年布伦特兰委员会提出的可持续发展目标，其定义是建立在模糊的道德责任之上的。其模糊性表现在我们无法明确地描述除了一些显而易见的行动之外，还有哪些措施会妨碍后代满足他们的需求。可持续发展理论缺少严谨的科学基础，但公正却是几百年来哲学、政治、社会学和心理学等领域根基性的概念。人们把公正这个核心概念视为我们生活和社会的基础，我们很清楚它意味着什么，相比之下，可持续的定义十分模糊。公正发展设定了明确的参数，可用于检验任何政策或行为对特定实体分配、过程和复元公正的情况。

另外，可持续发展与主张公正发展的原因不同，差异在于两者最终想要达到的结果不一致。可持续发展的目标是保证未来至少能维持和现在一样的水平。很多人认为这个目标不够鼓舞人心、缺乏科学依据，甚至会把我们引向不归路。公正发展与之不同，表现在两个方面。首先，它作为实现终极目标（追求永生）的简化规则（以及无法执行最优化人类发展原则情况下的折中方法），对个体和物种水平都有明确的阐述。永生这个终极目标建立在强大的进化理论和鼓舞人心的号召之上。其次，与可持续发展被设计为改变行为以利于后代发展（让世界持续）的模式不同，公正发展是要纠正过去的错误，因为这些错误可能对当代人或者未来某个时期的人不利。

创新视野中的公共管理话题

目前，我国正处在国家发展转型的重要时期，经济发展已步入一个增速逐渐趋缓与结构加快调整的过程，社会发展则开始进入参与主体多元、诉求表达多样的一个新阶段，中国的公共管理正面临着前所未有的新挑战，也面临着大踏步发展的新机遇。开展公共管理研究，鼓励公共管理创新，推动公共管理新知识新理论的实践应用，对中国政府改革与公共治理水平提升都将起到积极的促进作用。

与此同时，全球公共治理环境也正在发生深刻的变化。公民权利的成长推动公共服务需求的持续增加，同时使公民意见的表达更加多元化；信息爆炸与高速流动带来前所未有的创新可能与信息风险；大数据时代的降临，使传统意义上居于统治地位的公共管理与公共政策分析工具，面临新工具、新方法的强有力挑战。

嘉宾

朱春奎

复旦大学国际关系与公共事务学院教授、博士生导师

"'政府2.0'是一种以新一代信息技术为依托、以政务公开为基础、以公众需求为中心、以服务公众为使命、以政民互动为前提、以平台整合为目标的政府管理模式。"

诸大建

同济大学公共管理系教授、系主任

"新型城镇化就是要每年增加1个百分点城镇化率，这不是通过圈地造马路就能实现的,而是要让这些人能够得到教育、医疗等资源。"

林健枝

香港中文大学资源与地理学系教授

"要对污染总量进行控制。一个很重要的点,是尽量减少私人汽车的使用强度,因为车如果太多就不太好管,这就要求政府首先解决公共运输的交通问题。"

刘宪兵

日本地理环境战略研究所研究员

"(节能减排)动作一定要快,一定要尽快行动,在行动中一边学习一边总结经验,来逐步改善政策。"

Robert Henry Cox

美国南卡罗莱纳大学政治学教授

"作为最大的发展中国家,中国对能源的总体需求是在增加的,这就必然会和节能减排产生一定的冲突。"

"创新2.0"助推"政府2.0"

↓ 在移动互联的新世代,我们创新出现了哪些新的趋势?

朱春奎

科技创新是社会经济发展的不竭动力。伴随信息通信技术的演进、知识社会的发展与创新的民主化进程,新一代信息技术及其催生的"创新2.0",正重塑着当代社会,支撑着城市的发展,促进了发展模式的转变,推动着城市功能的提升。

智慧城市是继数字城市之后,信息化城市发展的高级形态。智慧城市不仅体现在以物联网、云计算、移动互联网为代表的新一代信息技术的充分应用,还体现在以维基、社交网络、Fab Lab、Living Lab为代表的工具和方法的应用,以及有利于创新涌现的制度环境的构建及开放创新生态的营造。

↓ 迅速发展的信息通讯技术,在助推公共管理创新中扮演了什么角色?

朱春奎

信息通讯技术的融合和发展催生了信息社会、知识社会形态，推动了科技创新模式的嬗变。创新正在经历从生产范式向服务范式转变的过程，以前那种以技术发展为导向、科研人员为主体、实验室为载体的"创新1.0"模式，面临越来越大的挑战。与此同时，以用户为中心、以社会为舞台，面向知识社会、以人为本的"创新2.0"模式，正逐步显现其强大的生命力和潜在价值。

当今社会，科技创新已不再是少数人的专利，生活和工作在社会中的用户，成为创新真正的主体，也真正拥有最终的发言权和参与权。"创新2.0"从根本上改变了以生产者为中心的传统创新模式，实现了创新以用户为中心的转变，使创新活动成为一项民主参与的活动。普通公众不再仅仅是科技创新的被动接收者，而可以在知识社会条件下扮演创新主角，直接参与创新进程。智慧城市以新一代信息通信技术为支撑，通过可持续创新强化全民的参与、个体的力量，彰显以人为本，实现城市让生活更美好的愿景，是面向知识社会"创新2.0"的城市形态。

知识社会与智慧城市形态下，传统意义实验室的边界及创新活动的边界也正在消融，以生产者为中心的创新模式，正在向以用户为中心的创新模式转变——"创新2.0"正在将城市重塑为一个开放的创新空间。如果说"创新1.0"是工业时代沿袭的面向生产、以生产者为中心、以技术为出发点的相对封闭的创新形态，那么"创新2.0"，则是与知识社会与智慧城市相适应的面向服务、以用户为中心、以人为本的开放创新形态。

↓ 如何理解创新2.0的实质？

朱春奎

如果说"创新1.0"是以生产为导向、以技术为出发点，"创新2.0"就是以人为出发点，以人为本、以服务为导向、以应用和价值实现为核心的创新，是开放创新、共同创新、以用户为中心的应用创新。以Fab Lab、Living Lab为代表的"创新2.0"模式，改变了创新本身的性质，强调以人为本、以用户为中心和全民创新。"创新2.0"模式强调公众参与，倡导利用各种技术手段，让知识进行创新、共享和扩散，是一种适应知识社会，以用户为中心，以社会实践为舞台，以需求为驱动，依托于真实的生活环境，服务于生活的创新形态。

↓ 如何走向全民创新的时代？

朱春奎

"创新2.0"就是让所有人都参加创新，利用各种技术手段，让知识和创新共享和扩散。

在"创新2.0"中，创新不再是科学家或者专家个人的专利，它涉及政府、企业、科研院所、高等院校、国际组织、中介服务机构、社会公众等多个主体，包括人才、资金、科技基础、知识产权、制度建设、创新氛围等多个要素。建设有全球影响力的智慧城市与科技创新中心，需要我们科学把握知识社会下一代创新的发展趋势，通过以用户为中心的大众创新、共同创新、开放创新平台的构建，推动以用户为中心、需求为驱动的应用创新，以通过应用创新制度和技术进步制度的互补与互动，形成创新双螺旋动态作用下的创新涌现，形成良好的创新生态，全面推动科技创新。

我认为，"创新1.0"是以企业、政府为核心为用户生产市场产品以及公共产品，"创新2.0"视野下的"企业2.0"、"政府2.0"则强调以用户为中心，用户参与共同创造独特价值、塑造公共价值。创新的实质是价值实现，而"创新2.0"作为信息技术融合发展的信息时代、知识社会环境下，以用户为中心、社会为舞台的大众创新、开放创新、协同创新，通过多主体、多要素互动以及双螺旋驱动不断推动创新涌现，将面向用户的价值实现，提升到一个新的高度。

↓ 在新一轮创新浪潮中，政府应该发挥怎样的作用？

朱春奎

创新驱动发展是发达国家的不懈追求，当代中国政府的必然选择，也是上海未来发展的根本出路、活力源泉和希望所在。

当前，上海正处于实现创新驱动发展、经济转型升级的关键时期，实现自主创新能力跃升的关键时期和创新体系建设突破的关键时期。如何抢抓新一轮科技革命和产业变革的重大机遇，自觉加大创新驱动力度，以全球视野谋划和推动创新，率先建成有全球影响力的智慧城市与科技创新中心，是上海贯彻和落实中央创新驱动发展的战略部署，推动经济转型升级实现新跨越面临的一项重要课题。

建设有全球影响力的智慧城市与科技创新中心，需要我们借鉴国际社会"政府2.0"与开放式政府建设的成功经验，建设开放式电子化服务型政府。以透明、参与、协作为特征的"政府2.0"模式，正是"创新2.0"在政府管理领域的创新实践。

"政府2.0"是一种以新一代信息技术为依托、以政务公开为基础、以公众需求为中心、以服务公众为使命、以政民互动为前提、以平台整合为目标的政府管理模式。"政府2.0"旨在利用互联网上的多元信息资源，打造形成一个政民互动、共同创新的整合开发平台，同时鼓励社会公众利用信息技术将政府提供的服务、政府的业务流程与数据社会化、商品化，并加强公共部门与公众的沟通和协作，提升公共服务的质量和效率。

　　需要指出的是，"政府2.0"并不是传统意义上的电子政府或者网上政府，而是"创新2.0"时代的以用户为中心的、服务导向的政府。作为一个整体和开放的平台，它使政府与民众直接互动和沟通，使公共服务从生产者范式转变为使用者范式，从碎片化、分散化、封闭化的政府管理走向协同、互动、共治的整体性治理。

▶ 城镇化建设离不开公共管理创新

↓学界一般认为，中国目前还处在城镇化的"初级阶段"，您怎么看？

诸大建

　　应该叫"增长阶段"。中国2014年城镇化率近55%，如果达到70%，中国城市就成熟了。美国冲到70%以后，城市里总人口不变，在郊区和中心城之间略有波动。而目前中国55%城镇化率是视觉上的，是假的，不是真的。因为这55%中，包括到城里有半年以上打工经历的农民工，但事实上，这些农民工没有城市户籍。

　　55%是常住人口的城镇化，36%是户籍人口的城镇化，数据的差值只是表面的，实际上它反映出的是"城/乡"在社会公共服务上存在的巨大差别。城市户籍背后蕴涵的丰富公共服务，无法覆盖已经进入城市的农民。它也提醒我们，在中国，城镇化的实质问题，是怎样让这样一个人群也能够得到应有的公共服务，变成真正的市民。在中国，户籍制度是1953年的时候开始实行的，随着城乡经济发展步伐的不一致，户籍背后逐步附加了越来越多福利性质的东西，这在国外是没有的。国外只有传统的城乡二元结构，而在中国，城市里边的居民也存在"二元结构"。建设有中国特色的新型城镇化，就是要把这部分已经进城的人真正变成市民，享受平等的公共服务。

↓新型城镇化的目标是什么？

诸大建

　　李克强总理在今年的政府工作报告中公开提出"三个一亿人"的概念：第一个"一亿人"，是促进一亿农业转移人口落户城镇；第二个"一亿人"是改造约一亿人居住的城镇棚户区和城中村；第三个"一亿人"，是引导约一亿人在中西部地区"就近城镇化"。现在新型城镇化就是要每年增加1个百分点城镇化率，这不是通过圈地造马路就能实现的，而是要让这些人能够得到教育、医疗等资源。我们的公共管理，就是要研究怎么样给这群人提供公共服务，需要多少钱，钱从哪里来，这都是需要讨论研究的问题。

↓ 我们现在提出要建设有中国特色的新型城镇化，它其实也是人的迁移过程。

诸大建

对，迁移过程可以分为两种。一种可以说是异地迁移，比如说安徽人到上海，最后就变成上海市民了。还有一种就地城市化，比如说在当地就解决，那是落户问题了，现在有许多农民到县城买了房子居住，这就是一种就地城市化。

很难说"异地迁移"和"就地城市化"孰优孰劣，但经济学界一般都认为，"异地迁移"会是城镇化进程的主流。因为城市越大越有规模集聚效应，就地城市化实际上既没有解决公共设施增加的问题，也没有创造新的就业机会。而一个像上海这样的大城市，它吸纳了几千万人，它占用的空间少，吸纳的人口多，效率就高，所以城市化一定要集聚。当然，这个集聚过程并非集聚度越大就越好，它有 个"顶点"，"顶点"到了以后，就要分出去。所以城市化过程就是大量吸引人口，吸进以后做大，大了以后就要分到郊区，郊区再布成一个一个小点，然后就会有"组团城市"的出现。

像中国这样的城市要从小做大，开始是像原子核一样的，当中只有一个核，把人吸进以后变成分子，分子变得无限大。越来越大以后，到中心城区要走很远的路，人们生活工作越来越不方便的时候，在这个核的边上，就会再慢慢出现越来越多的新居住集聚区，就像上海的嘉定、松江新城等，当中有几个"组团"，我们就把他们叫做城市集群。

↓ 中国的很多资源都集中在大城市，会不会造成人口或者是经济活动极化现象？

诸大建

中国的城市发展不是个人决定的，是行政决定的，因为城市是有级别的。各种资源都集中在大城市，农民工在小城市就不愿意生活了，都进到大城市，因为这边有好的资源。政府现在要做的事情，实际上是怎么样让城市发展变成一种自下而上流动、而不是行政资源配置的行为，这是非常重要的改革。接下去，就要想办法消除这方面的行政资源配置，降低行政资源配置的门槛。

↓是不是要在一线城市周边发展更多的二、三线城市？

诸大建

我有个理论，在大的中心城市周边，发展一小时交通圈之内的中小城市。一小时高铁上下班，早晨比住在城里还方便，比如昆山到上海高铁只有十几分钟，晚上回去，等于你在上海生活；如果距离太远了，当天就来回不了。实际上就是要围绕中心城市建设二、三线城市，一个城市就变成一个多中心的集群，所以我们把这个叫"都市带"或者是"城市区域"。中国要建成五到七个这样的城市群，而且是有中国特色的。

↓近年来，中国快速发展的城镇化与工业化互为表里，人与自然关系日趋紧张，推进城镇化与可持续发展是否矛盾？

诸大建

理论上城市化应该有利于环境。因为农民原来是散居的，所占空间比城市人多，如果大量农民集中在城市里，更多的自然空间就会腾出来，整体环境会变好。但这点在中国并没有实现——农民进了城后，仍然占有大量的土地，他们没有变成市民，而是暂居在城市的临时工。他们不但随时可能返乡，而且可能不会把城市当作自己的家，所以过去的城镇化模式对环境并不友好。

此外，中国的城市环境现状不佳，与城市发展粗放型工业以及环境治理成效欠佳有关。新的城市化必然要包括重塑对环境更友好的经济发展模式，让农民变成市民，农村的土地拿来复耕。有大片的自然空间，包含一小部分水泥森林，这样的中国才是美好的。

↓您认为发达国家城镇化的哪些成功经验值得借鉴？

诸大建

西方的城市有几种类型，一是美国、加拿大、澳大利亚型，这些国家地多人少，城市间距离较远，没有汽车无法生活。

另一种是欧洲型，那里人口几十万的城镇居多，城镇间车程不到一小时，即便是巴黎、伦敦，也只有几百万人。所以欧洲是人多、土地紧凑。中国则是地少人多，城市化不能学美国，但可以学欧洲，欧洲城市的舒适性很好。但欧洲的人口没有中国那么多，中国人口上千万的城市已经有六个，已成为世界拥有最多巨型城市的国家。

与中国现实情况比较类似的，是日本东京和中国香港，目前为止东京做得比较成功，香港人口密度也比较大，但它善于利用空间——公共交通四通八达，私人交通严格限制。因此欧洲模式、日本、香港特区模式应该好好关注，找到适合中国人多地少国情的城市化道路。

↓ 您认为适合中国的新型城镇化道路是怎样的？

诸大建

中国新型城镇化的主要内容可以概括为"加减乘除"四方面。

"加"是增加城市户籍人口或者具有城市公用服务的人口；"减"是减少城市增长的土地等资源环境消耗；"乘"是开辟可以逐渐替代土地财政的多元资金渠道；"除"是政府权力需要在城市发展利益相关者之间进行共享。

从可持续发展的PSR因果关系进行分析，土地与人口是第一层面的城市化状态问题（S）；资金来源是第二层面的城市化驱动力问题（P）；政府之间以及政府与企业、社会的合作时第三层面、并且具有根本性意义的城市合作智力问题（R）。

解决土地、人口、资金等基本问题，需要从三个方面推进新型城市化治理变革。一是政府层面合作，包括纵向上中央与地方政府的合作，以及横向上政府不同部门之间的合作；二是政府与私人部门之间的合作；三是公众与社会组织介入新型城市化进程，减少政府规制下经常出现的各种问题。

在节能减排中探索管理创新

↓ 如何创新管理思维、运用经济等综合杠杆来节能减排？

刘宪兵

以碳定价为例，在经济上具有可行性。相对于我们传统的通过法律和行政手段的政策来说，它这种市场化的手段，在经济性上就有明显的优势。

从我们的研究来看，根据日本和韩国情况，碳定价受到的阻力主要来自两个方面，一为企业方面，二为一些政治家本身。对企业而言，政府如果征碳税或引进碳排放交易的话，会增加企业生产和运营成本，从而降低其产品在国际市场上的竞争力。尤其是中日韩三国都属于出口拉动型的经济,企业的这种担心会显得尤为明显。政治家则会担心,碳定价后会对国家的经济和产业发生影响,加之居民的接受程度也不是很高,阻力由此产生。但从实际研究情况来看,即使是能源和能耗强度、碳排放强度比较集中的一些行业,如钢铁、水泥、化工、造纸等,一定的碳价水平他们还是能够接受的。因此,碳定价的导入和实施,不仅有经济上的可行性,也有政治上的可行性。

当然,在操作层面,可能有一个渐进的过程。比如,中国偏好用一些强制性行政性手段来进行环境管理,或者是气候变化的应对,对此企业可能会比较抵触。所以碳定价在操作上是需要一个比较长的时间,需要一个渐进的过程。

林健枝

以香港对私家车的管理为例,在全球来说,香港家庭拥有自己私家车的比例是比较低的,不到20%。这是因为在香港,拥有并使用私家车的成本非常高。在香港买一部同样的车,比起内地起码要贵30%。除了买车贵,还有晚上的时候要考虑车停在什么地方。通常不可以停在小区里面,不可以乱停在路边。在最初城市规划的时候,政府就建议企业控制车库的数量。但政府不会去管车库的建设总量,这个依赖市场调节。需求量多的时候,车库的价格就较为高昂。既要买房子,还买车库,如此一来,拥有车的成本就高。同时用车的费用也不便宜,香港的汽油价格相较于内地要高出70%左右。

在汽车污染方面,政府也推出一些路边监测系统以监测车辆污染是否超标。以前汽车会有年检,但每年去检测一趟是不够的。现在开车经过的时候,路边检测系统就能监测出来实时数据。如果不达标,车就要遭到淘汰。另外一个计划,是商用车只能使用15年,因为商用车的排放都比较大。设置了一个报废年限的话,车就无法永远使用,这样可以减少污染。

Robert Henry Cox

德国是"上网电价法"首先对光伏发电开放的国家,政府规定,电网公司必须无条件地高价优先收购光伏发电,再由财政对全国电网进行分摊补贴,即强制光伏上网电价。其法案的基本原则是:强制入网,全部收购,规定电价,逐年递减。这一法案彻底解决了困扰可再生能源发电的入网问题,为光伏发电提供了有保障的投资回报,极大地推动了德国光伏市场的扩大,德国由此迅速成长为世界第一大光伏市场。随后,欧美各国都效仿德国推出各自的光伏上网电价政策。

↓ 对国内节能减排的工作有什么建议？

刘宪兵

动作一定要快，一定要尽快行动，在行动中一边学习一边总结经验，来逐步改善政策。

希望能够尽快引进碳税政策，哪怕是税率比较低也没关系。然后是逐步地提高碳税税率水平。再一个方面，就是在低税率较大范围征收碳税的同时，逐步地推动和建立碳排放市场。因为碳排放交易市场和碳税不一样，碳税它是对所有的化石能源进行征收；碳排放交易，它的管制对象只能是一些排放量比较大的排放源。这两个政策可以互补。

另外，国内企业管理水平和管理意识上，一般不如发达国家企业的水平高。在基础能耗，诸如二氧化碳排放数据的统计收集，或者是上报方面可能和发达国家有很大差异。因此一定要把这些企业每年到底耗了多少能、排了多少二氧化碳核对清楚。这是一个最基础的工作，可以借鉴西方经验，并需要一定的时间让我们企业逐步来改善。

林健枝

要对污染总量进行控制。一个很重要的点，是尽量减少私人汽车的使用强度，因为车如果太多就不太好管，这就要求政府首先解决公共运输的交通问题。在香港，地铁网络比较完善，可以提供代替私人汽车的出行方案。

同时，现在还要仔细考虑城市的规模。对城市规模的控制上需要仔细想想，是不是应该让不同的城市慢慢扩大，然后联结在一起？无论是珠三角还是长三角，如果看卫星图片，整个城区都是非常大的一片。如果是那么大的区域，无论怎么管理都"有心无力"。

这需要国家的整个城市规模规划。包括大的城市应该在什么地方，小的应该有多少，要有系统的方案去考虑。这个可能就是现在所谈的城镇化，其中具体的路线规划才是我们需要思考的方面。不然，解决城市的大气质量，依然是不容乐观。

以北京为例，现在四环、五环、六环越来越大，而且北京跟旁边其他的城市正逐渐靠拢。城市规模过大，管理就不太容易。有些国家的城市发展的时候，会考虑是在原来的城区发展，还是干脆就是在城市以外发展新的卫星城市。这样一来，城区与城区还是有一些距离，还是有绿化的地方，那么提高环境质量就要容易得多。

Robert Henry Cox

中国发展可再生能源过程中，在诸如太阳能光伏和风能并网方面，对中国的智能电网等基础设施建设提出了挑战。另外,作为最大的发展中国家,中国对能源的总体需求是在增加的,这就必然会和节能减排产生一定的冲突。

【延伸阅读】

《自然资本主义》

作者：Paul Hawken, Amory Lovins, L. Hunter Lovins
（桦榭出版集团）

　　虽然此书在十年前便已出版,但内容跟我们当今的生活更加息息相关,因为人类可持续发展的问题如今已变得更为严峻。三位作者用丰富的数据及实例,证明企业正以最缺乏效率的方式来使用自然资源。此书令人眼界大开,开始注意到当今产业体系中惊人的浪费问题。若从经济价值来看,从原材料到成品的生产过程所造成的浪费,其价值可能是成品价格的好几倍。作者亦在书中提供了解决方法,即企业如果能够尊重资源生产力的基本原则进行生产,依然可以获利。此书揭示的部分事实真相会令读者大吃一惊,同时将帮助读者了解势必发生的下一场工业革命,这场革命将创造一个和平富足、高效清洁的世界。

（推荐人徐淑英,系美国圣母大学门多萨商学院特聘访问教授、国际著名华人管理学家）

食品安全困境，企业如何"自我突围"

谈食品安全，最好的一个参照对象就是婴儿食品。

婴儿食品的现状已不用多说，三聚氰胺奶粉事件之后，对国产奶粉的信心遭遇灭顶之灾，有了宝宝的年轻家长争相从国外带奶粉，有途径的找亲戚带，没关系的自己手动海淘，结果除了中国以外，全球的婴儿奶粉告急，不得不推出各种"限购令"。而事实上，除了奶粉之外，婴儿米粉、辅食，甚至是喝的水，都成为抢购的对象。

这事说起来很可笑。中国的婴儿奶粉是全球监管最严的，抽查指标也最多，但国人就是相信国外的奶粉。信心一旦被毁，再要"满血复活"，恐怕将是一段很长的时间。

问题出在哪里？首当其冲是企业。在食品安全问题上，企业责无旁贷，须有敬畏之心。中国地域辽阔，企业的资质参差不齐，有些企业有严格的规章制度，而有些企业却丧失了道德底线，自己生产的食品"连自己都不敢吃"。殊不知，一颗老鼠屎，坏了一锅粥，就像三聚氰胺奶粉一样，一个品牌毁了一个行业。

其次是来自社会、政府、行业的他律体系。在国外，他律体系十分完善，企业违法的成本很高，不但可能被罚得倾家荡产，而且一旦犯错，家族企业很有可能从此不能翻身。而在我国，他律体系尚不完善，比如食品安全问题发生时，媒体高度曝光，但事后违法企业照样逍遥自在，或者换个名字继续经营，违法成本很低。还比如我国属于分段式监管，把整个食品生产经营链人为分成多个监管段，监管"缝隙"使得投机者有机可乘。

食品安全从来不是一朝一夕的事情。企业的安全管理水平、社会舆论的监督、政府监管部门的作为，都会对其产生影响。在食品安全现状堪忧的当下，我们应当念紧"紧箍咒"，让信心重回身边。

嘉宾

苏 勇

复旦大学管理学院企业管理系主任、教授

"在履行社会责任的过程中，很多企业有一个误区，总以为搞一个捐赠活动就是履行社会责任了，反而忽略了把最基本的产品做好，这是本末倒置。"

顾振华

上海市食品药品监督管理局副局长

"标准是一把尺，是综合衡量产品质量的工具，涉及食品的原料、供应商、生产过程，而不只是最终产品。"

滕五晓

复旦大学城市公共安全研究中心主任、社会发展与公共政策学院副教授

"我不建议普通消费者都成为专家，作为民众，来到超市就能安心选购喜欢的食品，实现安全消费，这是一个健康状态。不必自己鉴定保质期，检查危害，如果是这样的购物环境，那是社会对民众的不负责。"

Atze Schaap

荷兰皇家菲仕兰坎皮纳集团中国区乳业发展总监

"首先，要考虑到奶农的利益，高价收购，让他们得到很好的投资回报，其次，我们建立激励机制，用高价换取品质。"

郁瑞芬

上海来伊份股份有限公司联合创始人、总裁

"我认为，只有企业履行了对食品质量的承诺，对消费者产生的困惑进行及时疏导，才能树立食品企业的安全品牌。"

赵皎黎

上海市消费者权益保护委员会副主任

"任何企业都需要有一套完整的社会服务体系，当产品从生产制造流向消费者，背后需要有对产品的跟踪和追溯。"

王　南
上海市农产品质量安全中心主任

"上海近年来也在努力推行合作制，主要的好处是让散户结合起来形成大的整体，进行标准化生产，在管理上更加可控。"

食品安全，谁都有责任

↓如何看待食品安全问题？当前食品安全存在哪些问题？

顾振华

全球都在关注食品安全，食品安全是天大的事。首先，这涉及到健康，是民生问题；其次，国内外的案例说明食品安全是重要的经济问题。中国食品生产占总GDP的10%。中国人的乳品不放心，那么对中国的乳业乃至其他食品都会产生影响；当然，从更高层次来说，这还涉及到社会稳定和国家形象。

目前，我国的食品安全存在一些问题，我认为，企业、社会、政府都有责任。首先，如果企业责任不能落实，食品安全就是无稽之谈。目前我国的食品企业以"小、散、多"为主要特点。以上海为例，上海食品生产企业一共有1 800家，其中年产值2 000万以上的规模企业不足15%，全国规模企业的比例还低于这个水平。目前，在食品行业出了一些问题，相当一部分是企业主体责任不落实造成的。举个典型例子，每当我们检查发现违法添加等案件时，都会询问企业经营者一个很简单的问题，"这个食品你吃吗？"经营者马上说，"打死我也不吃"，可见良心的底线缺失。

食品安全的监管确实有问题，体制、机制、法规、标准还存在不足。就拿法规来说，国家对食品安全高度重视。新中国成立以来，最早的食品卫生立法是20世纪60年代制定的《中华人民共和国食品卫生管理条例（试行）》，1982年建立了第一部《中华人民共和国食品卫生法（试行）》，2009年建立了《中华人民共和国食品安全法》，从法律的角度来看，国家是高度重视的。

按照我国的规定，国家标准的管辖范围是最大的，但标准要求是最低的。企业标准和地方标准管辖范围较窄，但技术质量要求更高。一般来说，地方标准高于国家标准，企业标准比地方标准更严格。国家制度就是让企业更好地追求更高标准，而不是仅仅满足于国家标准。

当然分段监管也有问题，把整个食品生产经营链人为分成多个监管段，产生监管"缝隙"，降低监管效率。

赵皎黎

　　企业需不需要承担社会责任？企业通过什么方式履行社会责任？我认为，具备高度的社会责任感是企业做大做好的前提，如果连社会责任都没有，企业做不大，也做不好。而生产安全、优质的产品是企业履行的最基础的社会责任。

　　我们要求食品产业保证安全，需有一整套的规章、制度和标准，不仅要符合国际标准，还要适应本土环境。除此之外，任何企业都需要有一套完整的社会服务体系，当产品从生产制造流向消费者，背后需要有对产品的跟踪和追溯，一旦发生问题，就可以从源头查到问题所在并予以制止。

企业自律，第一道"安全锁"

↓从企业角度看，如何理解食品安全的标准？企业如何进行安全管理的自律？

苏　勇

　　一个企业做大后，难免会碰到一些问题，发生问题时是"坦诚面对"还是"欲盖弥彰"，这是两种截然不同的态度，也会得到两种完全不同的结果。来伊份公司此前曾碰到过危机，我认为其处理方式中有一点是难能可贵的，消费者只要把来伊份的产品拿到店里来退货，公司就给予全额退款。尽管企业会为此承担很多经济的损失，而且事后该事件被证明是子虚乌有，但正是因为有了坦诚面对的态度，企业很快重拾消费者信心，迅速挽回暂时失去的市场。

　　衡量一个企业的行为有三重标准：一是法律标准，这相对比较容易遵守；二是道德标准，高于法律，或是法律还未监管到的；而对优秀企业来说还有第三点，有理想和信念，这是更高的标准。这样的企业往往会将履行社会责任作为自己企业文化中的重要组成。

　　在履行社会责任的过程中，很多企业有一个误区，总以为"捐建一个希望小学，搞一个捐赠活动"就是履行社会责任了，反而忽略了把最基本的产品做好，这是本末倒置。企业把自己的产品和服务做好，是履行社会责任最重要和最基本的一点。

　　从功利的角度讲，企业履行了社会责任，会从社会中获得一定的回报，比如品牌认同，消费者也会随着这种品牌认同而更愿意购买其产品。当然，这种回报不是立竿见影的，也不是必然产生的，但这并不意味着企业就不要做这件事情了。

滕五晓

近几年食品安全事件不断发生，我认为最重要的是企业这个法律责任人，发生问题应主动召回，消除困惑，将公众的损失降到最低。

企业的社会责任表现为法律责任和道德责任，我认为企业可从10方面加以控制：保证食品安全管理体系、食品安全事故应急机制、问题食品处理机制、对供应商进行原材料安全控制、确保食品健康和营养的均衡、对特殊人群营养的关怀、营养知识的普及和健康生活方式的倡导、产品标签合格、广告宣传合格、转基因产品的标识。

Atze Schaap

我们是一家以家庭农场为基础的乳业合作社和跨国公司，采取的"合作社一体化经营模式"能够将会员奶农通过合作社组织联合起来，控股跨国食品公司，成为全产业链的主人，分享工业和商业环节的利润。这一模式极大地提高了农民的收入，既实现了有产者有恒心，有尊严的人生产有保障的食品，又提高了农民建设现代农业的积极性。我们在欧洲西北部有近2万名会员奶农，他们既是合作社和公司的股东，又是我们最基层的员工。因此，我们必须把公司经营成对他们有吸引力的企业。首先，要考虑到奶农的利益，高价收购，让他们得到很好的投资回报，其次，我们建立激励机制，用高价换取品质。

此外，我们还最大限度地争取社会资源来保证产品质量和安全。我们和政府合作，保护消费者权益；与奶牛育种公司、兽医组织和独立的第三方检测机构合作，共同确保食品安全；与大学合作，推动从牧场到餐桌的全乳业产业链知识创新，使奶产品价值得以提升。这样做的目的，是希望所有合作方一起携手，把食品安全的质量标准提升到更高的水准。

郁瑞芬

对我们来说食品安全的标准来自于消费者，就是要实事求是地为消费者解决问题。

以来伊份为例，我们设立了365天、12小时的售后客服热线，有几十位员工为消费者解答疑惑。我认为，只有企业履行了对食品质量的承诺，对消费者产生的困惑进行及时疏导，才能树立食品企业的安全品牌。售后对流通服务行业中任何一家企业而言，都是最重要的事。

前段时间我们也碰到了信任问题。这是经营十几年来第一次碰到危机，品质管理部门和客服部门马上调取了所有数据进行核实，结果也均合格。另一方面，从开第一家店到现在，一直承诺可以退货。平时我们的退货只有1万元，那个月产生了400万的退货。这批退货我们统一在浦东的环保中心进行全部销毁。

他律系统，需亮起一盏"明灯"

↓政府在标准执行过程中，对企业应有怎样的引导和指导？能否简单介绍目前职能部门的监督情况？

顾振华

我国对于食品安全的标准可分为四个大类，一是产品标准；二是生产过程的标准，如良好生产规范等；三是基础标准，如农药残留、添加剂限量、重金属限量等；四是检验方法的标准。不同检验方法，检出的结果是不同的。

在制定标准的时候，我们会广泛听取各方面的建议，包括科研机构、企业、高等院校、消费者，集思广益。标准是一把尺，是综合衡量产品质量的工具，涉及食品的原料、供应商、生产过程，而不只是最终产品。

按照食品安全监管体制改革的要求，上海2014年实行了全新的监管体制：农产品种植养殖继续由上海市农业委员会负责；食品原料、食品加工、流通、餐饮消费全部由上海市食品药物监督管理局负责；进出口食品由出入境检验检疫部门负责。尽管这样，还是存在多个环节，因此这三个监管部门上面还成立了食安办，负责三个部门之间的综合协调，以弥补可能产生的缝隙，保证监管更加有效。

王　南

上海市农业委员会主要负责地产农产品的质量安全工作。我们比较棘手的问题是中国的农业生产散户较多，一家一户很难管理。要把他们的利益与产品安全捆绑在一起，这才解决了一个动力问题。

此外，我们从事农业生产的人员目前整体受教育水平依然较低。所以，我们很重视对农民的培训，但效果一时还未能显现，这是一个长期的过程。上海近年来也在努力推行合作制，主要的好处是让散户结合起来形成大的整体，进行标准化生产，在管理上更加可控。

↓食品"短链"的兴起，是否是解决食品安全问题的好方法，如何纳入监管？

顾振华

监管问题上，不仅在于对产业链的监管，更要注重对源头的监管。

现在上海正在建立各种"农超对接"的模式。这类模式是为了尽量减少中间环节,让利社会、让利农民,而且由于减少了中转过程,就减少了食品可能受到污染的机会,我们十分赞同。

在监管问题上,重点不在对产业链的监管,更要注重对源头的监管。不管是短链还是长链,农业的源头监管是一致的。对于"短链"这个非常好的方式,我们最近在体制监管上也做了调整,农民或合作社自己生产的食品销售,全部由农委监管,我们在监管划分上,也对于这种经营模式提供了很大的便利。

↓ 第三方组织和社会舆论等他律体系,如何帮助提升和完善安全管理体系？

赵皎黎

作为社会团体,消保委一方面会根据消费者的要求或投诉,向政府部门提出建议；另一方面也会向消费者做解释,帮助消费者,保障其合法权益不受到损害。

建立他律的社会监督体系,首先,需要政府部门建立一个诚信体系,从政府层面做宣传和指导。第二,对不法商家加大处罚力度。第三,也需要我们的消费者建立起自我保护意识。

重构信任，企业政府社会的共同责任

↓ 重建消费者信任的关键性因素在哪？应该从哪几方面入手？

滕五晓

只有政府严厉执法、社会协同监督、企业遵纪守法,才能确保食品安全,这是一个三位一体的体系。

我不建议普通消费者都成为专家,作为民众,来到超市就能安心选购喜欢的食品,实现安全消费,这是一个健康状态。不必自己鉴定保质期,检查危害,如果是这样的购物环境,那是社会对民众的不负责。

现在的消费信心已经严重缺失,恢复需要一个过程,但我们必须去做。信心的恢复是企业、社会、政府的共同责任。但如何恢复？由谁承担食品安全问题？我认为,企业、政府、社会是利益共同体。

首先,食品安全是企业的责任,企业必须提供合格、健康、安全的食品,这是最基本的保证,也是最基本的社会责任。世界银行把"企业社会责任"定义为,企业与关键利益相关者的关系,遵纪守法,尊重人、社区和法律等有关政策和实践的集合,这是企业为改善利益相关者的生活质量与可持续发展的一种承诺。

政府的责任不是代替企业进行安全管理,而是在于标准的建立、严格的监督执法,在食品安全问题上零容忍。既然我们有标准,如何执行就非常重要。

我认为,对于违法、违规、产生重大问题的企业应该实行"一票否决制"。政府应营造一个更好的食品加工、生产、销售环境,完善的社会监督体系有助于企业更好地完善内部环境。

针对食品安全监管,"危害分析与安全控制体系"可以作为非常好的辅助工具,可以有效地检测、预警可能存在的安全隐患。首先,政府要做的是预估在食品安全中哪些会造成危害,对造成的危害进行分析,对关键点加以控制。

最后,社会承担监督作用,媒体和民众的监督可以让不良企业曝光。民众需要正确的食品安全知识、理性和科学的消费引导企业生产出更优质的产品。媒体要积极参与,既要曝光问题食品,也要报道优秀企业的可参考经验。专业的社会组织对食品独立、权威的检测、监测,为政府监督管理提供支持。

顾振华

重建信任有两个重要因素,一是信息公开。政府信息公开,企业信息也应该公开,政府应把监管过程的信息公开,企业也应该把生产过程,特别是质量管理信息公开。比如,奶粉的生产过程实际上没有商业机密可言,要让消费者相信奶粉是安全的,就应该把生产过程所有质量管理信息公开。

二是建立食品安全强制责任险。即将修订的《食品安全法》要把强制责任险列入其中,特别是对高风险的食品建立强制责任险。强制责任险不是万能的,但有利于落实企业主体责任,构建社会共治,是一项创新措施,应当进行尝试。

Atze Schaap

要从根本上解决这一问题,我的体会就是从整个结构上调整产业链,从源头开始做,实现"从牧场到餐桌"的全产业链食品安全管理。通过透明和开放的方式让消费者了解生产、物流、销售等流程,这是赢得消费者认可,建立消费者安全感和信心的重要方式。

郁瑞芬

消费者一定要坚持购买好的品牌,因为大品牌造假的代价非常惨重。

我支持有问题一定曝光,从源头上解决。然而,舆论环境的公正性也非常重要。去年所有的媒体报道都是针对行业第一品牌的,其实也要多关注一下行业尾端的个体户,从源头管起,才能推动行业的快速发展。

【延伸阅读】

《中国人的道德前景》

作者：茅于轼

（暨南大学出版社）

　　作者提出，"毫不利己、专门利人"的口号在逻辑上是不成立的，将自利等同于恶，就是"存天理，灭人欲"。社会矛盾不是单单靠提高道德水准便能解决，找到一个平衡点才是根本解决之道。应当把利益理解为人类追求的最终理想，尊重每一个人的利益和生存权利，把道德理解为平衡利己和利他的能力，而非简单地的义务做好事，从而让道德在利益中留存，让利益在道德中实现。

《自主权利的道德界限：
从经济学视角求解伦理学难题》

作者：王国乡

（世界图书出版公司）

　　本书揭示当代中国人在道德实践和道德理念中存在的诸多困惑。对什么是道德与非道德进行了清晰的界定。把中国古典伦理学思想中提出的"推己及人"的伦理方法与现代经济学分析方法相结合，尝试建立一种具有创新意义的现代市场经济的伦理思想体系。

　　（推荐人陈晓萍，系美国华盛顿大学福斯特商学院 Philip M. Condit 讲席教授）

阻击雾霾：市场能做什么，政府该做什么

2015年9月3日，在北京天安门广场举行的盛大阅兵震撼了全世界。而在阅兵前后，几位身居北京的好友，在微信朋友圈里"晒"的，除了英武不凡的中国军人、让人眼花缭乱的新式装备，还有蓝天白云组成的"阅兵蓝"。

就在"阅兵蓝"出现前几天，被俗称为"雾霾法"的《大气污染防治法》修订草案获得通过，将于明年元旦起实施，充分表现了管理部门对"天天蓝"的迫切希望。

修订草案明确提出：防治大气污染，应当加强对燃煤、工业、机动车船、扬尘、农业等大气污染的综合防治，推行区域大气污染联合防治，对颗粒物、二氧化硫、氮氧化物、挥发性有机物、氨等大气污染物和温室气体实施协同控制。

为何要特别点出对燃煤、工业、机动车等"下手"？相关环境专家表示，这三者是当前大气污染物的主要来源，点名体现了修订草案的针对性以及"抓住主要矛盾，解决突出问题"的侧重点。

其实就在几年前，雾霾与PM2.5对大部分人而言还是两个陌生的词汇，但从2013年起，由于雾霾频现，它已从区域性问题逐渐发展为覆盖全国多个地区的跨区域问题。PM2.5等大气污染物既破坏了我国大气环境质量，又威胁着人民群众的身体健康，成为当前比较突出的环境问题和主要矛盾。

"霾危机"下，政府部门应如何作为？社会组织与民众如何建立与政府的互信合作机制？产业结构和能源结构如何重新布局？

嘉宾

庄国顺

复旦大学环境科学与工程系特聘教授

"雾霾治理最重要的是转变我们的观念，不要把今天的灾难看成是自然界的结果。我们要反思：什么样的生活才有质量？和大自然和谐相处，才是有质量的生活。"

包存宽

复旦大学环境科学与工程系教授、博士生导师

"每一个世界工厂的背后都对应了一个雾霾国度，共同原因在于能源的过度消耗，包括燃烧煤炭及油品在交通工具和企业生产中的应用。"

郑　磊

复旦大学国际关系与公共事务学院公共行政系副教授

"数据开放不仅可落实公众的知情权，对治理也是一个'倒逼'的进程。让市民获得每一个城市的真实的、实时的空气质量数据，是一种政府理应提供的公共服务。"

罗云辉

复旦大学管理学院产业经济系副教授

"在治理雾霾的过程中，市场机制和政府干预两者都不可少，而市场机制在其中要逐步起到决定性的作用。"

管锡展

复旦大学管理学院产业经济系讲师、博士

"我国的能源价格，是造成长期产能过剩和环境污染问题的一个重要因素，尤其是在中国政府现有的管制机制下，能源价格管制长期处于一种'进退失据'的状态。"

世界工厂与雾霾国度

↓雾霾不仅发生在中国。1943年洛杉矶发生雾霾，从此以后，当地居民经历了一场长达半个世纪的雾霾之战。1952年，伦敦雾霾，白天伸手不见五指，水陆

交通几近瘫痪。历史以其惊人的相似性将这一幕在中国重演。似乎每一个世界工厂背后，都有一个雾霾的国度，为什么有了其他国家的前车之鉴，我们仍然在重蹈覆辙？

包存宽

每一个世界工厂的背后都对应了一个雾霾国度，共同原因在于能源的过度消耗，包括燃烧煤炭及油品在交通工具和企业生产中的应用。而能源消耗的背后，则是中国经济社会的产能过剩问题。

过去十年，建材、电力等行业均飞速发展。十五期间，从北部湾到丹东，沿海各地集中力量发展大型"炼化一体化"项目，钢铁和装备制造等高消耗、高排放和资源依赖型的产业，即"两高一资"的产业在中国沿海各地"遍地开花"。在发达国家，类似的项目往往高度集中、强调规模效应，但在国内却很难做到。

罗云辉

长三角和京津冀两地的雾霾产生的原因有相同之处，但也有不同的地方。

相同之处是，我国在短短几十年里，由一个落后农业国变为世界最大的工业品生产国，特别是汽车、住房和基础设施建设是作为需求力量拉动经济的主要增长点，背后都是钢铁、水泥和电力的消耗。伴随经济增长和收入提高，消费结构也经历了几次排浪式递进：各个时期的典型消费品对应老三件、新三件、电子信息产品等。2000年以来，典型的家庭消费集中在汽车、住房、出行。典型消费品的特性是需求收入弹性大，其需求增长率远高于收入和经济增长率。汽车、住房和出行需求增长对应了石油石化、钢铁、水泥、电力需求的高增长，由此也拉动了能源消耗和排放的高增长。这里提供一组数据：我国的轿车产量，由1997年的150万辆左右，增加到近几年每年2 000万辆以上；平板玻璃产量，由2001年2.02亿重量箱增加到2011年7.38亿重量箱；水泥由2000年5.97亿吨到2012年21.84亿吨。我国去年GDP占全球的比重大概9%左右，但钢材消耗占到36%，人均每年500多公斤；水泥消耗占全球45%；煤炭占到30%。

1943年洛杉矶雾霾、1952年伦敦雾霾，也都对应了各自国家和重点城市当时的经济发展状况：工业化快速推进，GDP增长，人均收入快速提高，能源消耗和污染物排放大幅增加。这就是说，工业和经济增长导致消费结构升级到以汽车和住房占支出较高比例的阶段，是各国在同一阶段雾霾天高频率出现的一个重要共性原因。

另一方面，在我国，雾霾天不断出现，也和国内能源价格相对偏低有关。二氧化硫的重要来源是燃煤，而我国三分之二左右的电力供应由火电提供。尽管煤炭价格已经市场化，但上网电价仍然受控且相对偏低——民营企业和外资企业不愿进入发电领域的事实可说明这一点，因此也对应着偏高的燃煤消耗量。

长三角和京津冀两地雾霾产生的不同原因是，长三角的经济总量更大，而且经济结构中，工业品出口所占比重更高。突出的表现是在产业结构上，服务业在整个经济中的比例与工业化比率不匹配。在空间结构上，城市化的程度相对滞后于工业化程度，而且城市功能提升程度低于城市空间扩张程度。

长三角一带的企业，以往以开拓国内市场为主，销售先行、服务先行，在微观企业层面对应服务部门规模较大，且与工业生产紧密相连。但自加入世界贸易组织起，特别是2008年欧美经济危机起，江浙一带大批内贸企业转做出口和加工贸易。这意味着产品从设计到消费的各环节中，设计、品牌运作、营销、物流等服务环节都由进口国企业完成，而国内企业只聚焦于大规模工业定制生产环节，由此消耗大量的能源，产生大量的污染。这一点上，长三角的企业表现的更加突出。

管锡展

我国的能源价格，是造成长期产能过剩和环境污染问题的一个重要因素，尤其是在中国政府现有的管制机制下，能源价格管制长期处于一种"进退失据"的状态。

和雾霾产生相关的能源，包括石油、煤炭、电力三个方面。石油和煤炭的价格都已经和国际市场接轨，但是上网电价和零售电价是偏低的。以光伏产业为例，制造一块光伏电板所使用的电，要比这块电板在其使用期限内发出的电还要多，从技术效率的角度来讲，这是一个无效产业、无效产品，但在中国却是存在的。这是因为，中国的发电价格和国际市场电价的差距太大，虽然国内生产用电量多，但其生产成本足够低，产品销售到国际市场上，照样可以获利。

前些年，在整体物价水平较低的情况下，本来有提高电价的契机。但有关方面出于通货膨胀和其他方面因素的考虑，迟迟没有进行电价调整。2003年至2013年十年间，整体物价水平上涨明显，在物价已经经过长期快速增长的背景下，再去调整电价，会导致整个中国经济运行成本较大幅度地提高。对决策层来说，现阶段再对电价进行调整的难度已经非常大，已经错过了价格调整的最佳时机。

从"看天吃饭"到"紧急应对"

↓面对雾霾，不少地方的环保部门均表示束手无策，"看天吃饭"，期盼出现有利风向。对此，政府部门能否有更积极的应对举措？

庄国顺

如今的环境污染是在过去国家垄断资源的情况下造成的，如今若全靠市场来治理，并不可行。治理雾霾需要政府采取紧急措施，比如，在雾霾严重的天气情况下，开车出行就要成为一种受限的权利。

早在1998年我就指出，中国的汽车工业要发展，但如果按照美国的模式发展下去，可能给中国带来大灾难。中国的现实国情是，我们承受不了每个人都开车所带来的空气污染的后果。如果没有人愿意放弃开车的权利，按照发达国家的交通模式来运行，产生雾霾最严重的、最终受害的是我们自己。更加严重的空气污染可能会导致农业减产25%，整个东亚地区的气候也有可能发生变化，这是关系到民族生死存亡的重大问题，后果不堪设想。

我认为，雾霾治理最重要的是转变我们的观念，不要把今天的灾难看成是自然界的结果。我们要反思：什么样的生活才有质量？和大自然和谐相处，才是有质量的生活。

罗云辉

从中央政府层面讲，有一些市场化手段可以推进。

首先，通过能源价格市场化来降低污染物的排放，这需要打破垄断、重组产业。否则人们有理由担心放开价格管制后形成另一种价格扭曲。

其次，深化利率和汇率市场化改革。刚才提到，大气污染的一个重要原因是出口工业品比例高——2008年的时候，净出口达到国民生产总值的近9%，相当于第一经济大省广东的经济总量，这几年有所下降，这和我国汇率的非市场化有关。反过来，如果能实现汇率价格市场化，一定程度上将可以改变这个局面。另一方面，我国存款利率尚未市场化，对于银行而言，成本偏低，使得银行对贷款流向相对不敏感，于是部分贷款就流向能源强度较高，同时利润率较低的产业。如果能实现利率市场化，就可以让利率价格机制发挥作用，这对于遏制落后产能和污染物排放都有积极意义。

最后，充分发挥市场化力量，对应着政府直接干预经济的相对弱化。政府直接的经济活动，特别是通过财政政策拉动总需求，实际上很难进入到服务业、文化产业、创意产业，很难发挥智力要素，通常只能进入一些高耗能、高投资的资本密集型产业，如修铁路、建机场等，这背后都是对电力、钢铁的大量需求。当然，我不是否定基础设施建设的必要性。政府在直接干预领域内的相对退出，意味着大量工业投资会减少，对环保的发展也有积极意义。

地方政府在污染治理中的作用也很重要。我国的环境事权往往是在省区一级政府，如环保事业的投入、超限额排放的收费标准、污染物处理率管制标准制定和执行等，所以地方一级政府对环保具有实质性的影响力。

值得一提的是，观念的转变也很重要。地方政府在加强环境管制时往往存在顾虑，担心企业因成本增加而迁移到"更有竞争力的地区"。实际上，相反的效应也存在：比如，其他条件相同的话，各类要素所有者更倾向在环境好的地方生活、工作。有些产业的存在和发展要求较好的生态环境，如部分生物医药产业、部分微电子产业、水产养殖等。而且，较严厉的环境管制，可能有促进企业创新，进而提高产业竞争力和地区产业发展的效应。对此，我们做过一些研究，把污染物分为二氧化硫、废水和固体粉尘这三类，把可转移的产业大类，分为重污染、中度污染和轻度污染。在控制一系列变量的基础上，通过中国省区之间2002年至2011年10年间的产业转移数据我们发现，以固体粉尘作为污染物标的时，对于中度和低度污染程度的产业而言，环境管制的强度和产业转移到这个地区呈正相关，对重度污染产业不存在显著相关关系。以二氧化硫为污染物标的时，环境管制强度与各类产业的转移取向均不存在显著正向或负向关系。所以，地方政府可以打消之前的顾虑，与经济转型的大趋势一致，加强环境管制，并倒逼地区经济的创新驱动。这对当地长远的经济发展会产生正面影响。

发挥市场化治理手段的作用

↓治污是政府的分内事，但市场化的治理手段，在治霾的过程中发挥怎样的作用？

罗云辉

党的十八届三中全会指出，要使市场在资源配置中起决定性作用。我认为，在治理雾霾的过程中，市场机制和政府干预两者都不可少，而市场机制在其中也要逐步起到决定性的作用。

早期人类活动对大气质量影响甚微的时候，清洁空气不稀缺，也就无涉资源配置。但现今，无论是把清洁空气看成资源，还是把排放的污染物看成负资源，都涉及有效配置问题，这就带来市场机制作用的空间。前不久去世的经济学巨匠科斯，以其名字命名的定理告诉我们，清晰的产权界定是市场交易的前提。所以从排放权的界定、排放额度的发放，以及对应的排放权交易市场建立，是利用市场机制配置污染物的必要前提。通过这一机制，把排污权配置到产生效益最大的那些企业当中去，可有效平衡经济增长和环境保护存在的"两难"。事实上，很多国家都在实施这样的举措，《京都议定书》建立的国家间清洁发展机制（CDM）也有效运作多年。

2013年起，天津、广东、深圳、上海、北京等多地陆续启动碳排放交易。各地在配额发放年限、投资者参与门槛、惩罚措施等方面的规则还不相同，价格波动也比较大，总体上处于探索阶段。

刚刚庄老师强调了机动车与雾霾形成的强相关关系。实际上，在控制机动车数量上，价格机制也是空间巨大。比如，上海多年来实行车牌拍卖制度，在常住人口数量、人均收入都高于北京的情况下，私车数量仅是北京的一半左右。一个城市，每天少跑100万量左右的机动车，相信在其他条件相同时，能降低形成雾霾天的可能性。当然，大城市也可用摇号等手段减少机动车数量和排放，问题是有效性较差。前几个月，北京的车牌中签率降到190：1左右。这会大大降低民众的福利，也无法有效甄别拿到牌照者是否是最需要的人。

另外，就是之前提到的能源价格市场化。如果我们总是担心下游产业的成本上升，总是把能源价格作为调控通货膨胀的手段，能源的使用也就总是扭曲的，解决污染物排放就难以釜底抽薪。

还有一个与市场化手段相关联的工具是"环境税"的使用。20世纪90年代始，芬兰、丹麦、瑞典、斯洛文尼亚、英国、德国等国前后实施了环境税。通过把税基由商品价值变为生产商品所产生的碳和污染物排放，一方面直接起到降低排放的效果，另一方面，使生产的"负外部效应内在化"，化解所谓"市场失灵"。人们称之为"双重红利"。我想，这些市场工具我们是可以借鉴的。当然，我们已经在一些领域取得了进展，比如针对石油开采的"特别收益金"。还有，如燃油税改革将养路费等转变为消费税，实际上在不提高税赋的同时，使边际上的排放有了代价，这无论对于道路、石油资源配置，还是对于治霾，都有积极意义。这方面的空间还很大。

管锡展

碳交易市场的形成机制和作用不可否认，但企业的碳排放权究竟通过什么方式获得，这也是个值得关注的问题。没有用完的碳排放量，究竟是企业通过科技创新、节能减排获得，还是通过有关部门过度滥发所获得？如果不能制订一套合理的分配标准，碳交易市场未来可能为某些政府部门和某些企业之间的合谋留下空间，使得碳交易市场机制失效。这是碳交易市场机制建设中需要慎重考虑的问题。

"第二股力量"已成气候

↓在雾霾危机中，不分大小城市，居民们纷纷买口罩，买空气净化器，每天研究各个渠道发布的空气指数……自下而上的"倒逼"机制对治霾有何意义？在霾危机下，政府环保部门提出了怎样的要求？社会组织与民众如何建立与政府的互信合作机制？

郑 磊

数据开放不仅可落实公众的知情权，对治理也是一个"倒逼"的进程。让市民获得每一个城市的真实的、实时的空气质量数据，是政府理应提供的公共服务。

从信息发布的角度看，去年开始，上海市环境保护局发布的数据已经比以往有了很大进步，发布的数据标准从过去的API指数（空气污染指数）转变为更为严格的AQI指数（空气质量指数）。以前，政府部门曾担心发布PM2.5数据后会引起公众恐慌，又由于空气质量数据标准等原因，使环保部门发布的数据和公众感知之间存在较大偏差，成为当时舆论讨论的焦点。我曾承担上海市环保局环境监测中心"上海市环境空气质量信息公众需求调查研究"，在需求调研中，我们发现，年轻人和受教育水平较高的人群，更倾向于相信海外机构发布的数据，而不是国内环保部门发布的数据。随着公众对环保问题重视程度的不断增加，不仅有环保部门发布的空气质量指数，还有其他渠道的指数发布。在这样的情况下，对上海市环境保护局的数据发布形成了巨大压力。上海环保局发布AQI指数这一年多来的事实证明，信息透明只会提高而不是降低政府的公信力。环保局应继续坚持发布空气质量数据，并对数据标准、测量办法等进行必要的说明，以打消公众对来自不同渠道的不同空气指数的困惑。

通过对市民空气质量信息发布需求的调研，我们发现公众有4层不同层次的需求：第一层次最基础的需求是获取真实权威的数据，希望其与普通市民的感受相吻合；第二层的需求，是要求环保部门提供必要的背景知识，例如为何空气质量会突然变差，来源为何，可能造成怎样的危害等；再上一层次的需求是希望政府部门及时提供具体的防护建议，特别是针对老人、儿童等敏感群体，在污染环境下的自我防护；而公众的第四种也是最终的需求，是对洁净空气的需求，公众希望环保部门能采取切实有效的措施治理空气。

以前的污染治理方式更多是自上而下的，领导重视了就治理，领导不重视就不认真抓。微博、微信等社会化媒体的出现，使得公众能发出自己的声音并广为传播，形成广泛的社会公众监督，有可能成为一种长效的"倒逼"机制。今年雾霾集中爆发后的舆论焦点，已经不再是政府部门发布空气质量指数准确与否，而是质疑为何空气质量迟迟没有改善，敦促政府部门尽快采取行动。从这个角度看，未来社会和公众"倒逼"政府推动治理污染问题，将成为一种更有力和长效的机制。

包存宽

从1973年中国启动现代环境保护工作起，今年刚好是中国环保40年。当初曾提出了32字的环保方针，头四个字是"全面规划"，如今看来，这一方针并不落后，但在过去40年的实际工作中，却忽视了这一点。

美国《环境政策法》正式生效是1970年1月1日，我国启动环境保护工作，相差前后不到三年。但是为什么后面差距那么大？坦白说，过去40年，由于普通民众缺乏对环保必要性的认知，环保工作更多是通过"自上而下"的力量来推动，但在以GDP为中心的发展模式下，环保工作成效相对有限。如今，环保工作中的第二股力量已逐渐形成，那就是"自下而上"的群众对环境质量改善的需求，他们将视良好的环境为一种"生活必需品"。来自民众的自发力量"倒逼"政府部门和企业采取措施，和传统的"自上而下"的力量，形成更大的合力。

↓ 在环境保护方面，发达国家也曾走过一些弯路，是否有一些值得我们借鉴的好经验、好做法？

郑 磊

我们认为政府和公众在信息互动方面有三个层次的关系。第一种是政府向公众单向发布信息，这一点我们目前已经做到了。第二是政府和公众互动交流，即政民互动，民众将意见和需求反馈给政府，政府及时响应。如今国外已发展到第三个层次——政民合作，即民众参与治理过程，与政府部门进行"合作治理"。在社会化媒体时代，"合作治理"出现了一种"众包"趋势。以环境监测为例，即使政府设置的空气监测点再多，也都是有限的，可以鼓励民众把他们发现的污染源，尤其是流动污染源通过手机拍照传给政府部门，从而让民众参与到环境治理过程中来。这样环保局的网站或微博就不仅仅是一个数据的发布渠道，也不是一个简单的互动渠道，而是政民共同合作的平台。

此类众包形式不仅在处理环保问题上适用，也可用于应对一些公众普遍关心的公共事务问题。纽约市政府就在城市管理过程中充分发挥了众包的作用。每年冬季，纽约市政府鼓励市民用智能手机拍下自家门前积雪严重的道路，附上地理位置信息后上传至指定平台，政府将根据这些照片，再配合大数据的科学分析，合理地调配清扫资源。新的技术条件有助于推动合作治理和多方参与，在移动互联网和社会化媒体时代，未来"政民合作"治理的形式将越来越多，从而使公众成为环保部门的"耳目"和"手脚"。

检验检测认证产业期待"破茧而出"

　　曾经有科技网站算过一笔账：如果按照硬件成本来算，苹果公司生产一部最高配置的新款 iPhone 6，成本不超过 1 700 元人民币，但消费者买一台 iPhone 6，至少需要掏出 5 000 元。当然，这是两个层次——富士康赚的是生产成本的钱，而苹果赚的是创意和创新的钱。由苹果制定的标准，变成了后来者的"风向标"。

　　标准，这是一个很高大上的词汇，有能力制定标准，往往意味着相关产业已经走在了世界或者国家最前列。而检验检测认证产业，便是标准的制定者和执行者。不过，在我国，检验检测产业还处于"半封闭"状态，没有顶层设计和战略规划的考虑，处于"小散乱"状态，也难以为其他产业的升级发展、民生、贸易等提供技术支撑和服务。

　　我们欣喜地看到，这个产业在自我革命。2014 年，上海市闸北区获准创建国家首个公共检验检测服务平台示范区，全面尝试市场化。这意味着，目前 2.6 万多家第三方检验检测机构将面临向企业单位的转型，这无疑将检验检测机构推向市场，推向竞争。它是否能够通过体制机制创新，释放出产业发展的巨大潜力空间，激活产业发展的活力，值得期待。

　　目前，上海正在建设具有全球影响力的科技创新中心，检验检测认证业在科创中心建设中不可或缺，检验检测认证产业可以通过搭上"互联网＋"、大数据发展的快车，提升自己的竞争力，而政府也应该前瞻性投入大量的研究、资源，以及建设服务平台，起到真正引领创新和驱动创新的作用。

嘉宾

乔东

国家认监委研究所所长，高级工程师

"从长远来看，检验检测应更多地为新产品服务，提供技术支撑，这是检验检测的发展趋势。"

唐亚林

复旦大学国际关系与公共事务学院教授、博士生导师

"改革的重点要放在打造检验检测认证产业的公信力，要从标准上严格控制，一旦有企业做假就要有严厉的处罚跟上，确保这一新兴产业及其行业协会的建设，从一开始就步入正轨，在实践中不走样。"

马海倩

上海市发展改革研究院首席研究员、经济研究所所长

"原来固化在企业内部的检测机构、或者检测环节，应该要把它释放出来，要推动第三方检测市场的培育和发展。"

罗云辉

复旦大学管理学院产业经济学系副教授

"依附于各类条、块的检验检测服务职能，应当也完全可以通过内部改革和外部市场环境的完善，实现产业化，并促进关联产业的大发展。"

徐朝哲

上海市认证协会常务副理事长，高级工程师

"改革的步子还可以再大一点，比如对必须存在的机构、人员资质、资格认定、认可，是否政府只需制定标准、评定和评价规范，而具体评价工作完全可以交由行业协会去做，而不必都由政府大包大揽。"

林鑫

上海浦公建设工程质量检测有限公司董事长

"在政策上可以有一些突破，形成倒逼机制。政府要把市场规范做好，这样所有的企业都会很欢迎的。同时，应该有个公平的市场环境。"

社会需要一把"公平秤"

↓如何看待检验检测这个产业？目前是不是处于小而乱的状态中？检验检测产业与市场、社会发展的关系体现在哪里？

马海倩

不能以"小散乱"概括这个产业发展的特征。之前无论是国家也好，地方也好，都没有将检验检测认证作为一个产业来看待，也就不会有顶层设计和战略规划的考虑。

前几年，我们院跟市质监局合作，做了一个检验检测产业发展的战略研究。我们发现，检验检测产业的辐射力、涉及面非常广，不仅它自身是一个非常庞大的产业体系，而且它与几乎所有的产业相关。

检验检测认证行业有几个非常重要的标志性环节，比如最基础的是计量，重量、容量、速度、时间，都要能够准确地测量，还有一个就是标准，任何一个产业、任何一个产品，都要有标准。它是重要的技术基础性产业，为其他产业提供量的确定、量的统一和量的规范等服务；它还是重要的技术性服务业，通过标准化、质量提升等手段，为其他产业的升级发展、民生、贸易等提供技术支撑和服务。

还有特别重要的一点，今天的一个重要话题——公信力，实际上我们检测认证行业就是公信力的一个很重要的代表，整个产业链都在传递着公信力。企业本身你自己说达到了一个什么样的质量标准，这是不够的，必须要所有社会各界都认可这样的标准才可以。因此，原来固化在企业内部的检测机构、或者检测环节，应该要把它释放出来，也就是说，我们要推动第三方检测市场的培育和发展。实际上，检验检测服务业也是制造业产业链条延伸分离出来的重要的生产性服务业。

徐朝哲

现在我们所讲的检测认证产业，不应该局限于检测认证行业，或者局限于所谓的检测认证服务产业。我认为，作为一个产业，除了检验检测认证服务，还应该包含检验检测认证标准、方法、技术的研究制定，以及检验检测装备研发、生产制造和实验材料的研发和生产制造。只有这样相对完整的表述，这个产业才能成其为真正意义上的高新技术产业。只有这样的产业定位，检验检测认证产业对上海科技水平的提升、先进制造业的发展乃至整个经济社会发展的作用和意义才会更大。

乔　东

　　现在我们都在讲，检验检测机构要发展，要做大做强，都很有道理。但有些事情还是要做些反向思考，检验检测做大做强，这是不是一个好的命题？我个人认为，这个命题似乎是一个比较遥远的未来之议。从检验检测认证产生的背景来看，最初是基于大家不信任而产生的，有不信任和标准的差异才有检验，这是在市场经济初期不太完善的情况下发展起来的。但从长远来看，随着市场公平度和信任度的增加，这种类型的检验检测会逐步减少，检验检测应更多地为新产品服务，提供技术支撑，这是检验检测长远的发展趋势。

建立第三方平台是社会发展需要

↓为什么要把检验检测服务作为一个平台来建设？

乔　东

　　从企业本身来说，我们有上千万家企业，可能其中90%以上的企业都需要将产品拿到第三方检测机构来检测，因为企业是搞生产的，很难在检验检测这块投入很多钱。比如说乳品行业，全国有127家企业，如果每一家企业都去建检测机构，招聘很多检测人员，就会有重复，假如一个机构投50万元，100多个就是5 000多万元。因此，国家可以建一个公共服务的检验检测平台，集中为这些企业提供服务，所需投资就要省得多。从经济层面来讲、服务层面来讲建平台都有意义。

　　另外，政府的监管不会使用企业内部实验室监管，肯定还是要依靠第三方实验室进行监管。所以，特别需要建设检验检测平台来为多元化需求提供专业化的服务，而不是每个单位各搞一套。

唐亚林

　　检验检测服务平台的创建有三个方面的引领作用，一方面的作用是发挥检验检测认证产业的集聚效应，不同厂家、不同行当都开始集聚，我们要加强这些相关产业在园区的内部整合，以及上下游产业的勾连；另一方面是要发挥这个公共服务平台独特的创造需求、引领产业的作用。通过检验检测认证标准的发展来引领到相关产业发展，从而达到产业发展的最高层次内涵。我们要看到未来信息技术的发展趋势，这里有很多空间，而且到目前为止还有很多空白，来不及有效规约，如果首先创造需求，释放需求，其次引领产业发展，就有可能走在世界的前列。还有一个方面的引领作用，就是将检验检测公共服务平台建成一个呈体系化的标准化体系，然后走向"卖标准"的高级发展阶段。

↓从产业经济学的视角来看，你认为检验检测认证产业总体上应该如何发展？

罗云辉

　　实际上，检验检测行业当前条块分割、行政壁垒突出、市场化程度低的特征与早年很多领域的情况是类似的。比如规划设计、勘探、建筑、应用性科研院所，比如各部门、各系统、各地区自办的招待所，等等。这些先行领域的企业化改制和市场化运行的经验启示我们：依附于各类条、块的检验检测服务职能，应当也完全可以通过内部改革和外部市场环境的完善，实现产业化，并促进关联产业的大发展。

　　就当前仍然挂靠在各职能部门的检验检测机构而言，内部改革的基本方向是脱钩、改制，核心是将原来的行政关系转变为资本纽带关系，使检验检测机构成为产权关系明晰的独立法人。外部市场环境的完善，主要是实现需求的对内开放。当前的需求相当程度上还是因条块分割而呈碎片化的。一个统一、开放、竞争的市场环境是市场机制有效运行的必要条件。

　　对于检验检测行业实现国内市场的开放，我是较为乐观的。原因在于经济增长伴随着的社会分工和纵向非一体化，大大提高了生产效率，但同时加大了交易产品的信息不对称，因此更加需要有市场声誉的检验检测机构为之背书，为之提供生产前、后端的技术服务。所以说，检验检测机构是和生产企业共荣的，无论二者是否属于同一地区或部门。这与工业产品外销的情形有所不同。特别是，我国企业总体上规模较小，往往难以仅凭自身的实力为产品提供可置信的赔付机制。有声誉、有实力的检验检测企业提供的服务，实际上介入到产品的责任保障环节，为生产企业提供了一个"产品放心使用"机制，由此可协调检验检测企业与外地生产企业及其关联方的利益。事实上，发展改革研究院此前进行的调研表明，生产企业主动要求产品检验检测的比例越来越高。

　　当然有的地区和部门对这一点可能认识不足，或者放不下，这就要求我们从全市、全国层面来推。特别是上海本地市场不宜支离破碎，本身要打通，这有利于检验检测企业在竞争中形成优势品牌，发挥规模效应，也可为企业下一步在全国的市场开拓和国内市场一体化创造较为有利的条件。

　　这同时启示我们，平台示范区的建设，不是说我们有了一个主题园区，通过优惠政策招到商，就算成功。如果检验检测机构改制不彻底和市场分割的问题不解决，进驻园区的机构还是难以做大做强，带动下游的功能也就不能充分发挥。

↓我们已有很多第三方检测机构，但现在最大的问题是不信任，这个信任是市场发展最核心的价值。怎么看待这个行业的公信力，如果有了这么高级的战略构想和对它赋予的远大目标，目前的发展能够迎接这样的挑战吗？

林　鑫

从我自身来说，进入检测这个行业时间很短，才4年。为什么会去从事检测行业？也是从我自己的感悟当中来的，我们公司做的是桥梁建筑的检验检测，这是因为我们碰到很多问题，都是老百姓关心的、意见很多的，诸如桥梁坍塌、道路塌陷等，又比如道路铺了又挖等问题，最终反映的都是公信力的问题。而检验检测要代表的就是公信力。对于我们企业来说，要迎接挑战，打铁还得自身硬，要努力提高自身实力，把业务做得规范。

↓从研究者的角度来看，你认为这个平台接下来能做的最重要的几件事是什么？

马海倩

从检测认证产业发展的特征来讲，有几个方面的制度创新是非常需要的。

第一个就是市场准入制度的完善。这个市场准入制度应该是公平的、开放的。无论是国有的、外资的，还是民营的，都有统一的规则，统一的准入门槛。而从目前发展来看，我们所说的检测认证产业，检测认证市场，这个产业和市场还没有完全成熟，还面临着很多改革任务，包括部门资源的分割等。这需要很多资源的整合。从全国来讲，这个产业还有比较明显的地域分割，很多机构想获得更大的发展很难，比如在上海的机构到外面拓展业务，也面临着一些壁垒和限制，这是第一个，非常重要的，市场准入制度的完善，市场准入开放了之后应该有一系列的管理配套。

这就引出了第二个制度和第三个制度。第二个制度就是行政管理制度，检测认证产业领域以前行政色彩比较浓厚。因为市场不完善，大家还是比较倾向于相信国家，相信政府的公信力。这里说的行政管理制度就是基于市场准入制度的完善所需要建立起来的一系列行政管理制度规范，比如行政审批制度的改革，在检测认证方面到底有哪些审批，可以列出一个权力清单。我想能不能建立统一的检验检测机构资质认定制度。这需要在未来平台创建以及产业发展改革过程中不断完善，不是一下可以建立起来，希望市场主体、各方机构共同参与、发展完善。

第三件事就是监管和审查制度的完善，这也是在市场准入之后的重要环节，可以对接自贸区的一些理念。市场的发展固然非常重要，政府的作为也不可或缺，特别是市场的开放对政府的监管能力提出了更高要求，把企业放进来并不是说不管了，要有一个事中事后的综合监管，但不要多重的检查，是不是可以探索一个综合监管模式？这些都是可以来进行研究的，包括一些检测领域的风险评估、防控、安全审查机制等。

改革重点是突破门槛

↓首个检验检测平台落户在闸北，闸北身上多了责任，在把这么多企业和机构集聚在一个区域的同时，也给政府监管带来了一系列的风险和难题，你认为检测检验平台示范区的改革重点是什么？

徐朝哲

我认为，应该以需求为导向，有关检测认证机构最迫切希望改革的东西，就是改革的重点；广大机构对什么问题最关切、诉求最强烈，就要率先从这些方面进行改革。

比如机构资质的认定、认可问题，还有从业人员的资格认定、认可问题，总的来说现在有些门槛还是太高，而且有些条件和要求也未必有道理。举个例子，要开展一项新的认证项目，规定企业必须要有多少有资格的从业人员才可以，这未必科学，比如规定必须有10个人，9个人难道就不行吗？或许是因为倡导要做大做强，是为了防止"小、散、乱"，但小也未必就是散、就是乱，小而专、小而精甚至小而强的例子也有不少，像这种规定我觉得就是没有必要的，或许让市场来说话会更好。还比如人员的管理，由于需要集中统一培训、考试和发证，这给机构和人员带来很多麻烦和困难，我认为在统一人员执业资格标准的前提下，人员的评价工作完全可以交由各地方的行业协会承担，这样会给机构和从业人员大大减负。我觉得，在很多方面上海还是做得比较好的，也有了一些实际的、改革的措施，但步子还可以再大一点，比如对必须存在的机构、人员资质、资格认定、认可，是否政府只需制定标准、评定和评价规范，而具体评价工作完全可以交由行业协会去做，而不必都由政府大包大揽。

唐亚林

经济发展的活力在市场，市场发展的活力要看民营企业。要让市场和民营企业去发现活力源和着力点，这样的社会才会有美好的期待，也才是值得期待的。政府要做的事情就是划定权力边界，营造公平竞争的环境，加强监管。从检验检测认证产业来看，改革的重点要放在打造检验检测认证产业的公信力，要从标准上严格控制，一旦有企业做假就要有严厉的处罚跟上，确保这一新兴产业及其行业协会的建设，从一开始就步入正轨，在实践中不走样。

↓只有竞争才能让这个行业获得良性发展，政府怎么保持良性竞争环境，你觉得这个平台该做什么？

林　鑫

在政策上可以有一些突破，形成倒逼机制。政府要把市场规范做好，这样所有的企业都会很欢迎的。同时，我觉得应该有个公平的市场环境。

我们公司已经有企业在示范区里了。2013年收购的一家原来的国有企业，就落户在区内，所以对这个平台我们的期望是很高的，希望在中国能建立一个大的检测检验产业，梦想中国人也有自己的像SGS这样的国际大公司。人总得有梦想，我们需要设定一个目标，才能为之而不懈努力。认证检测这个行业历史悠久，国际上大的检验检测机构差不多有两百年历史了。和国内外的著名检测公司相比，我们这个企业只能算是一个"婴儿级"的企业。但我们看好这个行业，特别是最近政府出台的一系列政策，从战略上给了这个产业一个很高的定位。因此，希望这个示范区能给我们企业提供更多的机会，也希望通过闸北这个平台把这个产业做起来。

国字号"转身"势在必行

↓认证检测行业处于巨大的变革中，2.6万多家第三方检验检测机构中，不少是事业单位，他们将面临向企业单位的转型，如何看待？

乔　东

关于整合检验机构的实施意见中提出了改革的三个方向，一个是政企分开，一个是事企分开，一个是管办分离。我还是举一个上海的例子，上海获得资质认定的检验检测机构有600家左右，其中国有机构360多家，外资检验检测认证机构40家左右，但在盈利能力方面，国字号明显低于外资。换句话说，如果我们现在的机构还不转身，那么，今后的发展将面临大的挑战。

全国那么多检验检测机构中，大部分都是国字头的，但两家上市的都是民营的。比如华测，上市后发展很快，把很多国字号远远甩到后面去了，它是靠什么？华测的创始人原来是搞认证的，对检测行业不太熟悉，几个人拿出一笔钱来成立一个机构，市场化运作，现在已能拿到美国、欧洲的订单。但反过来，我们国字头的检验机构从建国开始就有了，由于体制机制的原因，到现在还是发展不快。

罗云辉

我想得放到国家经济转型的大背景下，来看待这样一个行业组织形态和相关主体的定位转变。我国多年来经济增长速度很快，现在工业年产值已达22万亿了，居世界第一。但经济增长对出口的依赖度较大，这也引致了很多国际贸易保护主义的反弹，加大了经济运行的不确定性，同时也是近年来通货膨胀的一个诱因。扩张性的宏观经济政策又绝非免费午餐。为此，寻求增长的内需支持，是我国面临的一项重大而长远的课题。

为什么内需不够大呢？一个原因是我们很多出口部门是订单工业，做加工贸易。加工贸易不是不好，但客观上造成的一个结果是，产业链中除加工生产之外的生产性服务环节，都随着产品出口，主要落在以跨国公司为组织载体的外方，这其中当然也包括部分检验检测服务。由此我们看到，即便是作为中国最大经济中心城市的上海，与世界上很多大城市相比，服务业的比重明显偏低。不仅服务业产出较低直接拉低了内需在总需求中的比例，更重要的是，服务业相对滞后会抑制工业、农业的生产。我们国内很多企业生产产品容易，但要把它变为销售量，转化为实实在在的内需不容易，因为要有可靠的质量信息保障和技术服务支撑。如果检验检测产业发展得好，就能促进国内市场交易，进而促进生产，拉动内需。检验检测服务发达的话，很多产业的生产环节就可以在企业间切分得更细，使产业链上的每家企业聚焦于更小范围的工序，实现规模生产和分工深化带来的效率提升。这本身对应了产业结构和产业组织形态的深化。国际贸易给我们的启示很清楚：总体上产业发展的趋势不是垂直一体化，而是纵向分割，同时伴随着比例越来越高的中间品贸易。

所以说，国家经济转型必然要求更加突出内需和结构升级，而生产性服务业的发展是实现这一转型的重要环节。检验检测产业的市场化具有紧迫性，是大局中的一环。2011年底，国务院发布《关于加快发展高技术服务业发展的指导意见》，其中特别提到重点推进包括检验检测等8个行业加快发展，其来有自。

至于所涉个人，我想从根本来讲，个人利益与机构、行业的发展是一致的。蛋糕大了，帕累托改进相对容易实现。

↓这是一个非常好的市场，但目前的现状是正在成长的国内企业将面对国际大机构进行竞争，这个时候，市场一旦打开，会不会国内企业在市场"游泳"时还没呼口气就下沉了？

唐亚林

我看了一下《关于整合检验检测认证机构的实施意见》这个文件,这个改革方案要求做好检验检测认证机构的部门和系统内整合、跨部门跨行业整合以及跨地区整合工作,而且基本上要求在2015年底前完成转企改制与整合工作。虽然经过这么多年的累积,庞大的机构、庞大的人员、庞大的技术与品牌沉淀,而且社会民众对政府公营机构有一种心理认同,但一下子简单地走向市场,并不那么容易,而且也不利于推动检验检测认证高技术服务业的做强做大,我有点担心。

我认为可以考虑采取分头走的办法:一个是对原有的检验检测认证国有事业单位要进行性质划分与功能定位,对于公益性的机构还是要采取逐步"断奶"的方法,在逐步"断奶"的时候还要"扶上马,走一程"。另一个是对于民营企业,要创造公平竞争的环境。现在各地都在搞各种发展基金,实行政府购买服务,我们可以采取这种"四两拨千斤"的方式,鼓励你做,允许你进入,同时加强监管。

↓今后市场会被发展更成熟的外资企业蚕食掉吗?

罗云辉

我国加入WTO之前,国内舆论对于市场开放后,产业被外资企业主导的顾虑很重。十多年过去了,我们几乎所有的产业都比以前发展得更好,中国是"入世"最大受益国之一。因此,从经验看,不必担心国内市场被外资蚕食。

中国有庞大、完备的工业生产体系,有全球第二大总产出作为基础,发展生产性服务业,应该有近水楼台的优势。退一步,如果我们不进行改革和公平、统一市场环境的营造,检验检测机构发展不起来,那才会真正担心市场被外资所蚕食。

乔 东

从目前来讲,我们国家还没有一个在国际上知名的机构。一些国际上大的检验机构都有上百年的历史,这个确实需要我们反思。我们国家检验检测机构从属于行业和部门。初期的行业和部门管理制度下生了很多"儿子","儿子"生了很多"孙子",但都是"小儿子""小孙子",根本没法和大的机构比。

举个例子,1998年我去澳大利亚学习了几个月,该国总共有第三方检测机构近3 000家。我曾和澳大利亚实验室认可部门的负责人交流,提起当年他们的将近3 000家机构,现在过了16年,机构数量是不是增加了不少? 回答却让我意外,澳大利亚第三方检验检测机构规模发展的速度很快,但到目前为止,数量仍旧是3 000多家。我看了一下我们国内,10多年数量多了好几千家。那么,这里面最大的问题是什么,设机构、批机构、建机构时有没有分析市场? 很多机构你把钱给它了，它把地和房买了，后面却没生意。因为养着，也不怕，但下一步就不能再养了。

● 民营企业如何"四两拨千斤"

↓从办企业的角度来讲，在这个行业内，你最需要的是什么？

林　鑫

对于民企来说，我们最担心的是，企业投入这么多钱进去，有规范怎么执行？在我们企业与别人竞争时，碰到很多问题，有的压价，压得很低，怎么办？我们无法承受，但很多机构设立以后没钱赚也不怕，因为有国家养着。我们还特别怕政府部门来抽查，因为万一这个企业检查出问题，我们这家企业就趴下来了。我们始终有这样的危机意识，绷紧要做好企业这根弦。如今，国家给了我们民营企业很多机会，目前上海的市场环境还是不错的，这样我们也就能安心开拓市场。

同时，民营企业还有的困惑是人才，这个行业中不少是事业单位，我们要人才，他舍不得事业单位编制，我们很难招人。一方面我们想投入想发展，另一方面却在人才方面尚未摆脱在外资高薪和国资地位的夹缝中生存的状态。

↓这些国字头的市场检验检测机构进入市场，进得来吗？会给市场带来怎样的变化？

林　鑫

坦白地说，我觉得他们优势比我们大，出身好，人才优势明显，技术储备雄厚。但作为民企来说，我们不惧怕竞争，竞争能让我们更强壮。我们只希望能有一个良好的、公平的竞争环境，大家共同努力，把这个产业做大。国家现在已从战略高度重视检验检测产业了，作为企业老总，我还是觉得很高兴的。

● 顶层设计带来"驱动力"

↓怎么样才给这个产业真正带来驱动力，要从哪些方面着手，如何落实？

马海倩

我们研究自贸区的很多制度创新，我认为，检验检测认证产业也特别需要通过改革，通过体制机制创新，释放出产业发展的巨大潜力空间，激活产业发展的活力。检验检测特别需要改革，不仅要有市场的发展和培育，更要有一个市场规则的规范，就是需要通过顶层设计完善制度框架。平台示范区，可以探索一系列的制度创新，成为完善国家检验检测制度框架的重要试验田，或者是一个先行的试点。不仅产品技术需要实验室，产业发展环境的营造也需要"实验室"，上海自贸区就是国家进一步深化改革的"实验室"。平台示范区也应该成为一个改革的平台，不仅对接自贸区的制度规则，更重要的是要对接自贸区的改革理念，为全国检测认证产业的发展、制度框架的完善，发挥"制度试验田"的作用。

乔　东

我们在考虑驱动力的时候，还是要冷静、深度地思考所要围绕的重点是什么，我个人的想法叫做"两个服务一个联系"。驱动力的来源必须是基于服务对象的需求，就像刚才讲到的，指向生产力的质量保障、指向社会治理的政府需求，最基本的就是服务老百姓的权益维护。第一个服务，我们这个平台要服务于整个的现代市场体系，就是市场需要的问题，很大程度上，平台化、驱动力都在于市场需要。第二个是服务于政府的行政职能调整。在平台建立过程中，政府一些职责怎么通过一系列制度创新达到转型的目标，比如机构监管，以前市场化在检测中占的比例很小，大部分都在政府手中，目前为止检验检测机构中，主体还是国有的检验检测机构，占了60%左右。政府以前去监管这个、监管那个都不是太难。现在市场体系建立了，我们这个平台在考虑怎么把检验检测市场做好的同时，还需要考虑为政府的制度建设提供怎样的线索、可能与实证样本，政府必须要在这个过程中改变态度、改变认识。

最后就是强调良心。必须要把产业发展与良心产业的理念紧紧地联系起来，而不能把驱动力和我们刚才谈的公信力分开，这个联系事关全社会诚信信用体系的建设，这样一个全产业链上每个环节都承载公信力的产业，离开了"被信任"，就什么都完了。这样一个整体上的需求，需要我们好好考虑，谈论驱动力的时候，我们要关注这"两个服务一个联系"。

检验检测认证：技术基石支撑科创中心建设

在国家上海新药安全评价研究中心，有一个苹果的故事，此苹果非彼苹果，也不是给人吃的，而是给猴子吃的。为什么要给猴子吃苹果？因为要让他们养得肥肥胖胖。为什么要养猴子？那是为了做毒理性研究，即用体外材料确认毒性，为新药临床提供重要的基础参数。

那么问题来了。谁能保证苹果中的农药残留不会影响新药的毒理性判断？在接待荷兰的访客前，上海新药安全评价研究中心从来没有想过这个问题。而在荷兰，"苹果"有一个明确的答案，因为每只苹果都有条形码，在哪块地里生长，哪棵树上结果，用过什么农药，最后一次用农药是什么时候都清楚记录，这样才能保证农药产生毒性不会干扰对药物的评估。

上海正在建设具有全球影响力的科技创新中心，需要检验检测认证这个产业作为"基石中的基石"。如何让世界认可上海，标准是一把放之四海而皆准的尺子，而检验检测行业则是与标准最紧密联系的一个产业。"苹果"的故事告诉我们，在很多标准的执行和判断过程中，我们依然遗漏了很多细节，依然有很高的标准在前方，这里面有值得反思和需要精进的空间。

在上海建设科创中心时，除了检验检测认证产业本身的改革和自我升级之外。我们还需要看到，在创新的过程中，我们或许将成为标准的创造者和制定者。这意味着，产业的科研布点要走在产品前面、走在创新前面，才能掌握主动权，更好地服务科创中心建设。而哪些科研项目需要布点、哪些将是未来上海的核心优势，离不开政府层面的有效规划。

嘉宾

朱春奎
复旦大学国际关系与公共事务学院教授、博士生导师

"检验检测、计量、标准化与认证，这些东西联系在一起，将为全面提升科技创新能力提供强力的支撑，以科技创新为核心的全面创新，不仅仅是科技的事情。"

明新国
上海交通大学机械与动力工程学院教授、博士生导师

"但凡有创新力的城市，或者有创新影响力的城市，要有三个关键要素：人才，技术和宽容的环境。"

马海倩
上海市发展改革研究院首席研究员、经济研究所所长

"在各行各业搭上'互联网＋'快车的过程中，检验认证产业就可以在其中提供关键的技术支持，从而拓展自身的服务领域和市场空间。"

马　璟
国家上海新药安全评价研究中心主任

"在'互联网＋'时代，作为检验检测行业，我们还有很多盲点，还需要更好完善我们在整个环节上的布点和能力的建设，充分利用好大数据带来的便利。"

林　鑫
上海浦公建设工程质量检测有限公司董事长

"节能减排这一块完全可以做互联网＋，建立监管平台以后，完全实时监控，输出服务，在监控的基础上，只要把图纸传给我们，就可以提出整个改建方案，节能减排基本可达20％。"

科创中心离不开技术"基石"

↓上海建设具有全球影响力的科创中心，其内涵和目标是什么？

朱春奎

随着2015年市委一号课题的确定，相应的意见和一系列政策文件日前都已纷纷出台，上海正在加快建设具有全球影响力的科技创新中心，相关三个关键词已经显现：全球影响力、创新驱动力、集聚辐射力。

但为什么上海要建设科创中心？我认为这是得天时、应地利、汇人和的结果。国际金融危机爆发之后，世界各主要国家都纷纷再次确立创新驱动发展的国家战略。大家都认识到，单单依靠一国自身的创新资源已不足以应对新一轮全球创新的挑战，加强国际科技合作、利用全球创新网络资源，提升科技创新全球影响力成为一种世界潮流和趋势，这是天时。

从地利的角度来讲，上海有这么多一流的科研机构、大学以及检验检测认证机构和企业，同时来讲又有这么一个开放的浦东，这么一个张江要在2020年建成世界一流的高科技园区，这是地利。

大众创业万众创新在张江、在浦东、在上海，已经蔚然成风，这是人和，所以我对这个事情充满期待。

↓ 检验检测服务业在科创中心建设中应扮演什么角色，其技术支撑作用体现在哪些方面？

明新国

我是来自制造业的，制造业对于质量、检验检测的需求非常迫切。回顾一下改革开放三十多年，我们通过以市场换技术，第二产业获得了非常快速的发展，特别是制造业，从过去相对薄弱到现在规模庞大，以至于我们现在获得一个名称——制造大国，但还远远不是制造强国。中国过去三十多年通过高劳动、高能耗、低附加值获得增长的这条老路应该是不可持续了，也就是说，我们迫切需要从资源要素投入型转向知识创新驱动型。

2014年，中央领导在河南省考察工业企业的时候，对目前产业发展提出了三个转变，需要从中国制造转向中国创造，需要从中国速度转向中国质量，需要从中国产品转向中国品牌。

作为一个创新型的城市，必须具备三个方面的核心要素，首先，这个城市非常有创意，不拘一格，不去抄袭别人。第二，创新，有了新的点子以后如何做成新的产品或者新的服务，要把各种新的技术理论方法融合起来。第三就是创业，必须通过企业家的创业精神，把创新产品和服务通过创业交付给用户，让用户获得高价值的回报和体验。

检验检测认证这样一个行业，在前端的创业、创新阶段，新技术要进入新产品,我们要进行技术标准的认证,比如可靠性、安全性、系统性、完备性等,新产品要进入市场,也需要进行符合市场法律法规要求的一系列规范标准检验检测和认证,所以检验检测认证在上海建设科创中心过程中的作用是基础的基础,不可缺少,而且政府必须前瞻性地投入大量的研究、资源,还有建设服务平台,起到真正的引领和驱动作用。

马海倩

我从三个竞争力来展开。全球科创中心首先要有技术竞争力,能够研发世界前沿的技术,别人没有的我有,别人有了我研究更前沿的,而检验检测认证产业最大的特点就是技术密集,需要检测技术、检测方法、检测设备的不断创新,本身就与科技创新密不可分。但仅有技术竞争力还不够,技术竞争力还要有效转化成产业竞争力。为什么这次科创中心建设不仅仅是科技部门的事情,而是全社会的事情? 科技创新要打开,把技术渗透到各行各业中去,真正把技术创新的活力转变成产业发展的实力,检验检测认证产业又是在其中发挥一个非常重要的作用。作为专业型的科技服务业,这一产业实际上是服务于其他产业发展的。最后还要有环境竞争力,市场环境、营商环境、制度环境都要有利于技术创新以及技术创新转化为产业发展。

林 鑫

技术创新在检验检测这个行业里,定位很清楚,是技术基础。从我所在的行业来说,大家原来对建筑物重建设轻管理,现在我们提出建筑物全寿命的管理,比如桥梁,建设时要遵循一定标准,建完之后需要每三年检测一次。为什么人体寿命这么长,因为我们了解自己,血糖血压是不是高了,如果高了,我们可以用药物控制,建筑物也是一样,要通过定期的检测知道它的运营状况。我觉得创新在整个社会当中是不断涌现的,关键是如何推动。

朱春奎

我们国家的创新发展战略进入到了更加注重以科技创新为核心的全面创新时代,这意味着,我们需要关注的不仅仅是新产品、新服务,还要关注新商业模式、新业态等,全面创新和我们检验检测认证行业所讲的产品认证、体系认证和服务认证可以有效地联系在一起,比如说职业健康、安全、环境、社会责任等这些认证都在强化为科技创新提供支撑的同时,服务老百姓生活质量的改善。

在全面创新的过程中,有一个创新链,从设想到市场应用需要经历一系列过程,需要解决"设哪些量"、"如何获取"和"怎样使用"等问题。在工程化阶段,需要对新设想进行量化，需要准确可靠的量值；在商业化阶段，需要遵循统一的标准规范；在市场化阶段，需要经过一定的数据检测来验证。检验检测、计量、标准化与认证，这些东西联系在一起，将为全面提升科技创新能力提供强力的支撑，以科技创新为核心的全面创新，不仅仅是科技的事情。

大众创业，万众创新，创新精英时代的结束、创新民主化时代的到来，这意味着什么呢？在科创中心的建设过程中，我们要依靠实验室里穿白大褂的科学家，但我们同样也要去关注那些草根的创业者，那些怀揣着梦想要改变世界、改变命运的创业者，要去关注这个过程中我们检验检测认证资源的开放、共享，为他们提供便捷的服务，这是助推科创中心建设非常重要的一个环节。

市场竞争有助驱动创新

↓上海检验检测产业有没有优势？

马　璟

我的专业是做药物的毒理学研究，一个新药在上市前必须先确定它的毒性，我们先通过体外试验和动物实验确定药物的毒性，为新药的临床试验提供重要的基础参数，从而确保人体试验的安全，通俗一点讲，就是"在人点头之前，先让动物点头"。

这个行业在国际上的通常术语叫做服务外包企业或者是服务外包实验室。在这个领域，上海在建设张江高科技园区的同时就已经布点了。新药研发的基本原则是安全、有效、质量可控。作为新药研发的产业链，它的龙头是筛选，最关键的是安全性，所以当时在布点生物医药产业时，筛选和安全两个关键点，首先入驻张江。这么早布点，跟政府的前瞻性布局是很有关系的。对于我们这个行业来讲，目前在整个检验检测的领域，上海各专业的布点在国内各个省市里相对是比较全的，这得益于上海前期规划的合理，如公共研发服务平台，上海在全国是做得最早的。

↓对标国际，检验检测认证产业在科创中心建设的大环境，有哪些需要改善的地方？

明新国

我们不妨对标一下国际上比较有名的创新城市。纽约大学有一个教授，他曾经对全球过去一百多年以来创新力很强的城市，与过去可能创新力很强、现在衰败了的城市做了系统的比较和研究，最后得出结论：但凡有创新力的城市，或者有创新影响力的城市，要有三个关键要素：人才，技术和宽容的环境。

在人才方面，对标上海，在一些基础研究方面，我们跟国外的差距，好一点的五到十年，差一点的十到二十年，所以我们迫切需要大量引进海外高端、尖端的领军性人才。

在技术方面，上海有比较好的基础，近年来上海认证检测产业，服务业产业保持10%的增长率，检验检测收入连续几年超过百亿元，从业人员超过4万人，形成多元主体参与的市场检测体系。但从国际计量局2015年发布的国家校准与检测能力来看，中国获得国际承认的校准和检测能力是1 224项，仅为美国的一半，半成以上的物理量，六成以上的化学量，我们还不具备和国际对比的能力，上海要对标全球，在技术基础前沿的科技研究水平方面，需要迎头赶上。此外，我们在支撑高端检测认证技术的技术装备水平方面也存在较大差距，比如说在先进计量技术研究和应用，高端精密测量仪器设备的研制和开发，大尺度的测量技术基础能力等方面，我们还是相对薄弱的。

在宽容的环境方面，过去一段时间搞科研，我们只允许成功不允许失败，但检验检测认证需要建立一个宽容的氛围，毕竟是做前人没有做过的事情，不一定能保证成功。最近上海有关部门有个统计，上海科技成果产业化率是5%到10%，美国硅谷高于50%，我们跟别人的差距相当大。如果建立一个宽容的科研氛围和环境，大家愿意说真话，做出来的东西，对科创中心能够起到市场化的驱动作用。

↓我们应该如何追赶呢？

马　璟

像我们做安全性评价，全世界统一的规范叫GLP规范，我们中心是中国第一批通过国家食品药品监督管理局认证的GLP实验室。因为客户的需要，我们逐渐开拓国际市场，获得了欧洲国家、美国的GLP资质，可以承接国外委托的研究项目。一方面我们通过这些服务，提高了自身的能力，开拓了眼界，知道了全球大的制药企业如何研发新药，如何进行风险评估和把控；反过来用我们学到的新技术来服务于中国生物医药的企业。这些年，中国越来越多的企业开始在做创新药，我们前期的各种技术储备，对支撑这些新药的研发提供了有力的支持。

我们中心一期工程于1999年建设，当时就是按照国际标准建设的，一天运行电费1万元,那时候中国从事新药研发的企业很少,靠市场运行非常困难,是靠政府每年的经费支持度过了开办时的困难,进入了良性循环。政府把我们扶上马,我们也用出色的服务赶上了中国新药研发企业异军突起的时机。现在我们正在向企业转型,希望能够用企业的运作模式保持持续稳定增长的势头。国内很多新兴产业开始是靠政府扶持的,这是从无到有建设过程中一个必需的阶段,这是第一阶段;一旦市场成熟,政府应该退到后面,让市场说话,服务质量越好,市场就越好;服务不好,慢慢就会被市场淘汰。需要说的是,研发服务外包这块蛋糕足够大,在每个领域当中,应当鼓励有序竞争,百花齐放才是春。

搭上"互联网+"的快车

↓今天处在互联网+的时代,检验检测产业有没有可能搭上互联网+的列车?互联网能为这个行业打通一些痛点吗?或者带来一些好处吗?

明新国

互联网+时代为检验检测带来了很好的发展时机和契机。我们可以在三个方面取得一定突破。首先,检验检测认证产业的服务模式可以进行创新,打通整个行业纵向的产业链,同时集聚横向的资源,做到集聚高效。其次,对于检验认证机构或者对于第三方服务平台,可以搭建共性的云服务平台,给大家提供快速便捷的服务。最后,我们大学做很多科研实验积累了很多验证数据,这个数据量是浩瀚的大海,如何把这些数据量集聚起来,这就是检验检测的大数据,如何从大数据中把有用的东西,或者敏感的东西挖掘出来,也可以通过互联网+的平台串起来,形成以大数据驱动产业发展的局面,并提供创新型的服务。

马海倩

我觉得检验检测认证产业和互联网+的契合,可以从两个层面来理解。第一个层面,我们这个产业本身怎么更好地融入互联网思维,这里面就有一个研发模式创新即检测技术研发模式创新,以及检测模式创新,技术研发和检测服务也都可以用一个平台共享的思维、免费的思维去考虑。第二个层面,检测领域还需要进一步思考的是,在整个互联网时代,从消费互联网向产业互联网发展的大趋势下,检验检测认证行业怎么服务于各行各业的互联网+,我觉得这方面可能又会开辟一个更大更广阔的全新领域。检验检测认证行业还有一个很重要的产业特征——专业性非常强,服务于各行各业的产业升级,除了提供检测服务之外,其实现在更重要的还提供很多增值服务，不仅仅给你检测出问题，还会提供解决问题的技术方案，甚至是技术升级的一些方案。那么，在各行各业搭上"互联网＋"快车的过程中，检验认证产业就可以在其中提供关键的技术支撑，从而拓展自身的服务领域和市场空间。

马 璟

我讲一个小故事。今年1月16日我们接受荷兰政府的GLP审查，对方进入我们动物房，问我们猴子每天吃的苹果的质量是怎么控制的？我说我们有清洗的流程，每年抽样，送相关部门检验农药残留、重金属残留等。然后这个荷兰的检查官说，这是不够的。经过询问，我们了解到荷兰的每只苹果上都有条形码，一扫就知道是产自哪块地的哪棵树，在采摘之前都用过什么农药，最后一次喷洒农药和采摘上市的时间，这样才能真正控制评估质量，才能保证动物不会因为农药产生毒性，干扰对药物的评估。

举这个例子，我是想说，在国家层面上，各行各业完整的质量体系建设还是不够完善的。在互联网＋时代，作为检验检测行业，我们还有很多盲点，还需要更好完善我们在整个环节上的布点和能力的建设，充分利用好大数据带来的便利。

林 鑫

节能减排这一块完全可以做互联网＋，我们现在建立监管平台以后，完全实时监控，完全可以输出服务，任何地方有互联网都可以监控，在监控的基础上，只要把图纸传给我们，就可以提出整个改建方案，节能减排基本可达20%。对于互联网＋，检验检测完全可以结合一些行业进行突破性试点工作，待机会成熟后，自然而然会水到渠成的。

政府要高屋建瓴"智慧监管"

↓建设科创中心服务过程中，在检验检测认证方面，政府服务或发挥作用的边界在哪里？

朱春奎

政府不能既当运动员，又当裁判员，要做一个相对独立的监管者，或者说充分保障监管的独立性。我们需要一种灵活有效的监管信息获取能力，法制导向的监管风格，参与式的监管格局和坚强有力的基础设施建设。

在这个过程中，我们检验检测认证行业可以发挥更重要的作用，一方面服务于加强社会性监管这一块的作用，同时自身的产业发展又受到政府的经济性监管和社会性监管。我们需要处理好政府监管和行业自律的问题，如果市场能够做的，就一定要交给市场去做，政府在适当放松经济性监管的同时，加强社会性监管，加强智慧监管与优质监管，在充分利用新一代信息技术加强现代优质监管体系建设这方面做出不懈努力。

马海倩

政府要做好两件事，第一件事，要把政府掌控的公共资源配置好，体现政府的职责。在检测认证领域，我感觉政府的公共资源应该重点配置在重大技术基础设施、重大公共检测平台上，这是政府责无旁贷的责任。第二件事，政府还要通过一系列合适的公共政策来引导社会资源的有效配置，体现政策的导向，促进行业的发展。对于检测认证产业，需要抓紧研究制定适合于促进其发展的产业政策，包括财税扶持、人才政策、政府采购等。实际上，就是要制定规则，这个规则一方面要统一、透明、稳定可预期，竞争是一定要有的，但大家是在同样的游戏规则中来竞争；另一方面，这个规则还要是一个全过程的规则，不仅在准入的时候有规则，同时退出的时候也要有规则，是一个全生命周期的概念，这些都要完善和制定起来。从这个角度来说，立法势在必行，建议加快调研，尽快将《上海市检验检测管理条例》的制定提上日程。

朱春奎

再补充一点，在检验检测认证行业中，大量的检验检测仪器是从国外引进过来的，我们自主研发的很少，而且我们对从业人员关注不够。所以，建议政府加强检验检测仪器设备这一块的开发，进一步加强资助的力度，此外要加强从业人员的国际化、专业化和素质能力的提升。

▌自贸区或可破题"多头监管"

↓ 检验检测认证如何打破地域垄断？能不能做到一地认证、多地认可？

林 鑫

这个也是我们企业比较困惑的，碰到相关的问题很多，比如说建设工程质量检测，就会碰到交通部、建设部、水利部的多头管理问题，同样的能力进入各个行业需要取得各个行业的资质许可，成本很高。全生命的管理是随着创新发展而提出的，行业管理部门怎么跟上去，做到一个部门的资质多方认可，减轻企业的负担,让企业真正创新。

朱春奎

国际认可论坛和国际认可合作组织的共同目标就是要促进全球贸易便利化、促进各国机构统一实施相关的国际标准,建立起全球范围合格评定认可的互认制度,这和自贸试验区建设有相通之处。检验检测认证行业需要利用好自贸区这个试验田,利用好张江自主创新示范区的牌子,利用逐步要做的全面创新改革试点,去建立起一套创新、创业友好型的行业现代优质监管体系,这对于我们建设科创中心来说非常重要。

↓从制度创新层面来说,检验检测对自贸区建设的意义在哪里? 有没有一些对行业发展的探索?

马海倩

大家都知道自贸区是一个制度创新的试验田。检测认证行业与自贸区的四大领域制度创新——贸易、投资、金融、政府监管,往大了说都有关系,关系还挺密切的,特别是贸易这一块,但我觉得更值得我们去深入思考的,应该是检测认证行业最大的改革诉求,怎么样能够利用好自贸区的制度创新平台,找到一些比较实质性的契合点,这可能更加有意义。

林总刚才讲的关于资质管理制度的事情,在检测认证领域,可能是一个比较重要的制度,是不是可以依托自贸区的平台,实现制度创新突破。我觉得,依托自贸区,在资质管理制度方面,是不是可以走三步? 第一步,建立"一口明示,一口受理"的平台,类似于"单一窗口",将所有的资质许可要求都在一个平台上明示和受理。第二步,在"一口明示,一口受理"的基础上,先合并审批逐渐到资质的合并精简。首先做到相同资质的合并审批,然后逐渐探索资质合并。这中间将涉及相关法律法规的调整,可以在自贸区先行试验。第三步,探索成立统一的资质管理机构。这个管理机构不一定是政府的部门,也可以是社会第三方机构。

【延伸阅读】

《从0到1：开启商业与未来的秘密》

作者：Peter Thiel / Blake Masters
（中信出版社）

　　《从0到1》是近来异常火爆的一本畅销书，作者Thiel是连续创业成功的明星人物，他以Google、特斯拉、Uber等热门公司为例，探讨了几乎涵盖一个初创企业会面对的诸多问题。他提出不少让人耳目一新的观点，例如人类社会进步有两种方式，一种是从0到1的垂直创新，一种是从1到N的水平竞争，他鼓励创新垄断，贬低竞争。在他看来，创造才能带来真正的进步，改变世界，这也正是创业企业所要做的事情——选择非常小的切入点，挖掘利基市场，做到第一，并尽量避免竞争。本书简单易读，新颖有趣，读者可通过较短时间有所收获，激发灵感。

（推荐人孙金云，系复旦大学管理学院企业管理系讲师）

第四章 技术助力商业洞察

不断发展的数字、社交、移动变革正作用于整个经济和社会、作用于各行各业,越来越多的企业、行业和国家发现,可以利用新兴技术更好地服务客户、发现商业机会、扩大新市场以及提升效率。在中国经济从生产型经济向消费驱动型经济转型的过程中,能迅速响应新技术、新工具,将营销创新、数据洞察、体验交互、品牌价值等融合在一起的企业,才能在全球资源配置的市场竞争中脱颖而出。

本土品牌：全球竞争中的创新突围

"民族的就是世界的。"一度成为评判国之"珍宝"的标准。无论物质财富还是精神矿藏，能够受到全球瞩目乃至推崇，无异于最好的试炼。而全球化的进程，地球村的演进，也使得"引进来、走出去"跻身多数国有品牌的日常。

但一体化未必全都能带来正向作用。很多时候，国外品牌的流入会倾轧民族品牌的生存空间。相应地，在一个全球资源配置的市场中，民族品牌如何创新突围，也成为前所未有的大课题。

尤其是上海，曾经以上海牌手表、永久牌自行车、蝴蝶牌缝纫机享誉全国，却逐渐受到国际大牌的冲击，民族品牌一度遭遇困难。

近年来，凭借产品创新、管理升级和独特的市场营销手段，本土品牌再度提振了声誉和业绩。联想收购IBM、吉利收购沃尔沃等交易，也令中国的本土品牌重新回到全球视野之中。加之中国国民经济水平的急剧提升，参与世界经济事务的程度日渐加剧，中国品牌如何定位、怎样发展，不仅关乎过去与现在，同样是未来世界经济发展中不容忽略的一环。

但从总体现状而言，前路仍旧漫漫。民族品牌如何转危为机，成为各方关切的焦点。

追溯前尘，本土品牌的发展轨迹有哪些经验与教训？全球化时代，本土品牌如何突围？

嘉宾

陆雄文

复旦大学管理学院院长、教授

"过度的价格战导致行业利润率极其微薄，不仅消耗了企业自身资源，更透支了企业未来的竞争力。"

苏 勇

复旦大学管理学院企业管理系主任、教授

"品牌内涵是品牌成功的重要因素之一，好的品牌要学会讲故事，成功的本土企业正是在不断地用技术、产品、营销手段等充实品牌的内涵。"

蒋青云

复旦大学管理学院市场营销系主任、教授

"品牌的兴衰要看是否与顾客联系在一起。一旦品牌和顾客的关系断裂，就必然走向衰落。"

范秀成

复旦大学管理学院市场营销系教授

"社会分工细化了，企业往往有好几级供应商，生产环节分包之后，企业在各个环节上的管理，面临全新的风险和挑战。毕竟，做品牌，质量是第一位的。"

动力：缘何乏力，何处借力

↓ 一些国内轻工领域的本土品牌，曾经盛极一时，为何如今渐趋没落？

范秀成

往前看100年，上海在中国现代化的进程中扮演着非常重要的角色。中国近代很多工业都在上海发源。几十年前，上海的工业占全国的比重超过50%，那时候，上海货就像一个名牌标志，背后是一批企业和产品品牌在支撑。

现在之所以逐渐没落，一个原因是改革开放后，广东依靠灵活的机制率先发展起来，而上海的本土品牌多数是国有企业，受到机制的约束，很多事情想做却做不了，发展的动力没那么足。于是，在改革开放初期，广东品牌的发展走在了上海的前面。

再者，从经营上说，一些本土品牌不能与时俱进，逐渐被时代淘汰。以自行车为例，当自行车作为交通工具的功能变弱后，本土品牌没有赶上转型节奏，满足不了自行车产品性质和消费需求的变化，被国外品牌以时尚的款式、多元的功能顺势取代。

苏 勇

本土品牌的衰落有内外两方面的原因。

外部原因在于，原来本土企业规模相对较小，实力都不雄厚。改革开放之初，财大气粗的外资品牌大举进入，客观上就造成了本土品牌的弱势。从内部原因看，本土品牌缺乏创新理念，也没有形成鼓励研发和销售的体制、机制，导致产品创新停滞，营销手段因循守旧。

蒋青云

品牌的兴衰要看是否与顾客联系在一起。一旦品牌和顾客的关系断裂，就必然走向衰落。一些本土品牌的衰落，要么是因为顾客有了更好的选择，要么就是顾客本身发生了迁移。

比如说，一些老字号品牌，仍旧固守传统的经营方式，但顾客本身却因为年岁增长、消费习惯改变，不再购买这些产品。针对新生代顾客，老品牌如果没有抓住特点重新定位，就必然会失去市场。当然，老字号也有成功转型的案例。比如同仁堂将保健类的药品礼品化，这一转型牢牢抓住了高端礼品市场的需求。

理解消费者，专注于细分市场，找准价格和渠道，保持与顾客之间的紧密联系，是企业赢得市场的关键。

↓在改革开放的大潮中，也有一些本土品牌站稳了脚跟，赢得了一席之地。它们靠什么赢得成功？

苏 勇

目前，确实有一些本土品牌发展得比较成功，比如上海家化旗下的佰草集。对这些品牌来说，成功的原因有几点：

一是没有躺在原有的辉煌上吃老本，能够与时俱进，不断创新。

第二，品牌内涵是品牌成功的重要因素之一，好的品牌要学会讲故事，这些成功的本土企业正是在不断地用技术、产品、营销手段等充实品牌的内涵。

第三，契合现代消费者的需求。比如上海家化旗下的佰草集品牌，并没有直接和来势凶猛的国际化妆品品牌正面交锋，而是打造了中医药养生护肤的概念，另辟蹊径，将新的流行元素融入传统，塑造出一个现代化的全新概念品牌文化。

↓国内多数本土品牌的发展需要资金的推动，国内有没有这方面的环境与政策？

陆雄文

所有大企业都是从小企业发展而来的。成功的企业背后有很多种资金所得方式，有的靠自有资金、有的靠风险投资，也有靠银行贷款、上市融资等不同渠道。

中小企业融资在全世界范围内都是难题。相较而言，西方国家有相互支持的银行金融体系。大企业找大银行，中小企业找地区、社区银行。除了银行融资，其他金融机构也起到很重要的融资作用。

中国往往面临这样的问题：大银行为中小企业贷款成本太高、风险太大。无论理论还是实践，中小企业都不属于大银行的服务和支持范畴，应当从建设城市银行、农村信用合作社的角度来支持本土中小企业的发展。同时，也应当建立监管和担保机制。不过，从来就没有什么救世主，中小企业需要自己创新融资模式。

范秀成

本土品牌重振雄风的发展资金难题，归根到底是完善金融体系，解决融资难、融资贵的问题，着力建设面向中小企业的小额贷款。

但企业真的需要那么多钱来发展吗？国内有不少企业总有一种"做大"的冲动。而事实上，我们观察到一些百年老店的规模并不大，但却经营得很好。可见，品牌做得好，并不在于规模大小，关键在于是否具有排他性。

竞争：破除"迷信"，看淡收购

↓长久以来，消费者中间留存着对洋品牌的质量"迷信"。本土品牌如何破除这种"迷信"，重夺市场？

蒋青云

很多本土品牌本身在运作中没有抓住客户，只是单纯靠销售带动名气，一旦暴露质量问题,消费者会立刻流失。

对本土品牌而言,破解消费者对外资品牌的迷信,要"而今迈步从头越"。品牌不是一蹴而就的,很多产品知名度高,但消费者未必有感情。广告投放太多,反倒可能形成负面影响。对本土品牌而言,既不能"酒香不怕巷子深",也不能完全以销售为导向,要找到两者之间的平衡点。

从长期来看,首先,所有品牌的基础是品质,不光产品质量,服务等也是品牌立足的基础。其次,品牌要在基本价值上创造溢价,为消费者提供附加价值。

范秀成

消费者对洋品牌的"迷信"要分行业来看,在食品、药品领域,这种"迷信"比较突出,但在家电行业,就不存在这个现象。产业的变化很快,其实,很多问题未必出在企业内部,而是出在了供应链环节上。社会分工细化了,企业往往有好几级供应商,生产环节分包之后,企业在各个环节上的管理,面临全新的风险和挑战。毕竟,做品牌,质量是第一位的。

↓外资品牌要拓展中国市场,并购本土品牌成为常见的运作方式。您如何评价这种并购行为?

苏 勇

我们在看待外资收购本土品牌的问题时,应该抱有一颗平常心。如果认为品牌被外资收购就是本土品牌的衰落之兆,反之中国企业收购外国品牌就认为是扬我国威,这其实是一种小国心态,也是不够自信的表现。

但另一方面,我们也应该清楚地认识到,资本是逐利的,本土品牌在被收购之前,一定要考虑企业未来的生存和发展,考虑到收购后品牌被冷藏、搁置的可能性,要为本企业和品牌此后的发展制定规划,或在收购条约上加以限制。

蒋青云

不要用阴谋论的眼光来审视商业并购,外资品牌收购本土品牌,很大程度上是出于本土化战略的需要。中国市场和西方市场有很大差异,国际品牌要为中国市场开发产品,可能需要较长时间,也面临不确定性,收购因此成为一条捷径。改革开放30多年,外资品牌已经从一线城市下沉至三线城市,现在正在往四线以下城乡发展,低价收购本土品牌,利用既有的市场份额、销售网络,再正常不过。

要消灭竞争对手,就将它买下来,这也属于正常的商业竞争的范畴。如果不想接受这种命运,在谈判时就应当设置一些具体的条约,做前瞻性的策略安排,这才是本土品牌成熟的体现。不能简单地用中国式的模糊办事风格，来完成国际商务领域的收购契约。

范秀成

收购本土品牌，说明本土品牌有其自身特色和价值。跨国公司的市场结构复杂、产品需求多样，需要不同的品牌来覆盖不同的人群。从现实情况看，跨国公司一般是从中高端切入，往大众市场渗透。如果本土品牌把本土市场做好，又和跨国公司的产品有互补性，直接收购也就能免于竞争压力。

▶ 征途：本土品牌，全球企业

↓本土品牌被外资收购的同时，不少中国企业也踏上了海外征途。在本土企业收购海外知名品牌时，要注意哪些问题？

蒋青云

中国企业在国际化进程中，不妨将并购作为一条道路。国际品牌的经营架构较为完整，如果能以合理价格收购，比本土品牌重起炉灶要好。

对本土企业而言，在海外并购时，首先要选择收购对象，形成产业上的共同点。比如联想收购IBM，了解对方的行业，现有的团队、知识都能继续运作，不会太过陌生。

第二，在并购时，要渐进整合，不能太过激进。吉利在收购沃尔沃时就过于激进，导致原本就在下滑的品牌价值，受到进一步的冲击。

第三，本土企业的人才储备要充分，国际化的品牌运作需要国际化的人才。买人比买公司还难，对人的生活方式、工作习惯都要了如指掌。因此，本土品牌一方面要依托中国来培养人才，另一方面也要积累一些境外人才。

最后，收购要在商言商，利用既有品牌推出适当的营销策略，保证收购之后和原有消费者的关系不会断裂。一般而言，本土品牌收购海外企业后，品牌与其原有消费者的关系都会发生不同程度的损害，这也要求本土品牌更强化沟通，适时适度补偿，与原有消费者走得更近。

范秀成

首先，要承认本土品牌并购国际企业未必会加分，甚至有可能减分，这对本土品牌是一大挑战。作为一种策略，应当回避你是哪个国家的企业，强调作为全球企业的身份。

联想收购IBM时，很多人并不看好，甚至认为是"蛇吞象"，担心会把招牌做砸了。但这几年，联想总体发展良好，证明收购并不是赔本买卖。企业本身大气的眼界和抱负，也证明了自己是一家全球企业。如果5到10年内，中国再出现几家类似联想的企业，也许海外市场对中国企业的印象会有所提升。当然，这也有赖于国家层面软实力的提升。

未来：创新突围，坚持梦想

↓ 活跃的创新细胞会帮助企业迅速成长，如何通过创新提升本土品牌的价值？

陆雄文

中国品牌要走上技术自主创新之路，靠单个企业是很困难的。

振华港机在港口机械领域的霸主地位、华为在通信领域的竞争优势、格兰仕微波炉在世界范围内生产与技术的双重领导身份，这些都是在十多年持续不断的高技术投入支持下一点一滴积累而来的。当然，这些品牌成功了，有的并不是那么成功。

对于一家企业来说，它必须从小到大，逐步投入，完成研发、技术储备，到了一个时间点，实现原创技术的突破。而对于一个产业的整体发展来说，创新更需要联盟与合作。其中一个需要反省的例子就是家电产业的四川长虹。

当时国内家电业可谓利润丰厚，如果每个企业都能把资金投入研发，共享研发成功，整个产业的竞争力将大步提升。然而，四川长虹却过分强调"价格战"，想要独吞天下，结果搞得两败俱伤。过度的价格战导致行业利润率极其微薄，卖一台彩电厂家盈利几块钱，不仅消耗了企业自身资源，更透支了企业未来的竞争力。这场价格战留给国内家电企业的不仅是财务危机，更重要的是创新危机，整个行业都没有力量投入研发，当然也就没有机会分享技术创新带来的利润。

如今，中国经济正面临转型的关键时刻，我认为政府应该采取积极的行动来支持企业创新，包括为创新企业制定完善的法律政策，保护它们的知识产权；建立产业引导资金，支持科技创业企业的成长，支持领先企业加大投入研发。如果能建立起适合创业企业成长的软环境，给予他们更宽松的市场准入机会，促进植根于社会基层的创业、创新精神的焕发，这将培育出中国经济可持续发展的丰沃土壤。

苏 勇

作为无形资产，品牌一定是依附在产品或服务上才有价值。

本土品牌的发展，要讲究四个字。首先是"专"，很多本土品牌不具备全面出击的技术能力和管理能力，要突出"专门化"才有生路。其次是"精"，产品精细化，品牌拥有自己的特长，才能具备竞争优势。第三是"特"，本土品牌需要形成自己的特色，"人无我有"。最后是"新"，产品、管理需要不断创新，品牌才能与时俱进，不被淘汰。

蒋青云

品牌的生命周期，比产品的生命周期要长。一个品牌的形象需要借助一代代产品来构筑。对本土企业而言，要不断通过产品创新来建立品牌价值，最重要的就是有战略性的长期安排。

首先，营销理论上有"新产品接受曲线"，最早接受新产品的是非常小众的"极客"；到了第二阶段，产品基本定型，就要向早期爱好者提供一些很有特点的产品，强调基于市场基础的差异性；第三阶段面对早期大众，要强调产品的性价比。面对后期大众时，则应该强调产品覆盖各种类型、群体，具备多样性。产品进入市场要讲究节奏，这样才能维护品牌的价值。

其次，如今已是互联网时代，产品要让客户参与进来，吸收客户的想法，提供定制的产品和服务，以满足客户对个性化、差异化的需求，进而密切与品牌的关系。

第三，对中国企业来说，要强调法律许可范围内的模仿式创新。很多人都将创新等同于突破式创新，但世界上没有那么多史蒂夫·乔布斯，比较理智、经济的做法是模仿式创新。比如泡腾片，就是维生素为主的药片，因为让服用过程变得更有趣，深受小朋友的喜爱，这样的创新就要多多鼓励。

第四，政府应当出台一些诱导性的政策，搭建创新的平台。但要注意，政府应当诱导企业创新，而非代替企业创新。

【延伸阅读】

《品牌相关性：
将对手排除在竞争之外》

作者：David A. Aaker

（中国人民大学出版社）

缔造成功的品牌需要很多因素。这种因素以竞争者与市场的关联度作为衡量市场的标准，可能要通过削弱对手的力量来达到。这需要你为自身的竞争力开启一个包含以下关键点的特质：

- 你的对手们非常弱小或是根本不存在
- 明确的定位
- 有价值的提议
- 忠实的客户群
- 阻挡竞争的藩篱

为了定义那些使得品牌制胜的特点，本书的作者审视了某些品牌凌驾于市场的原因。一个主要例子就是苹果公司，以及它那些"i"字打头的产品花名单。"它们自身都是优秀的产品，"他写道，"不仅如此，它们还在市场入口处筑起了隐形的藩篱，使得它们能够远离直接竞争。"如今，iPhone之外，有的是智能手机；iPod之外，有的是MP3播放器；iPad之外，有的是平板电脑，但是苹果公司由音频、视频和Apps应用所构筑起的iTunes生态系统仍是一道相当有用的防护墙。作者指出，苹果的每一项革新都同时作用于已开发出的产品上，使得企业能成为"移动靶"。而这正是使得品牌能持续关联于市场的核心要素。

另外，要以完全不同的视角审视那些已经完全成形的产品类别，比如租车市场。作者引用了Zipcar公司的事例，该公司的创办人意识到对于某些人而言，共享一辆车比自己买一辆更加现实。Zipcar于2000年创建，到2010年止已经拥有了三十五万会员及六千五百辆车，营业重心主要在市中心和大学校园。会员们能随时随地准时拿到车，不分昼夜。尽管作者指出说，其他同行也正在发展"更为灵活"的租赁策略，但Zipcar并不是仅靠服务取胜的，"与其说他们关注的是租车生意，不如说他们关注的是都市生活，以及不必自己购买也能随时用车的自由。"很难看到AVIS或者HERTZ能施展出同样的魔法来，尽管它们的工作程序能够提供同样的服务优势。

使品牌提高关联度的其他方法还有提供独特的客户体验（星巴克）、提供"夸张的"服务（Zappos鞋业），还有不经意地使自己在优先权上崭露头角，使自己与某些更优秀的产品同列。

从这些例子中可以清楚地看到，制造品牌关联需要的努力远超过市场部门所能做到的。因此，需要企业的革新文化，比如通用电气，在诸多策划之中，公司选择于2003年推行一项颇具想象力和突破性的项目，要求每名员工都提出能在三至五年内赚取一百万美元利润的产品或服务设计来。"残酷的现实是，并非所有公司都能允许员工的好点子浮现出来，并且培育这些点子，最终将它们应用于市场。"他解释道。

也许，品牌关联是一个相当简单的概念：无中生有。

"大数据"重新定义商业模式

当发现许多孕妇在第2个妊娠期的开始会买许多大包装的无香味护手霜；在怀孕的最初20周大量购买补充钙、镁、锌的善存片之类的保健品时，美国超市Target从中选出了25种典型商品的消费数据构建了"怀孕预测指数"。通过指数，这家超市能够在很小的误差范围内预测到顾客的怀孕情况，早早地把孕妇优惠广告寄发给顾客。

在奢侈品PRADA的纽约旗舰店里，每当一个顾客拿起一件PRADA进试衣间，衣服上的RFID就会被自动识别，数据会同时被传回总部。以前，如果有一件衣服销量很低，就会被淘汰，但如果RFID传回的数据显示这件衣服虽然销量低，但进试衣间的次数多，那就能另外说明一些问题，也许在某个细节的微小改变就会重新创造出一件非常流行的产品。

能帮零售商招揽客户，能预测奥斯卡奖得主……眼下，各种"大数据"的新奇应用，把"大数据"这个概念推上了众人关注的焦点位置。

当然，"大数据"并不是全新的事物，只不过以前这样规模的数据量处理和有商业价值的应用并不多。随着全球数字化、网络宽带化、互联网应用于各行各业，累积的数据量越来越大，越来越多的企业、行业和国家发现，可以利用类似的技术更好地服务客户、发现新商业机会、扩大新市场以及提升效率，才让"大数据"隐藏着的商业价值愈发引人关注。

当越来越多的商业行为趋于数据化，"大数据"仿佛望远镜，可以拿来预测未来。过去对于数据的分析往往局限于自然科学领域，而在"大数据"时代，社会科学领域的分析和观察都可以量化，于是，"大数据"又成了人类行为的显微镜。

随着海量数据的新摩尔定律，数据爆发式增长，又得到更有效应用，世界就开始被改变。不过，没有整合和挖掘的数据，价值也呈现不出来。因此，只有把海量数据的产生、获取、挖掘及整合真正串联起来，才能使之展现出巨大的商业价值与全新的投资机会。

嘉宾

蒋青云

复旦大学管理学院市场营销教授、系主任

"过去商业决策都靠人来做判断，以后人们可以通过数据反馈、计算机自动化处理等，来找到更好的决策依据，从而提高商业智能。"

凌 鸿

复旦大学管理学院信息管理与信息系统系教授、系主任

"人类的智慧正是来源于对数据的接收和对信息的理解。"

王晓阳

复旦大学计算机科学与技术学院教授、院长

"对于'大数据'的期望不要太高，数据处理技术能做到的事情，还在研究的过程中，它只能呈现出'相关性'，而并不会告诉你'因果性'。将专业知识和'大数据'的技术结合，才能产生应用效果。"

李焕民

邓韩贝公司中国区商业总监

"我们可以通过对于海量数据的分析，找到某不同品类的某些产品'高度相关'；同时反过来，我们也可以发现同一品类的某些产品具有高度替代性，即消费者要不购买A，要不购买B，但绝不会同时购买两者。"

海量数据等于"大数据"吗?

↓通常人们用3个"V"（Volume、Velocity、Variety）属性来形容"大数据"，即规模性、高速性、多样性。那么，"大数据"具体的定义是什么，有哪些特点?

蒋青云

除了"容量大"的特点外，相对于市场营销上一直提到的统计抽样而言，"大数据"的另一特点在于"全"，不局限于部分数据；同时"大数据"是动态产生的

数据，很多时候都是在人与人之间的互动中产生并记录下来；套用一个流行的词语，"大数据"的发展是随时随地、"野蛮生长"的。

凌 鸿

理解"大数据"可以从以下三个角度：首先是"多"，可以用海量来形容；其次是"广"，无论是数据来源、格式，乃至种类都很广泛；再次是"深"，用传统思维来看似乎不相关的数据，因为有大数据的记录、处理，就能发现原本很可能被忽略的复杂联系。

"大数据"带来的冲击其实符合"量变引发质变"的哲学原理，导致传统思维数据的方式发生很大变化，乃至生活方式也都可能受到影响。原先，我们合理做事都不仅要"知其然"，还要"知其所以然"。"大数据"时代下，可能我们只需要"知其然"，也能把事情做好。

王晓阳

以前"数据"并不小，但海量数据却并不叫"大数据"，因为过去我们都是小心翼翼地制订计划、采集样本、整理使用，现在是把所有可能采集到的数据全部集中在一起分析处理，这是"大数据"与过去传统意义上的"数据"概念最大的不同。

李焕民

从实际的商业操作层面来看，数据已经不仅仅是经营活动的副产品，对于越来越多的商家而言，它更是一种战略资产和竞争要素。作为一种特殊资产，数据分析挖掘越深，利用它的人越多，其价值就越高。

↓"数据化"与"数字化"似乎很容易混淆，这两者之间有何差异？

凌 鸿

数据是客观存在的，"数字化"就是将许多复杂多变的信息转变为可以电子化存储的数据，把这些数据转变为一系列二进制代码，引入计算机系统，进行统一处理，这就是"数字化"的基本过程。转化为二进制后，一些数据可能具备可计算、可分析、可追踪、可量化的特性，这一连串过程就叫做"数据化"。

"大数据"的前提就是利用这些可追溯、可量化的数据，挖掘数据背后的深刻含义，未来一定会有很大的发展，最终还将提升我们的智慧。人类的智慧正是来源于对数据的接收和对信息的理解。

↓"大数据"概念的驱动力是什么？它是怎样形成的？

王晓阳

　　"大数据"形成的原因很复杂。事实上，人们早就开始采集数据，而技术发展使得处理数据的能力不仅在"量"上实现飞跃，处理"速度"也大大加快。所谓的"大量"，指的是一种爆炸性增长，我们现在已经有一些技术手段去处理、总结如此规模的数据。而"速度"指的是，让数据快速地存入系统，快速进行处理，反应速度也非常之快。

　　在收集方面，传感器几乎无处不在。过去个人要上传一张网页可不是那么简单，但社交网络兴起后，通过微博等平台，每个人"随意"的一句话都能公开发布。于是，采集的数据不再仅仅是商业行为的数据，这些个人信息的"数字化"也能通过技术手段收集起来。

　　更关键的是，采集、分析之后，一些业内的先锋企业发现，这些数据"有用"。有了技术、有了用处，随之就驱动了"大数据"产业的发展。

数据如何转变为"商业洞察"？

↓目前"大数据"的商业价值已经显现：帮企业更精准地找到用户，降低营销成本，从而提高企业销售率，增加利润。如何具体应用"大数据"达成这些效果？

蒋青云

　　通常人们都用"3V"来形容"大数据"，我觉得还要加一个"V"——Value，也就是价值，特别是对于商业的价值。"大数据"记录了人类行为各种信息，而这些信息都是分散的。我们都知道如果拼图的板块越多，拼起来的难度就越大。眼下，涌现出不少专门帮着"拼图"的数据公司，拼得越完整、利用"大数据"更为充分、就能更有效地帮助企业优化商业决策。今天对于"大数据"的利用还处于初级阶段，如果暂时没有能力拼出全部的拼图，那么拼出部分图案也会产生一定的价值。

李焕民

　　作为一家商业数据处理与分析公司，我们专注于消费者购物行为的分析，通过各种数据（包括EPOS数据、信用卡数据、会员卡数据、在线浏览及购买数据或其它第三方数据等）分析得出顾客洞察，帮助零售商及品牌商了解谁是最好的顾客、顾客的需求和需要是什么，从而为顾客提供个性化体验，增加顾客忠诚度。比方说，根据购物的频次、每次花费的金额就可以对顾客进行忠诚度的细分：最好的顾客、有价值的顾客、潜在的顾客、非忠诚顾客等。比方说，根据对价格是否敏感，我们就可以知道顾客的生活方式，处于高端、中端还是低端。高端关注商品品质与服务，中端顾客更关注物有所值和便利性，而低端顾客价格敏感度很高。我们还可以从顾客对渠道的偏好、对品牌的忠诚等多个角度、不同维度来对顾客进行认知。

　　有了对数据的洞察后，更关键的是，如何将这些洞察转变为决策和行动。现实的情况是有些公司自己也有不错的数据分析能力，却无法转变为更好的商业决策，包括智能定价、促销、与客户做个性化沟通等。举个例子，"啤酒和尿布"的营销案例早就广为人知：某零售公司从数据分析中发现，啤酒和尿布两个不同品类的商品具有高度相关性，因为它们经常出现在同一个购物篮里，且这样的购物篮出现的比例很高，倘若把它们联合促销，会不会带来更高的销售？事实是，两者都实现了不可思议的销售增长，这就是利用商品的相关性来进行跨品类促销或追加销售的真实案例，而商品的相关性分析，就是数据分析的洞察之一。

　　我们可以通过对于海量数据的分析，找到某不同品类的某些产品"高度相关"；同时反过来，我们也可以发现同一品类的某些产品具有高度替代性，即消费者要不购买A，要不购买B，但绝不会同时购买两者。经过对上千万这样的购物篮进行分析，我们就可以了解消费者是怎么样进行购买决策的，从而帮助零售商进行品类管理及货架排面优化决策。

王晓阳

　　"大数据"技术到底能对商业带来哪些好处？事实上，洞察是做出商业决策的基础，而大数据正提供了这个基础。反过头来，利用大数据带来的洞察去做一些判断、策划、决策的同时，我们可以建立一个反馈机制，包括做哪些促销、网站首页放什么内容，都可以先"试验"一番，实时得到反馈结果，判断效果后及时做出调整，这将是一个很大的改变。

　　例如，某商家拥有上千万的用户，利用"大数据"的技术手段，挑选其中100万户，测试改变网页对点击造成的影响，动态获取结果，随后再去推广，如果没有"大数据"技术，这种"试验"我们无法做到。

↓从市场营销角度来看，"大数据"如何改变企业与客户的关系？

蒋青云

从营销理论出发，"大数据"目前运用最广泛的部分就是客户关系管理（CRM）。

客户关系管理有三大目标："向上销售（up-selling）"，促进客户买更多商品；"交叉销售（cross-selling）"，让客户实现多样组合购买；"口碑营销"，通过现有客户拉到更多的客户。

对于这三大目标，"大数据"都可以帮到忙，其路径如下：通过"大数据"的分析，可以发现某客户的消费行为，商家可以通过这样的刻画更加理解消费者，提供更个性化，更符合消费者需要的销售，从而激发出更多购买行为，提高营销绩效。

↓除了在零售领域，"大数据"在金融、政府管理、社会管理等方面还有很多应用，它的价值和带来的变革还体现在哪里？

凌　鸿

我来举一个开车的例子，假设"大数据"的技术足够强大，我们在车上所有的位置装好传感器，采集包括轮子压力、转速，发动机的状况，甚至开车人表情、姿势、动作等各种信息数据，实时处理、分析后传输到汽车公司，反映出这部汽车的所有状况。在这种状况下，会发生哪些改变？司机要打瞌睡，立马会有提醒；坐得不太舒服，座椅迅速调整；行车速度异常，汽车立刻就"被指导"……到那时候，我们坐上汽车或许根本不需要人来驾驶，实现真正的"无人驾驶"。如此一来，这家汽车公司似乎就演变成了一家数据处理公司。未来企业的能力取决于对数据感知、分析的能力，这都离不开信息技术、算法、系统的支撑，而整个运作流程的关键不再停留在卖车，还是售卖之后的服务上。

"大数据"给生活带来的影响或许就隐含在其中：传统的产品、服务，乃至运作方式将被改变；最终，整个产业，乃至社会运作都会发生变化。

未来"大数据"时代里，通过对数据的洞察，商家所提供的恰恰都是客户所需要的服务，最后很可能都不需要做广告了，因为提供的都是客户所需要的信息和服务，无疑将改变传统的营销方式。

蒋青云

从经济学的角度来看，过去抽样调查更有效率，抓取更多样本意味着过高的边际成本；现在，随着数据记录、处理、分析能力的提高，处理全部数据的边际成本大大降低了，于是"大数据"的价值就体现了出来，具备为商业服务的能力。

但是目前对于"大数据"的应用很多还处于探索的阶段，所谓实时收集、分析、处理还属于假设的理想化状态，何时实现要拭目以待。

过去商业决策都靠人来做判断，以后人们可以通过数据反馈、计算机自动化处理等，来找到更好的决策依据，从而提高商业智能（Business Intelligence）。

"大数据"陷入"过热期"？

↓社交网络里有很多反馈信息，而且是实时、基于客户的，那么社交化媒体对建立健全"大数据"系统以及应用发挥着哪些作用？

凌　鸿

眼下各个渠道都会产生丰富的数据，营销与社会化媒体的结合已经非常密切。客户的基本状况不仅仅反映在产品的购买过程中，社交网站上的种种行为可能会直接影响、直接决定商品的选择。现在很多拥有数据的网站都在向零售企业提供类似的数据，比如企业会关心在某社交网站上，哪些人在议论这家企业的产品、议论哪些与产品相关的话题？从而重新定义该产品性能和服务。事实上，现实中已经有这样的案例，企业从社交网站上获取数据，反馈给工程师，对商品做相应的修改，再重新公布到社交网站上来收集反馈，最终找到适合市场的商品。

随着各类社交网站的兴起，群体行为有了众多电子化的数据，通过分析这些数据，发现其中的商业价值。不少企业已经建立起基于社会化媒体的客户关系管理系统，直接连接各大社交媒体，洞察消费状况的变化，甚至可以通过这些数据分析预测商品未来的流行趋势。社交网络中的数据越来越多，称得上"大金矿"。我们正在思考如何通过分析这些数据支持商业化活动，提升服务质量，例如如何对教学过程产生帮助，应该给学生传递哪些教学内容，都可以在社交网络中找到相关的数据支持。

王晓阳

社交网络的发展，尤其是现在移动互联网的兴起，让人们可以随时随地参与进来，分享各种位置信息，对于不同的商业活动，乃至城市管理都是非常重要的信息。当然，随着社交网络的发展，未来可能会涌现出更多有价值的应用。

李焕民

如果顾客有了一次愉悦的购物体验，把它分享到社交网络上，就可能形成良好的口碑营销，消费者就从品牌忠诚者变成了品牌拥护者，介绍更多的人去某零售商购物。对于零售商及品牌商来说，它就可以找到一群忠诚度高的消费者，做小范围的试销，鼓励消费者在网络上分享试用心得。这种利用社交媒体的营销方式，其实蕴藏着相当大的商业价值。与此同时，商家还能利用顾客的反馈，在定价、广告投放等方面更精确地对准目标群体。此外，通过社交媒体上的"大数据"分析，商家可以了解到顾客对自己的态度并采取适当的措施，毕竟这种态度将直接影响顾客的下一次购买行为。

↓ "大数据"带来的变化令人欣喜，这是否意味着一场数据变革已经到来？

蒋青云

随着数据处理能力的提高，企业的管理模式、经营方式，甚至存在方式都在悄然变革。当企业能做到与消费者"一对一"地建立联系后，它相当于化为社会网络上的一个结点，熟知客户行为的变化，对公司进行柔性化的管理，企业也就成为"社会的企业"。

目前为止，"大数据"的长期趋势依然有些"雾里看花"，只能说具备商业价值，但学术价值依旧处于研究探索中。

凌 鸿

从电子商务、移动商务、云计算，到今天仍大红大紫的"大数据"，热门的技术层出不穷。事实上，一个完整的技术成熟周期包括以下过程：技术萌芽期、期望膨胀期、泡沫化的谷底期、稳步爬升的复苏期、发挥实效的成熟期。就"大数据"而言，数据处理的技术早就有之，经过了"萌芽期"后我们很可能正在经历"过热期"，一旦过热后，人们会发现技术很可能达不到原先的期望，于是"幻灭"的谷底期到来；可实际上，技术的发展轨迹会不断往前推进，影响、应用、价值也逐渐累积，最终迎来复苏期，直至价值体现期。

显然，舆论的炒作抑或是冷淡都不会改变技术自身的发展。因此，当今的企业不妨保持冷静深刻的思考——究竟哪些技术是可以成熟应用的、是自身商业所需要的、能发挥哪些实际的作用，等等。如果是真正需要的技术，企业就应该花工夫去理解、掌握，并做适当的尝试应用，一旦进入这个技术领域，企业很可能会发现比预期更大的价值，而预先发现到的价值又往往对企业的竞争能力产生很大的提高。于是，提前一步技术转型的公司中经常能诞生该领域的领先企业，等技术成熟后再去应用的企业很可能只能扮演跟随者。

今天"大数据"在技术上还有很大的发展空间，包括数据的获取、整合、传递、加工、算法等都有待成熟，需要一步一步加以探索。

王晓阳

从技术的角度，我还要给"大数据"泼些冷水：当大家都齐刷刷掀起"挖金潮"的时候，反倒是卖牛仔裤的、卖工具的更赚钱。"大数据"的处理确实能够带来价值，这是毋庸置疑的，但说它能颠覆商业的整体模式，我认为并不见得。与此同时，对于"大数据"的期望不要太高。数据处理技术能做到的事情，还在研究的过程中，它只能呈现出"相关性"，而并不会告诉你"因果性"。在我看来，将专业知识和"大数据"的技术结合，才能产生应用效果。

商业生态如何培育？

↓"大数据"不同的产业分工正悄然形成：首先是亚马逊、谷歌、Facebook 这类公司通过对用户的信息分析，解决自己公司的精准营销和个性化推荐；其次是 IBM、惠普等公司通过整合"大数据"的信息和应用，组合硬件加软件，以数据整体解决方案的形式来提供管理理念和策略制定；还有一类新兴的创业公司，提供单个的数据解决方案，将"大数据"商业化、商品化。那么，一条数据采集、储存、分析、管理的产业链是否已经形成？

王晓阳

"大数据"产业正在形成，并且在不断完善。事实上，现在"大数据"的处理更注重"开源性（Open Source，即开放源代码）"。

早先诸如谷歌、雅虎之类的公司由于并不在意卖软件，而是希望有更多的公司为它来做数据处理，因此把自己的软件"开源"，从而促成了开源的产业发展。当然，开源并不意味着免费，而是形成一套自由的商业机制。

不难发现，正是开源令 IT 产业快速发展，不同的企业都可以站在高起点上起步。在"大数据"的推动下，IT 商业本身的机制悄然发生了变化。

坦诚地说，"大数据"产业链确实已经存在，不少公司都认识到数据处理的重要性，认为其中"有金可挖"，至于究竟能挖出多少，我们还要拭目以待。

李焕民

相关的公司已经构成了一个初具规模的大数据生态系统，其中既有在数据获取、储存、管理甚至分析等方面具有垂直行业整合能力的企业；也有拥有自己独特分析能力的专业服务公司；当然，这个生态里面必须还有"天生"的大数据拥有者，例如电信运营商、零售商、金融企业等。

从"大数据"发展演进的过程来看，第一步应该是企业对自己内部所拥有的数据做前期整合与应用，例如在企业内建立数据仓库等，满足企业通用性决策的需求。第二步必须走出企业，做企业内外部数据的融合与分析。比方说，对一家银行来讲，由于信用卡支付涉及不同行业的零售商或品牌，只是分析自有的信用卡数据，很可能并不能完全理解自己信用卡客户的真实需求，这就需要整合不同商家的信息来分析，从而设计更好的信用卡产品及服务。第三步才会走到成为一家数据驱动的以顾客为中心的商业组织，这就会涉及变革管理，真正让这种思想融入到人、商业流程及决策程序中去。

在我看来，眼下"大数据"生态下的企业遭遇到了人才瓶颈，尤其是需要更多"数据科学家"。这些人才要有跨学科跨行业的知识，不仅精通技术，懂得提炼数据，还要拥有丰富的商业知识，了解数据的商业价值及其商业目的，懂得把提炼出来的数据洞察价值清晰地直观地告诉决策者，帮助其做出更好的决策。

如何应对隐私侵权挑战？

↓"大数据"时代也存在隐忧，其中之一就是隐私的泄露。在数据采集上，如何保障不涉及侵犯隐私？如何规避数据开放带来的风险？

蒋青云

互联网对于隐私的侵犯确实是一个全新的挑战，而"大数据"模糊了使用的界限，从而造成看似更可怕的潜在威胁。在目前缺乏相关法律制约的状况下，首先要用伦理来规范，每个企业都要遵循数据应用的伦理，承担保护客户隐私的义务。

在商业战略开发过程中，企业也应该学会尊重顾客，从长期价值出发运用数据，不能短视。而在具体的操作层面，企业应用数据也要尽量巧妙，一些心理学的学习和应用也必不可少，不要对客户造成直接威胁。

凌　鸿

隐私问题备受关注，传统的观念、原有的保护方法、现存的法律法规都已经很难适应新的形势。换句话说，当企业按照原先的理解、规定去运作，就很难把握商业的底线，在开发应用数据的过程中，似乎没有破坏法律，却已经侵犯到了客户的隐私。

这就是技术带来的副作用——以前数据的保存有时效性，过了规定的时间，数据自然会销毁，但电子化后数据会一直保留着。再比如，数据收集原本应该告知客户其商业目的，但"大数据"时代来临后，挖掘出的数据很可能转换为其他的应用。

与此同时，人们对于隐私的认识、界定也处于不断变化的过程中。所谓侵犯隐私，就是一个企业出于自己短期的商业目的，恶意地应用数据，给客户带来了伤害。事实上，我们必须意识到，从长期来看，这种行为将提升企业的经营成本，最终毁坏它的商业利益。其次，在收集数据的过程中，如果发现有些数据可能会对他人造成危害，就应该采取适当的保护。第三，对于隐私的判断，要看最终目标在哪里，以基本的商业道德伦理为基础。

随着时间的推移，各方都应该为保护隐私做出努力。技术上，获取数据后要尽量加以保护；相关企业可以建立起收集数据规则；从社会的角度来说，法律法规可以做出相应的调整等。只有多管齐下，才能应对隐私问题的挑战。

王晓阳

通常情况下，对于隐私的侵犯并非仅限于一家企业内，而是出于商业目的，买卖各种数据。一旦隐私的侵犯形成了产业链，将造成糟糕的后果。在我看来，"大数据"时代对隐私的侵犯防不胜防，光靠伦理肯定不够，一要靠技术堵截，二是要尽快立法。

【延伸阅读】

《云：7种清晰的商业模式》

作者：周晨光
（机械工业出版社）

它是一本技术行业从业者洞察变化、塑造未来的行业手册和创业指南，它将让你了解新的商业模式——在互联网的带动下，商业模式日新月异。

曾经是斯坦福教授和软件企业主席的周晨光，娓娓讲述来自软件行业经营者们真实经历的案例，这些企业包括亚马逊、谷歌、eBay、甲骨文、Salesforce.com、Netsuite、Taleo、微软、Dealer Track、Blackbaud、Successfactors、Kenexa、Omniture、IBM、Sun、惠普和 AT & T。全书几乎囊括了软件行业管理的所有重要方面，教你如何洞察当前国际软件产业现行趋势以及动态变化，从而正确决策，避免陷阱。

（推荐人钱世政，系复旦大学管理学院会计系教授）

技术改变营销,世界因之而变

在中国经济从生产型经济向消费驱动型经济转型的过程中,能将营销创新、数据驱动的客户洞察,以及独特的创新思维融合在一起的企业,才能在竞争中脱颖而出。

2015年世界上规模最大的市场营销协会之一———美国市场营销协会,携手复旦大学管理学院,共同主办"2015营销领袖峰会"。峰会汇聚20多位国内外知名企业家、营销意见领袖和资深学者,围绕"创新,洞察与理念"这一主题,分享了他们在"客户体验与互动","不断发展的数字、社交、移动变革"等热点话题上的视角与经验。

"现在是市场营销最重要的时机,特别是在中国从事市场营销的工作",美国市场营销协会(AMA)首席执行官Dennis Dunlap表示,全球各地的公司都意识到,市场营销是非常重要的一股力量,能够帮助他们自己公司取得成功,此外,也能够帮助他们所在的国家和社区不断地发展。市场营销涉及到组织的方方面面,战略、研究、产品、服务、开发、销售以及其他的部门。对于组织来讲,需要给客户提供卓越的品牌体验,不管客户在哪里,不管客户接触到公司的哪个部门。

复旦大学管理学院院长陆雄文则更强调互联网时代营销思维的转变,"我们今天讲营销的时候,不是讲怎么样在客户端跟客户讨论,或者在客户端建立关系,我们要整合所有的业务过程。"他认为,"今天的营销就是一个业务整合的过程,没有后台,没有供应链,也不会有我们的前端,所以我们营销的思维在今天这个时代也必须更加开阔,利用所有的机会,无论是网上还是网下,来整合我们的资源,才能真正达到'以客户为中心'这一目标,从而获得自己的盈利"。他说,"中国需要营销,全球也需要通过这样的窗口来了解营销的思想家和实践家,我相信我们的合作一定会带来一个营销的精神盛宴"。

嘉宾

Sunil Gupta

哈佛商学院教授

"你做的事情有可能是跟不同的人在进行竞争，有可能是跟以前从来没有听说过的人竞争，行业的定义，正在发生巨大的变化。"

Jonah Berger

宾夕法尼亚大学沃顿商学院市场营销学教授

"在社交媒体为王的移动互联网时代，再寡淡乏味的公司都有机会创造营销奇迹，任何人都能够成为流行元素的创造者。"

蒋青云

复旦大学管理学院市场营销系主任、教授

"我们应该靠创新、创见、创意推动我们营销价值中的第四个'创'——那就是创造价值和创智，这才是我们营销最需要贡献给我们全球经济和中国经济的一个目标。"

谁在"破坏"你的业务？

↓在这个时代，传统的行业定义已经模糊，你有可能是和以前从来没有听说过的人在竞争。乔布斯在1997年就曾说，这个世界发生了变化，不管你喜不喜欢，很多人会破坏你的业务。到底是谁在"破坏"你的业务？如果"破坏者"多到防不胜防，你又该做些什么？

Sunil Gupta

最大的"破坏者"是技术。如果我们来看一下技术本身，可以看到最近的这几年技术发生了非常大的变化。而由技术变化带来的行业变化也可以分为几个方面：第一个方面就是诸如亚马逊、阿里巴巴电商的发展，促进了消费者网上购物，很多行业受到了影响。

第二个方面是我们所说的"信息"和"搜索"，这个领域的代表公司就是谷歌。第三个方面是社交网络，在这个阶段，商家可以跟消费者之间有更多的互动。第四个方面是移动，现在移动技术可以触及到很多人，特别在新兴市场。不仅60亿的人都拥有手机，每个物体都会有一个芯片，世界变成一个物联网。

在今天，技术无情改变着世界的一切，这个时候，每个公司首先都必须要问这样一个问题：你到底是做什么行业的？因为在这个时代，我们以前所说的行业定义，有可能模糊了。你做的事情有可能是跟不同的人在进行竞争，有可能是跟以前从来没有听说过的人竞争，行业的定义，正在发生巨大的变化。

举一个例子，宝洁这样的大公司，现在就在利用天气和购买习惯的关系来开展自己的营销业务。比如宝洁告诉消费者，下雨天你该用什么样洗发水，干燥的天又该换哪一款，这些建议来自广泛的天气数据搜集。这一招非常管用，统计显示，它的洗发水销量增长了28%，而为宝洁提供天气预报数据的公司也发现了自己新的作用……

技术在不断发展，我们要关注的是，当技术发生变化时，它对整个生态系统中的不同合作方会产生怎样的影响，以及我们如何捕捉住这个机会。两个月之前我在印度，当地有一家做行李箱的公司叫做VIP行李，是印度最大的行李箱公司。这家公司的老板对我说，公司99%的产品都是通过传统渠道卖出去的，只有不到1%的箱子是通过电商渠道销售的。他的问题是：所有人都知道电子商务将成为未来的主流，但是在推动电商的同时，如何能不疏远现有的分销商和零售商，让他们不至于产生危机感？

这是一个很好的问题。我觉得不能够把电子商务当成是一种替代品，而应把电子商务的渠道当成是对传统渠道的补充。如果你是生产行李箱的，可以在网上卖定制化的箱子，上面印着买家的名字、身份、联络方式，甚至选择的颜色，这样，电商和现有的零售渠道就不至于发生冲突矛盾。

随着社交网络的出现，商家有更多机会了解客户使用商品的情况。通过社交网站和搜索引擎，我们现在有机会对消费者做更全面的认识和理解。他搜索什么，买东西后给了什么评价，消费前会做哪些比价，去什么网站……对营销人员来说，这为我们选择在哪些地方做推广提供了更大的便利。

给大家举个例子。TESCO是英国最大的连锁超市，当它进军韩国的时候，世界上最大的几个品牌都已经进来了。TESCO是怎么做的？他们做了很多市场调研，发现韩国的上班族都是坐轨交、地铁通勤的，这些人在车上普遍喜欢使用手机，同时，韩国人又最讨厌去商店买日用品。这时TESCO就想出了一个推广的办法，比如刚下班，我在等地铁等火车，突然想到忘了买橙汁了，我可以把特易购的App拿出来在线下单，到家的时候，橙汁就到了。

电商的App早已不是什么竞争优势，但能够说服消费者下载自己的App并经常使用，这就是竞争优势。我们看到的情况是，基于这个应用，特易购的App

下载量巨大，盈利也得到了极大的提升。其实，这里面没有投入任何基础设施，没有什么基本开支，特易购一下子成为在韩国最盈利的零售店。

还有就是和消费者的互动，不光通过电子商务平台、通过手机和消费者互动，我们还要结合在线互动。

2000年，Burberry的新任CEO上任，当时Burberry的情况相当糟糕，增长过于缓慢，仅为1%—2%。这位新上任的CEO做了什么？他总结出了Burberry这一品牌的"核心资源"：首先，Burberry是一家英国公司；第二，Burberry是做风衣起家的，大家都把Burberry和风衣联系在一起；第三，一直以来，Burberry都是把重点放在"婴儿潮"期间的有钱人，而不把注意力放在"新千年"出生的有钱人。为了吸引年轻一代的消费者，Burberry开始强调它的风衣艺术，描绘品牌背后的故事，更多地推广英国元素和英国精神。如果去他们的店，你也可以更多地了解他们的面料、针织，以此更好地去理解其品牌价值主张。

最重要的一点，Burberry在网上也开出了店铺，网上渠道和实体店的渠道产生了良好互动。在公司的内部，负责在线商店的技术人员可以向更高层的人汇报，公司引进更多的数据发掘技术……经过四五年的努力，Burberry取得了两位数的增长。

对组织而言，不管我们做数字营销还是任何活动，数字技术改变了企业的整个组织架构。比如，现在消费者基本上都是到实体店先去看一下产品是怎么样的，然后再去电商平台购买。如果一家企业既有电商平台，也有实体店，但公司对电商经理人和零售店经理人的KPI考核，都是看他们的销量，在这种情况下，这家公司的奖惩机制是没有任何效果的。

此外，行业技术发展非常迅速，每天都有很多新公司诞生，我们必须时时刻刻紧跟时代和技术发展的前沿。身处现在这个时代，营销者必须有创造性的思维，包括更精确地了解消费者的想法，并在此基础上提供最适合他们的价值。总而言之，我们现在需要以一种不同的方式去解决新时代的问题。

任何人都能成为流行元素的创造者

↓怎样成为人们无法避开的话题？如何让用户对品牌念念不忘呢？

Jonah Berger

社交媒体最新的技术改变了沟通的方式，让沟通变得更快更容易，让信息的交流可以更快地触及更广大的群体。但是口碑营销的百分比是多少？就是在微博微信等社交媒体实现消费的比例有多高？有人会说50%、60%，甚至70%……事实并非如此，在美国，只有7%的口碑营销是通过在线实现的。

　　我们曾经研究了1万多条在美国或者全球各地被广泛传播的品牌消息，挖掘里面的关联性，发现确实有它的规律性。这当中有六个关键因素，首字母组成"STEPPS"：

　　第一个S是Social Currency，T是Triggers，E是Emotion，第一个P是Public，第二个P是Practical Value，S是Stories，我们的品牌生活，都可以用这六步促进自己被别人有好评。让我们看看"STEPPS"的具体内容——

　　社交货币(Social Currency)：指人们为了提升自己的好形象（而非坏形象）而谈论某事。社交货币指的是当别人谈到你、传播你，会给他自己或者被传播者带来某种价值，当然这种价值依赖于你在某个领域的权威程度。

　　诱因(Triggers)：这就是"想在心头，话在嘴边"的道理。我们谈论的事物总是脑袋里最先想到的。诱因主要是通过外界环境的设置，使人们自然地对某件事或者某个人产生联想，这取决于你与那个时间、那个地点的关联程度的强弱。

　　情绪(Ease for Emotion)：当我们关心某一事物的时候，我们就会分享它。我们越关心一件事物，或者在生理上越有共鸣，我们就越有可能分享该事物。当我们关注某些事情，就很可能向朋友分享这些事情。能触动情绪的事物经常被大家讨论，需要寻找那些能激励人们积极共享的情绪事件进行传播。

　　公共性(Public)：当我们看到其他人做某件事的时候，我们就更有可能模仿。需要设计一些具备公共应用性的产品和思想，更需要设计并包装一些产品和原创思想，制造一种行为渗透力和影响力。

　　实用价值(Practical Value)：基本上，这就等同于可以利用的消息。我们分享信息帮助他人，帮助他人生活得更好。人与人之间本来就存在互相帮助的倾向，商家需要向消费者提供更优质、更值得信赖、更高性价比的产品，促进消费者对该产品信息的共享。

　　故事(Stories)，或者说我们如何分享隐含在故事中的事物：人们对于大众媒体的广告往往非常讨厌，而对于朋友的推荐则往往深信不疑。充满情节的故事比单纯传递信息的硬广告更有效果。

　　在社交媒体为王的移动互联网时代，再寡淡乏味的公司都有机会创造营销奇迹，任何人都能够成为流行元素的创造者。这里有一个现成的案例：一家名为Blendtec、生产搅拌机的公司做了一系列名为《这能搅碎吗？》(Will it blend?)的视频。这些视频描述了Blendtec的工作人员把不同的东西放入搅拌机搅碎的过程，最终获得1.5亿次的观看次数。

　　在最受欢迎的一个视频中，有人在搅拌机中放入一个iPhone，然后盖上盖子、按下按钮，然后你就可以看到iPhone逐渐被这台强劲的搅拌机搅得粉碎，并产生大量烟雾。相信很少人看过iPhone被搅碎的画面，于是人们被震惊了，然后与人分享，因为这实在是太令人印象深刻了，尽管他们可能并不关心这其实是一个搅拌机的广告。我想要说明的是，任何人都能够成为流行元素的创造者。的确，搅拌机只是再寻常不过的产品。但是，通过发现寻常产品中的不寻常之处，就能够使得人们谈论并分享。

这个例子说明，一个企业只要掌握并正确运用了STEPPS原则中的任意一条，就可以用非常低的成本做营销，并且可以获得极佳的营销效果。虽然企业的CMO们都是聪明的营销者，但想出这个点子其实并不需要什么营销天才，需要的只是理解社会传播背后的原理：是什么让人们谈论并分享某些事物。然后，通过生成内容或者植入你产品的特性，你就可以让用户数量呈现病毒式的增长。

让营销变得更聪明

↓ 如何升级营销、使其创造更多价值？

蒋青云

我们应该靠创新、创见、创意推动我们营销价值中的第四个"创"——那就是创造价值和创智，这才是我们营销最需要贡献给我们全球经济和中国经济的一个目标。

那么，怎么来创造呢？

我的理解大致有六个方面，第一，我们要创造流行。第二要创造模式，从基础架构一直到我们的目标、理念和组织，都要适应未来数字化对营销的要求。第三，要创造名牌，希望将来越来越多我们中国的企业出现在我们的营销领袖峰会上。第四，我们要创造内容，品牌营销需要和客户之间构成非常强的关系纽带，一定要有内容作为支撑和营销。第五，我们要创造价值。尤其是现在炒得非常热的概念是工业4.0。在工业4.0时代，中国的制造业似乎离开全球制造业的先进水平又有了很大的差距，我们如何去适应和改变？从营销的角度来讲，我们的消费者在不断升级他们的需求，但是中国的工业制造并没有很好地跟上去，这样一来，就导致我们很多中国的消费者都到日本去买马桶盖、买电饭煲等。其实这些东西在中国的商场到处可见，但因为产品和营销没有升级，而客户的需求升级了，这样就留了一个非常大的差距，以至于马桶盖会成为一个热门话题……这其实是在提醒中国的企业，只有创造价值，才能赢得消费者。

最后，我们要创造能力，每年都举办营销峰会，目的是为了通过复旦大学管理学院市场营销系以及AMA的合作，能够帮助中国企业来提升他们的营销能力。这样的营销能力需要靠我们不断地去与时俱进地修炼。

今天来讲，我们看到了一个非常好的"风口"。营销的春天为什么来了呢？是因为有好的"风口"，"风口"就是大数据时代到了，让很多看似神秘的东西，有了可以讲的故事，有了神秘感，可以让营销变得更加容易流行，更容易被人接受、被广泛传播。创智，可以让我们的营销变得更加聪明，更加体现出营销对价值的贡献能力。

【延伸阅读】

《疯传：让你的产品、思想、
行为像病毒一样入侵》

作者：Jonah Berger
（电子工业出版社）

当今，互联网的技术创新与新媒体的不断涌现深刻地改变着传播与营销方式。信息的传播不再是单向的自上而下，而是多点对多点的立体网状结构。对于所有企业而言，营销也不再是只用传统的广告就能够完成的活动，而需要更多地借助于社交媒体。在这个信息爆炸的时代，每天都有海量的信息扑面而来，人们会过滤掉那些对自己而言毫无意义的信息，而选择性地关注某些信息。那么，究竟是哪些因素促使信息流行开来的呢？

媒体的大众传播无疑是因素之一，但只有大众传播并不能引爆流行趋势。在人人都是自媒体的时代，本书作者更加关注口碑传播、病毒式营销的巨大威力，他指出，人们经常通过口口相传、利用朋友分享的链接来筛选信息。传统的传播学观点认为找到对的传播者是口碑传播的关键，比如某些知名人士的宣传有助于扩大传播效果。然而，作者将更多的注意力集中到另一个传播要素上——信息。他认为信息本身的价值是人们共享的根源。本书融合了传播学思想与营销学理念，用科学的研究方法和大量的实例分析了当今社会流行事物的存在本质，并将其归纳为STEPPS原则。它们分别代表了"社交货币"、"诱因"、"情绪"、"公共性"、"实用价值"和"故事"这六项要素。作者提出，这六个原则是相互独立的，其中某一个或几个原则发挥作用就能够引爆流行趋势。例如，小米手机的营销就成功地运用了社交货币、公共性、实用价值原则。可以说，这六个原则为我们提供了观察与分析流行事物的框架。

数字营销，找到撬动市场的支点

在APP STORE中，有一个很红的应用叫做"滑板"（Big Spaceship），它会分享几乎所有的滑板技巧和相关视频。乍一看，这是一个专为滑板爱好者建立的社区式交流场所。而如果挖掘一下它的背景，会发现，这竟是耐克和它的广告代理商一起创造的一款应用。

当传统营销合上了书页，数字营销以一种"面目全非"的形式出现在了人们身边。"面目全非"的是营销手段，数字营销摆脱了传统营销时代喊口号式的手段，变得越来越隐晦，它可能搭乘着范冰冰与李晨的"我们"体"借势营销"，也可能通过一款互动游戏潜移默化影响你。"面目全非"的还有营销数据，互联网时代一年的信息量抵得上历史的总和，于是营销从"广而告之"向精准营销迈进，通过大数据的"过滤"，在芸芸众生中找到潜在用户。

在数字营销时代，预算并不是最重要的，创意和创新才是最重要的，印象深刻的广告创意和新颖抓眼球的营销形式，通过微信、微博等多样化的渠道，起到的放大效应令人振奋。这给了小公司更多的发言机会，一条好的创意，远比大公司的砸钱式地推来得有效果。

不过，数字营销时代也带来了新的营销困境。比如"大数据之谜"，没有人能够拍着胸脯保证，大数据的挖掘必定能带来某种营销趋势，但肯定有更多的人会迷失在"数据迷宫"里，或者被假象所迷惑。还比如遗忘性。传统营销时代，一支经典的广告可以流传20年，但数字营销时代，客户的眼球不断转来转去，平均分配给每一种渠道的时间却在缩短，广告的影响力也或许"过目就忘"，想把客户的注意力固定在一个位置的难度越来越大。

嘉宾

Dennis Dunlap

美国市场营销协会 (AMA) 首席执行官

"全球化的加速，使更多国际品牌参与到与本土品牌的竞争中，特别是在新兴市场的竞争尤为激烈。"

陈宇欣

上海纽约大学杰出全球商学讲席教授

"大数据微时代，我们的营销有哪些特征？个性化、连续性、实时性、互动性、可测性。"

John Kennedy

IBM 全球企业咨询服务部市场营销副总裁

"搞营销的人更需要有数据搜集的战略，有数据分析的战略，这是非常重大的转变。"

田　涛

央视市场研究股份有限公司　副总裁

"以前我们所有的研究大部分都是为了呈现过去，但实际上，今天我们完全可以通过对大数据的分析、建模直接预测明天，这也是我们今天在研究方法上的巨大变化。"

须　聪

麦当劳（中国）有限公司市场部副总裁、首席市场官

"以前，我们先找到客户群体，然后设定方案，再找出适合这个方案的最有效方式，而现在，顺序是完全颠倒的。"

张秀智

春秋航空公司首席执行官

"数据变化引导着我们销售模式变化，市场要什么，我们跟着市场走。"

邹德强

复旦大学管理学院市场营销系讲师、博士

"有了数字化营销后，商家发现，品牌内容、品牌特质，乃至品牌传播渠道等，都由消费者来决定。"

张　忠
　　　　　　　　　　　　　宾夕法尼亚大学沃顿商学院教授

"消费者'扩权'的背后,是数字化营销所特有的互动优势。"

陶立保
　　　　　　　　　　　尼尔森公司大中华区媒体研究副总裁

"很多企业都愿意在自己的网站以及社交媒体中给普通网友出名的机会,有些还很热衷于发掘'民间高手',这就是'人造热点'。"

翁诗雅
　　　　　　　　　　腾讯网络媒体事业群策划交付部总经理

"在数字化品牌营销过程中,有五大类是最直面消费者的产品:娱乐、社交、咨询、移动化、电商,而开发这些产品的根本目的,是满足消费者的需求。"

Tom Doctoroff
　　　　　　　　　　　　智威汤逊亚太区首席执行官

"尽管营销世界充满了技术突破和创新,但有些'好东西'是不变的,也因此,我们要把全新、变化的手段,和这些永恒的理念相结合,探究怎样在数字时代塑造品牌。"

市场营销者面临新挑战

↓全球与区域市场呈现出哪些新的趋势? 市场营销者需要面临哪些挑战?

Dennis Dunlap

　　　　这是一个伟大的时代,对于市场营销者而言,更是如此。中国依靠出口和投资取得了改革开放三十年的快速增长,而在中国的"十二五"计划中,经济发展将由出口导向型向内需型转变。扩大内需就是要拉动消费,换句话说,就是提供更多针对中国消费者的商品和服务,市场营销将在此过程中发挥重要的作用。市场营销者必须为迎接这个新的时代做好准备。

　　　　过去五到十年里,无论是全球和区域市场的变化,还是媒介与渠道的发展,蕴含了六大新趋势,为市场营销带来了挑战和机会。

首先，全球化的加速，使更多国际品牌参与到与本土品牌的竞争中，特别是在新兴市场的竞争尤为激烈。

其次，消费者获得的信息越来越多，对于品牌有更多的选择和更大的话语权。公司不再拥有品牌，它属于消费者。

第三，媒介和渠道的发展，使受众越来越多；但说服消费者却比以前更加困难。

第四，社交媒体的迅猛发展带给我们更多双向沟通的机会；但沟通的方法不是控制型的命令，而是需要用创造性的内容和品牌陈述来吸引消费者。

第五，新型技术的出现，使得大量的、和消费者有关的数据分析需求得以实现，这就要求市场营销者具备使用技术和分析工具的能力。

第六，市场营销者的责任跟公司的业绩紧密挂钩。

这六大趋势使市场营销者的工作更加复杂，更具有挑战性。具备更强的营销领导力、多元化的技能和资源，才能让市场营销者在今天的市场上获得成功。

大数据"魔力"撬动市场

↓ 大数据背景下，新营销时代的思维方式如何转变？

陈宇欣

大数据微时代，我们的营销有哪些特征？ 有那么几点：个性化、连续性、实时性、互动性，可测性。

根据这些现状的描述，如何建立大数据时代的思维方式很重要，我认为主要有4点。一个是定量思维，一切皆可测，要抱有这样的信念；第二个是跨界思维，一切皆可发挥想象力，并将其关联起来；第三个是执行思维，一切皆可用，最后不是说数据放那儿一堆，浪费我们的资源，企业要落到实处，执行下去，实时做出反应。最后一点很重要，一切皆可试，要有怀疑思维，数据来了之后，往往有的时候是我们的决策产生更加大的偏差，因为我们所谓的"有图有真相"，看了数据就觉得这是千真万确的，我们不做思考了。但是，数据许多时候也会欺骗我们，所以不能盲目相信数据，要有一个怀疑和试验的思想。

John Kennedy

企业拥有多种不同的客户数据，比如说交易数据、交流数据，如何让这些数据产生相关性？ 把这些信息全都综合起来，可以非常详细清晰地了解客户个性和特点。今天，我们不仅需要搜集这些数据，搞营销的人更需要有数据搜集的战略，有数据分析的战略，这是非常重大的转变。然而，市场营销的三大基本原则永远不变：第一，了解客户；第二，营销什么；第三，打造品牌。

田 涛

整个互联网浪潮的背后是信息与传播秩序的重组，我们要突破的是营销模式的变化、销售环节的变革，以及销售行为的改变。

大数据对于营销的指导意义，首先是升级了我们现在的传统营销模式，提高数据的获取效率。我们在过去常常需要一周才能得到终端数据的反馈量，现在可以在几小时内获取。第二，从呈现过去到预测未来。以前我们所有的研究大部分都是为了呈现过去，但实际上，今天我们完全可以通过对大数据的分析、建模直接预测明天，这也是我们今天在研究方法上的巨大变化。

↓从营销的角度来说，如何利用大数据？

须 聪

大数据不是一个数据，它应该是个主站点，它对营销观念会存在一个改变。比如以前，我们先找到客户群体，然后设定方案，再找出适合这个方案的最有效方式，而现在，顺序是完全颠倒的。

以前很流行优惠券，在大数据时代做优惠券促销和以前有不一样的做法。以麦当劳现有的延伸品牌"麦咖啡"为例，我们把麦咖啡的核心消费受众称为"花蝴蝶"，比喻享受生活的都市女性白领。在中国，咖啡是一个小市场，消费量很低，喝咖啡的人也没有咖啡知识。在我们的调查分析下，"花蝴蝶"之所以喝麦咖啡，是因为她们觉得在下午的某个时点上拿着一杯咖啡，坐在落地玻璃窗旁边，是一种生活方式。根据这些情境，我们跟银联合作，当消费者进行了消费，而麦咖啡离她只有50米的时候，就可以给她发送优惠信息。追踪消费者在某一个时间点上的需求，这一营销方式非常有效。

张秀智

如果说春秋航空营销模式有什么变化，那就是我们始终看着数据。数据变化引导着我们销售模式变化，市场要什么，我们跟着市场走。

春秋航空的核心价值是时尚、年轻和活泼，为何会有这样的定位？这就是数据的重要性。我们从2005年开航，每年输送很多客源，根据数据分析，16岁到27岁的用户占了34.17%，根据这个阶段年龄特征，我们强化了春秋"年轻化"的个性,并产生很多营销方案,走进大学校园进行营销。

比如针对年轻用户的课题,我们在全球首先推出了"微选座",把原来简单的A到B的移动变成社交航班,35岁以下的占了73%。2012年12月4日,我们专门模拟了空中版的"非诚勿扰",有1 000多名年轻人咨询、报名,女孩秀才艺,男孩演讲,如果不满意就可以灭灯,最后有三对牵手成功。"我宁可不要头等舱,我只要一个美丽的邂逅",这是粉丝们的心声。

▮ 数字化营销的机遇与挑战

↓ 数字化营销热潮给企业营销带来了哪些收获与困境?

邹德强

可以说,数字营销颠覆了传统品牌管理的思路。在没有数字营销的时代,品牌管理就是"商家说、消费者听"的过程,商家为自己的品牌确定内容、选好既定的营销渠道,然后品牌就被创造出来了。但有了数字化营销后,商家发现,品牌内容、品牌特质,乃至品牌传播渠道等,都由消费者来决定。

张 忠

消费者"扩权"的背后,是数字化营销所特有的互动优势。例如,美国有个零食公司开发了一款新产品,但包装袋上不写是什么口味,而是号召消费者先去买了吃,然后做两分钟视频分享到社交网站上,告诉其他网友吃的时候想到了什么,这是典型的"体验式+社交媒体"营销,结果后来出现了很多搞笑的视频,吸引了上百万人次观看。此外,和30秒也许就要50万的电视广告相比,网络营销的推广费用还相对低廉,可以帮企业降低营销成本。

可与此同时,曾有人形容过,以社交营销为代表的网络营销就像"TEENAGE SEX",大家都怀疑别人在做,但是不是这么回事则很难说。对很多企业来说,社交营销不能不做,因为年轻人对此很感兴趣,但如何做好是个难题。因为从理论上说,口碑营销有作用,但很难测量,也无法体系化,所以很多企业抱着"宁可信其有,不可信其无"的心态冲进了这片市场。

陶立保

说起社交营销,现在的社交媒体很多,给企业塑造品牌提供了更多的机会,也带来了很多挑战。前一阵子,泰森在微博上问"谁是中国最能打的人",结果很多网友留言说"城管"。从中不难看出，社交媒体用户很爱恶搞，恶搞本身没有恶意，只是网友为了展示自身聪明才智、迅速获得别人关注的一种手段。

企业做营销也一样，如果当前网上有一个热点话题，和企业品牌、产品有关联，那么就应该顺势加以利用，可以获得大量的免费曝光。不过，总想着要等适合宣传的热点话题出现，这有些守株待兔，更积极的做法是企业在网上创造热点话题。

星巴克、麦当劳、肯德基……很多企业都愿意在自己的网站以及社交媒体中给普通网友出名的机会，有些还很热衷于发掘"民间高手"，这就是"人造热点"，于是就有了吃剩的番茄酱画的肯德基老爷爷、星巴克留言本里栩栩如生的素描图等。

不过，不管是搭话题便车，还是自己创造热点，都一定要慎重。因为有时候热点话题会在传播过程中失控，甚至引火烧身让企业自己成了话题。

田　涛

不可否认，数字营销将营销带入了一个"大爆炸"的时代。过去，商家通过电视和平面媒体对消费者进行营销，认为客厅是最重要的"阵地"。但今天，营销信息传递到用户的渠道正在被重新构建，消费者与电视接触的时间正在下降，而且看到不满意的电视节目时，还会拿出手机留言"拍砖"。

但新的营销困境也出现了。随着新的媒介不断出现，客户的眼球不断转来转去。尽管暴露在各种营销媒介下的总时间比过去长，但平均分配给每一种渠道的时间却在缩短，想吸引客户的注意力固定在一个位置的难度越来越大。

另一重困境则是，不断有人追问，在数字营销中，大数据分析技术和基于新营销渠道的创意，究竟哪个更重要。可事实上，对消费者的洞察才是最根本、最重要的。要知道，并非所有产品都适合新媒体或数字营销，同时，因为大量数字营销工具的出现，很多企业品牌有趋同的现象，而品牌曝光越多，这个品牌在消费者心目当中出现负面影响的可能性也将越大。

翁诗雅

在数字化品牌营销过程中，有五大类是最直面消费者的产品：娱乐、社交、咨询、移动化、电商，而开发这些产品的根本目的，是满足消费者的需求。

以微信为例，微信的推广和品牌塑造都很成功，重要原因之一便是抢在竞争对手前，建立了真正的"移动思维"。而以往很多社交应用，只是把PC端的应用简单"搬"到手机端，但这样不符合"移动"的精髓。

还记得微信的开机画面么？那是一个人站在月球上回望地球，呈现出的是寂寞，背后就是网友渴望随时与人沟通的需求。根据这个需求，我们开发了"朋友圈"，帮助消费者建立私人社交圈，还有"附近的人"和"摇一摇"，以满足随时与陌生人沟通的需求。

再比如线上视频，看起来这是一个"土豪的游戏"，谁片源多就占优势，但我们的思维是，不仅要搬运，还要做互联网原创视频内容提供者，提倡"Play"（点播）不仅是"Watch"（观看），要设法把网络的互动性和社交性注入节目本身。

品牌不属于商家，属于消费者

↓ 新营销时代，品牌管理上是否有新变化？

Dennis Dunlap

同时存在于电脑端与手机端的社交媒体营销，是当前营销世界中最活跃、发展最迅速的领域。但和传统营销活动由商家主导不同，社交媒体营销的主角注定是普通网友，因此成功的秘密在于能否发动一场"人民战争"。

商家做社交媒体营销时常会犯一个错误，那就是试图控制社交媒体上的言论，或是将品牌宣传的内容强行塞入社交媒体中。商家要学会放弃这种"控制欲"，否则只会引来反感。顾客更愿意听其他顾客而不是商家的意见，如今品牌不再属于商家，而是属于消费者。

对于商家而言，品牌管理的理念需要转变。商家必须制定明确的社交媒体营销战略。其中最重要的部分，在于如何通过社交媒体更多地了解客户的行为、需求及不满，这样才能在今后以客户需求为基础协调产品和服务。从这个角度出发，商家设计的社交媒体营销活动，必须有趣而且有可以发挥的空间，这样才能吸引网友参与并尽量留下积极的评价，从而达到"蜂鸣营销"策略期望的"全民参与"效果。

如，IBM提出的"商务社交"模式便值得参考。该模式的核心内容就是通过社交媒体把顾客、员工乃至产业链上下游联系起来，共同参与公司决策，包括鼓励员工用博客、微博等与外界交流，"输出"信息的同时，获取更多、更深入的行业意见与顾客反馈，并将这些信息整合到产品研发及售后体系中去。

↓ 如何在数字时代塑造品牌？

Tom Doctoroff

尽管营销世界充满了技术突破和创新，但有些"好东西"是不变的，也因此，我们要把全新、变化的手段，和这些永恒的理念相结合，探究怎样在数字时代塑造品牌。

有哪些不变的"好东西"？其中之一就是品牌的意念。以"耐克"品牌为例，其代表的不仅仅是鞋子本身的性能，在它所有的营销活动中，还给这个品牌附加了一种能够冲破传统禁锢、展示自我的闯劲，这种精神层面的东西，就是品牌的意念，代表着消费者跟品牌长期的关联。

由于品牌意念是产品能否实现差异化竞争以及品牌忠诚度的关键，因此在所有的营销渠道以及营销活动中，在这方面的塑造应保持高度一致并具有一定的连续性。

在传统营销活动中，这种一致性和连续性相对比较好掌控，因为商家能够掌握营销的渠道和内容，通过大众媒体将营销信息逐渐转变为采购意愿，这是一个自上而下的过程，传递的也是清晰的信息。但进入数码时代后，在强调关系的社交营销中，自上而下变成了自下而上，品牌意念需要通过非常柔和、看起来非商业化、商家无法完全掌控的语言来传播。

根据《哈佛商业评论》，那些在网上给你宣传品牌的人，也就是最能够给品牌带来增长的人，唯一需要增长的一个数字就是那些在网上可以帮助你积极地去倡导品牌的人的数量。而根据贝恩咨询公司做的调查，网络习惯可以把购买兴趣提高84%、大众的推荐可以使购买意图增加33%。而在国内市场，有调查说，52%的网友表示，他们只买那些被给了好评的产品。

从中不难看出，商家如果在社交营销中希望保持品牌意念的一致性，就必须找出在社交营销中真正具有话语权的人，并用好他们的力量。

【延伸阅读】

《新数字时代：重塑人类、
国家和商业的未来》

作者：Eric Schmidt, Jared Cohen
（Knopf出版社）

"没有任何事物像数字革命那样深刻地改变了我们的生活"，涉及这一主题的书汗牛充栋，而没有一本能像由 Schmidt 和 Cohen 共同撰写的《新数字时代：重塑人类、国家和商业的未来》这样引发热议。

　　Schmidt是谷歌的董事局主席及前首席执行官，被公认为是这家"史上最伟大的公司"的缔造者。Cohen是谷歌创意（Google Ideas）的负责人，并曾经担任美国前国务卿赖斯和希拉里的顾问，曾被《时代周刊》评选为"世界100位最具影响力的人物"之一。

　　本书延伸了数字世界和物质世界的二元观点，指出现今至少有两种文明并存：物质文明已经发展了数千年，而数字文明仍处在襁褓期。物质世界由古老文化、国家、政府、机构、权力架构和法律组成。而数字世界是动态、未受管制，甚至是无政府状态的，其边界疏松渗透，规则尚待厘清，权力有弹性且分散。这两个世界共存，互相抑制着对方的消极面，彼此的冲突不断上升。

　　作为谷歌的高管，若要在所有相关的争议性议题上表明观点，都会给自己和公司带来麻烦，因此两位作者选择了预测未来而不是讨论如何实现它。于是，《新数字时代》一书充满了各类预言，对国家、革命、恐怖主义、冲突、战争、公民权和身份的未来皆有着墨。旧文明中人们所熟悉的概念和语言引入到了"新文明"的语境中，新奇而又令人惊叹的观点将引发那些顽固的"数字文人"的深刻反思。

第五章 "互联网+"生态圈

大数据、云计算、社交网络等新兴互联网技术的发展，从根本上改变了人们的生活方式和生活态度，也萌生了更多层次的需求，从而迫使更多产业企业不仅仅是简单使用这些技术工具，而是要在根本上融合互联网因素和思维，通过"互联网+"来跨界创新产品服务，满足消费者新生需求，革新商业模式和服务模式。比如，传统服务业、制造业、金融业等，都在互联网技术的日益深入下悄然发生改变。但与此同时，"互联网+"催生的新模式、新产业、新业态也引发了新的问题和挑战，亟需监管自律，以及行业新规则的制定，来为市场环境带来新的平衡。

互联网＋, 融合诞生新力量

　　"互联网＋"大背景下,实体经济纷纷谋求拥有互联网的力量,一时间,"互联网＋教育"、"互联网＋医疗"、"互联网＋汽车"等新兴概念遭到热捧。但如果你以为,披上了互联网的外衣,就是"互联网＋"了,那可就大错特错。

　　很多企业自认为有资源、有渠道、有资金,在天猫、当当、京东上建立了平台,做了信息化流程,就算搭上"互联网＋"的快车了,实际上,企业的经营思路是"新瓶装旧酒",这是"伪互联网＋";很多上市企业并没有把"互联网＋"服务于业务目标,而仅仅是服务于营造概念,助力股价的上升,这也是"伪互联网＋";很多企业在"触网"的过程中目标很大,却不接地气,做一个网站就希望囊括大数据,填写资料时恨不得把客户祖宗八代的资料都挖出来,与移动电商高频互动的用户特点背道而驰,这也是"伪互联网＋"。

　　事实上,上述的"互联网＋",都处于第一阶段,用IT技术来提高企业的运营效率。而到了第二阶段,也就是现在的"互联网＋",企业应该考虑用户最终需要的是什么,他们不再满足于企业提供的一个产品,或者某种服务了,企业应该站在用户的立场上去思考,在所有业务层面思考用户的痛点和需求。

　　真正的互联网＋,判断的关键点在于融合。是否通过"加"导致产业的跨界,并可能产生有巨大市场需求的新产品新服务? 是否通过"加"导致信息技术与制造或服务技术的融合,由此产生满足消费者消费新需求的新技术、新业态? 是否通过"加"促进产业融合后的产业创新,导致符合人类社会未来要求的新产业诞生?

嘉宾

刘 杰

复旦大学信息管理与信息系统系教授

"如果只是把互联网用来加强、固化企业原有的模式，比如传统的出租车公司仅仅只是应用互联网对出租司机加强管控等，这些都是虚炒的'互联网＋'。"

芮明杰

复旦大学管理学院产业经济系教授、系主任

"千万不要盲目看'互联网＋'或'＋互联网'，企业需要认真研究怎么个'加'法，通过'加'，是否创造了新的业态、新的商业模式，是否创造了新的产业，企业需要投入多大的资源，是否可以与互联网公司合作等。"

钱世政

复旦大学管理学院会计学系教授

"跨界兼并就像结婚，战略合作就像交朋友，哪个会比较多，取决于商业利益。"

黄丽华

复旦大学管理学院信息管理与信息系统系教授/党委书记

"整个行业管理水平不高，产业比较分散，没有出现知名品牌或龙头企业的行业，要靠互联网整合的力量，把产业链整合起来，'互联网＋'有机会出现在这些领域。"

"互联网＋"究竟改变了什么

↓"互联网＋"或"＋互联网"，最根本的功能是什么？

刘 杰

整个人类社会或者是商业活动，最基本的就是信息交流，互联网实际上改变了我们最基本的信息交流。

有了互联网以后，最根本的改变就是去中心化，原来大家都知道企业以产品为中心，市场以企业为中心。而在互联网上，任何一个消费者个体和企业一样，都是一个终端，是平等的了，所以这样就出现了去中心化的概念，市场也就由原来的产品导向，变成了现在的用户导向。

↓ 怎么来看"互联网＋"和"＋互联网"的区别？由此引发的战略思考有何不同？

芮明杰

"互联网＋"和"＋互联网"的问题，从战略上来考虑，无非是一个从左到虚实结合，一个从右到虚实结合。我们看到两者最终的融合，是形成一种新业态、新模式，甚至形成一个新的产业。所以，研究"互联网＋"或"＋互联网"，最终都是从虚实结合、融合的角度出发，探讨新业态、新模式、新产业如何产生、如何运作。

刘 杰

我认为，"互联网＋"和"＋互联网"是两个阶段。"＋互联网"是第一个阶段，我们很多企业是用IT技术，比如ERP、电子商务等这样一些应用来提高企业的运营效率，降低企业的运作成本。到了第二阶段，也就是现在的"互联网＋"，就应该是用户思维、用户导向了。因为互联网去中心化了，这个理念非常重要。

经济学家以前总是引用德鲁克的话"企业的目的是创造客户"，随着互联网的发展，企业应该考虑用户最终需要的是什么？他们不再满足于企业提供的一个产品，或者某种服务了。企业应该站在用户的立场上去思考，客户在这个领域里面，在所有业务层面，他们需要哪些产品、服务？

所以我们得出第一个结论，"互联网＋"时代采用的是用户思维，既然是用户思维，必然会出现很多企业做业务的时候做跨界跨业：用户不是简单要你一样东西，企业必须思考用户希望用这个产品干什么。

"互联网＋"是融合而非简单叠加

↓ 现在但凡是传统企业"触网"，言必称"互联网＋"？那么，现下哪些所谓的"互联网＋"是虚炒的"互联网＋"？真正的"互联网＋"应该具备什么特征？

钱世政

"＋互联网"是把互联网当成工具，用来提高效率，而"互联网＋"是把互联网当成生产力。

我举个例子来说什么是真正的"互联网＋"。在美国，好多企业在造车，通用汽车造车造了那么久，市值仅为2 780亿美元。但硅谷的特斯拉、谷歌的无人驾驶项目，目前投资界给出的估值已经高得无法想象。为什么？因为通用还只是把互联网当工具，比如采购原材料是简化流程，网上订购汽车是提高效率。但是，谷歌的无人驾驶是把"互联网＋"当成了生产力。这怎么讲？

美国的一位投资者告诉我，美国有1.2亿人出行开车，试问如果能实现无人驾驶，这些人每天可以节省多少时间？创造多少价值？他们可以在车上玩游戏、购物、看视频、开会……汽车变成了一个物联网的终端，它所创造的价值就很清晰。所以为什么说谷歌的无人驾驶汽车是"互联网＋"的典范，谷歌最大的资源是数据处理能力，汽车是"互联网＋"的一个产品，谷歌造汽车，是通过数据挖掘，造出了颠覆性的产品。

这样看来，现在很多企业做的还只是"＋互联网"的事情。我认为，"＋互联网"和"互联网＋"好比1.0版本和2.0版本，我们企业还是需要从1.0做起。无论是"＋互联网"还是"互联网＋"，共同的应该是互联网思维，它应该具备三个特征：一，要利他；二，要把自己的东西变成平台，形成"你中有我，我中有你"的情况；三，要把跨界跨业变成现实。

刘　杰

互联网本质上虽然是一种技术，但是由于"摩尔定律"（即计算机的计算功能每18个月翻一番）和"麦特卡夫定律"（即网络价值同网络用户数量的平方成正比）的存在，互联网的渗透性非常强，以至于社会、经济和生活等都可以感受到互联网的存在。如果我们只是把互联网用来加强、固化企业原有的模式，比如传统的出租车公司仅仅只是应用互联网对出租司机加强管控，或者甚至只是将公司的名字改为与互联网有关，等等，这些都是虚炒的"互联网＋"。

芮明杰

"互联网＋"与"＋互联网"是两个不同的概念，传统企业"触网"实际上大部分都是"＋互联网"，而不是"互联网＋"。

所以，千万不要盲目看"互联网＋"或"＋互联网"，企业需要认真研究怎么个"加"法，通过"加"，是否创造了新的业态、新的商业模式，是否创造了新的产业，企业需要投入多大的资源，是否可以与互联网公司合作……诸如此类。

我个人认为，所谓真正的"互联网＋"或"＋互联网"，判断的标志有三个：一是否通过"加"导致产业的融合、产业的跨界，并可能产生有巨大市场需求的新产品新服务。二是否通过"加"导致信息技术与制造或服务技术的融合，由此产生满足消费者消费新需求的新技术、新业态。三是否通过"加"促进产业融合后的产业创新，导致符合人类社会未来要求的新产业诞生。

↓什么样的企业可以成为"互联网＋"的率先主导者？

黄丽华

我觉得有三类。第一类，是以BAT为代表的互联网企业。他们掌握了互联网的优势，不管是流量的优势、社交网络的优势、还是交易的优势。今天，BAT们的这些优势已经转换成巨大资源，即海量的消费数据。有了这些消费数据，理论上来讲他们可以跨界到任何一个行业。所以，今天的BAT有机会成为各行各业"门口的野蛮人"，一旦进入到新的领域，就会催生出一种新的业态或新的模式。

第二类是行业的龙头企业、或者具有线下实体资源优势的企业。因为他们有资源，特别是长期积累起来的行业知识和线下市场资源。如果对互联网研究比较透彻的话，这些企业可以通过线下的资源，再加上其他资源的注入，成功开发出"互联网＋"的产业服务平台。

比如说海尔，今天的海尔正在进行"互联网＋"转型，海尔不只是在建设互联网金融平台，基于海尔线下的产品、市场和人力资源，海尔还在建设互联网制造平台、物流平台、产品设计平台、智能家居平台、小微企业服务平台等，还有可能会出来其他一些"互联网＋"的服务平台，包括基于云计算的IT和数据服务平台等。

第三类主导者，我觉得应该是政府。政府要实现公共服务均等化，但信息、资源、服务能力还有瓶颈，"互联网＋"，或者是互联网给了我们这样的优势和机会，如果政府主导提供跟民生有关、跟企业主体有关的公共服务，我相信会有大量的平台出来。当然这类的"互联网＋"公共服务平台的建设路径、运作机制和模式会有一些特殊性。

跨界兼并 "羊毛出在猪身上"

↓"互联网＋"时代，企业兼并收购有什么特征？

钱世政

工业化时代兼并收购理论太多了，比如把外部交易变成内部交易，可以降低交易成本。比如托宾的Q值理论告诉我们，当市值和账面净资产发生倒置，发现价值被低估，你就可以去抄底。比如税收理论告诉我们，一个亏损的公司就是一个避税的"防空洞"，所以亏损的公司也有价值，诸如此类。可是进入到今天的

"互联网＋"的时代，我们兼并收购是为了什么？

先来举一个例子，上海钢联，这是家做钢贸的企业。我们都知道钢贸企业这段时间成了"重灾区"，可是这家企业不仅上市，而且市值冲百亿。

靠什么？就是平台。为什么它能赚钱？如果仅是个平台，总有一天要被人复制，你必须在平台上不断衍生出新功能。上海钢联是怎么做的呢？既然要卖钢材，钢材是没法用顺丰快递送的，因此需要有第三方的特殊物流与仓储。还有，钢铁价格现在被严重低估，但谁能保证未来十年钢铁还是这个价呢？锁定价格，就要有期货产品，由此把期货变成牟利工具，那就是期权。这样一来，兼并收购期货公司……一路兼并，公司延伸成一个汇聚钢铁贸易各种相关服务的大平台。

从钢联的例子可以看出，互联网时代，企业兼并收购最大的价值，不是传统的抢客户、抢技术，而是借机进入一个新的行业，也就是所谓"跨界跨业"。

再举个例子，从支付宝里衍生出来的余额宝。余额宝是什么东西？马云收购了中国基金业中排名第58名的天弘基金，然后在余额宝中嵌入一个货币基金。这样跨界之后，天弘基金的收益当时一路飙升，超过了8%，让所有阿公阿婆都耐不住，当了存款运输员，从银行手里搬到它的手里。这就是"跨界跨业"的魔力。

互联网下兼并收购还有一个特征——"羊毛出在猪身上"。去年年初，世界上最大的社交网站脸书收购了一个即时通讯软件whatsapp，花了190亿美元。为什么收购它？因为它能把社区、社交、社聊融为一体，黏住更多用户，瞬间它就站在一个互联网时代最高的顶端，用社区超越了平台，用平台超越了产品，建立了最高的商业模式……当它拥有了数亿户忠诚用户之时，盈利指日可待。

↓从资本的角度上，如何剔除那些打着"互联网＋"旗号的"候鸟"？

钱世政

资本市场炒的是预期，因此，对市场上"互联网＋"的概念，要学会独立思考和判断。这当中，看这些所谓的创新有没有逻辑性，非常重要。最近有个段子，是说要把公共厕所打造成"互联网＋生态科技"，因为它是"生态产业"，有环保概念；检验一下大小便，就是"医疗大健康"；再加个WiFi，就是"互联网＋"。显然，这是属于只有故事而没有素质的概念。资本市场永远不缺概念，但是投资者一定要理性思考，不要盲目跟风。

企业转型： 机遇还是挑战

↓"互联网＋"的时代中，企业应该怎么做，或者说怎么转型？

刘 杰

"互联网+"的时代里，用户的需求是综合的，这时候对企业来说，改变传统的供应链思维很重要。企业应该树立构建一种生态体系的思维，通俗地讲，就是"一揽子"的服务模式。

不过，需要提供"一揽子"服务的时候，问题又出现了：一家公司提供不了，没办法去做，所以紧接着出现了另外一种思维——"合作思维"。2013年下半年，马云、马化腾、马明哲合作成立了保险公司。"三马"原来相互之间是什么关系？竞争关系。现在共同成立保险公司，是将各自的资源整合起来，达到利益的最大化，从而构建一个适合用户需求的生态体系。

现在有很多公司都在讲转型，比如说苏宁就很典型。前些年苏宁做电子商务，转型很艰难，但是这一年多来做得就不同了。站在最终用户的角度，苏宁开展O2O，做线上线下同价，提高商品SKU的丰富度，包括金融服务等各个方面，全部都是"一揽子"型的，生态体系开始建立起来，转型方向把握就精准了，效果也就很明显。

↓在"互联网+"的环境下，您认为未来跨界兼并收购会越来越多，还是战略合作会越来越多？

钱世政

跨界兼并就像结婚，战略合作就像交朋友，哪个会比较多，取决于商业利益。

跨界跨业肯定会推动产业的重组。哥伦比亚大学商学院教授麦克拉思在《竞争优势的终结》一文中指出，未来产业的概念会淡化，共享共赢才是互联网时代。企业应该打破产业概念下形成的市场区间和竞争屏障，打破自我设限，保持变"态"能力。互联网生态圈产生之时，企业应该有共享生态圈的意识，为"互联网+"加上一个引力场。

↓我们都说"站在风口上的猪会飞"，那么，哪些领域的"互联网+"最容易腾飞？

黄丽华

从近期来看，我感觉有三类行业可能会最先出来"互联网+"。

一类是消费需求还没有真正满足的行业，或者通常所说有很多"痛点"、"心塞"的行业，比如说教育、医疗健康、汽车售后服务等。这些行业市场需求巨大，但现有的服务还没有跟上，"互联网+"就有机会突破，这是第一类会很快出来的领域。

第二类，是整体不太景气的行业，比如今天的钢铁业。这些行业由于产能过剩，各个企业都在追寻如何降低成本，寻找更好的市场发展机会，这就为"互联网＋"的出现，提供了非常好的机会。

第三类，是整个行业管理水平不高，产业比较分散，没有出现知名品牌或龙头企业的行业，要靠互联网整合的力量，把产业链整合起来，"互联网＋"有机会出现在这些领域。比如说那些面向农业生产的服务领域。农资行业的几大类产品均非常分散，面向农民综合服务的几乎没有。现在的农村结构和生产组织方式在发生根本性的变化，这对"互联网＋"模式的三农服务企业是个绝好机会。又比如，面向生产和制造的服务业，如工业物流、MRO产品及其服务等，也有很大的机会。

↓ 对于传统企业来说，转型的难点在哪里？在战略上应该做什么样的思考？

刘 杰

"互联网＋"这样的思维，讲起来很容易，真正做起来，落地不容易。

这里有个非常典型的例子。海尔，这是非常传统的家电企业，这几年无论是产值也好，净利润也好，都是以超过20%的速度在增长。在"互联网＋"的过程中，海尔的组织、流程、业务、文化各个方面，包括内部运营机制方面都在尝试"互联网＋"，这一切最终将把海尔变成一个平台。这个平台不是像阿里巴巴那样的，企业本身就已经是个平台，平台上面，有着最终的用户，有原材料提供商，有服务的提供商、设计技术创新者等，大家都共同在这平台上合作、协作，满足最终用户的需求。

芮明杰

转型是有难度的，有很多障碍在面前。举个例子来讲，如果是全行业的亏损，大家产能都是过剩的，你做什么？转到哪里去？

所以大家都在探讨，是不是可以投资一些新兴的产业，是不是可以"互联网＋"一下——即把传统的产业改造一下，看看有没有机会，诸如此类。

我个人认为，在今天，企业面前有三个重要的机遇：第一就是制造业的转型升级机遇，这是因为我国的消费需求开始转型升级了，技术在发生巨大变化了，所以政府就有了"中国制造2025"发展计划。第二个机遇是"一带一路"，"一带一路"把中国经济与中亚、亚洲、欧洲经济联通起来，开拓了基础设施、产业发展等巨大的市场空间。第三是"互联网＋"或"＋互联网"，服务业，尤其是生产型服务业发展面临巨大机遇，因为无论从国际经验、还是我国产业结构动态演化的趋势来看，我国已经到了服务经济大规模发展的转折点。

"互联网＋"政府做些什么

↓今天的中国为什么要倡导"互联网＋"？

芮明杰

我们说"互联网＋"或"＋互联网"，这个"＋"不是简单的相加、简单的叠加，实际上是一种融合，是融合之后的创新。这种创新将会给我们带来更多新业态、新模式甚至新产业。这就是为什么会在国家层面提出"互联网＋"战略。

↓在"互联网＋"的风口上，政府能做一些什么事情？

黄丽华

政府可以主导并联合一些其他机构为市民提供公共服务，形成一些"互联网＋公共服务"的服务平台。除此之外，政府最大的力量在于推动各类创新，尤其是面向"互联网＋"的创新，大力营造鼓励创新的氛围，调整一些不合时宜的政策，推出一批鼓励创新的政策。

当然，市场的事情应该让市场来做，在面向新兴产业的创新当中，政府的角色应该是起到推动作用，这是非常重要的。在这样一个推动过程当中，我个人觉得，政府也可以利用互联网的思维来做一些事情，包括提供各类鼓励创新人群交流沟通的环境，营造一些在线社区的平台，让更多的创新者、更多的企业能够比较便捷地了解政府的意愿，或者是了解政府所希望的方向，同时了解政府在提供哪些服务。

另外，这个社区最重要的任务，是让有共同兴趣的人互动交流。因为只有一个社区里面大家都能够互动起来，这个社区未来才有可能持续发展。通过这些互动交流，信息、创意就会汇聚，而有了创意或主意，各种资源也就自然而然会被吸引过来。

【延伸阅读】

《一切行业都是创意业》

作者：Richard Branson

（同心出版社）

　　1971年，第一家维珍唱片零售店开张，以独特的嬉皮士定位打破了唱片零售业的传统，数年间分店遍布全英；1972年，维珍唱片公司签下了被所有其他唱片公司拒绝的迈克·欧菲尔德，并将他的一首长达45分钟的无词乐曲《管钟》作为公司的首张专辑发行，最终卖出1300万张；1984年，维珍航空成立，不断推出别具一格或引领潮流的服务产品，现已成为英国第二大国际航空公司；2004年，维珍银河公司成立，成为第一个进入太空的非政府组织，即将推出个人太空旅游服务……目前维珍集团旗下的200多家公司涉及航空、宇航、金融、铁路、音乐、婚纱、化妆品直至避孕套等各类产业。

　　在这本不乏自吹自擂色彩的自传中，维珍商业帝国的创始人Branson回顾了自己如何靠着与众不同的商业哲学，从4英镑起家，成为亿万富翁的故事。他坚持以创意产业的标准来对待每一个行业，打破常规传统，挑战垄断。其最为人称道的做法，就是善于在传统产业或市场中寻找出最新的定位点，以出人意料的手法进入市场并迅速扩张——成功的创业离不开技术、资金、运气的支持，但最关键的，还是创意。

互联网生态圈的"造梦空间"

2014年，京东集团上市的时候，带着一张极度难看的财报数据。虽然年年亏损的业绩真的不怎么拿得出手，但投资人依然对京东的未来抱以极大的热忱。究其原因，是因为刘强东讲了一个好故事，在故事中，京东的自营商品、合作商户、金融服务产品以及遍布全国的自建物流，组成了一个"生态圈"，而正是这个"生态圈"，打动了投资人的人。

事实上，在上市成功后，这个"生态圈"正在发生"魔力"，比如合作商户可以通过金融服务产品先行借贷，实现资金的腾挪，还比如说通过自建物流开放给第三方商户，提供增值服务。也正是这个生态圈，让京东成功摆脱其他电商平台的围剿，脱颖而出。

这只是一个小型的生态圈。而在互联网世界里，还流行着一个更大的生态圈，即通过战略合作、资源对调、平台开放、线上线下互动等方式，组成同盟军，在更大的平台上服务。如京东与腾讯的合作，百度、万达、腾讯的跨界合作，阿里巴巴与银泰集团的合作等，都属于这个更大的生态圈。

有专家认为，相对于系统化的、目标化的内部生态圈，外部生态圈的想象价值更大，因为每个企业各有所长，在跨界合作中，大数据、商品、物流、服务、通讯将重新"排列组合"，并创造出更多的商业服务可能。

不过，愿景虽好，但要打造更大的"造梦空间"，难度系数也更大。一方面，加入到外部生态圈的企业许多来自互联网世界之外，而每一个巨头企业大都脾气不小，与互联网企业是否能真正结合，并不好说。另一方面，由于是战略合作而不是"内部控制"，这就要求企业之间彼此打开数据库和资源，诚心相对，否则"外部生态圈"就可能徒有外表，难见实效。

嘉宾

钱世政

复旦大学管理学院会计学系教授

"互联网生态圈可能各有特长，每个企业都可以在互联网生态圈内各自找到自己的那个圈。"

李玲芳

复旦大学管理学院产业经济学副教授

"人的需求是多种多样的。大的平台提供的是丰富的需求，可以上平台去寻求满足需要的商户，但'小而美'的垂直电商，可以更专业化、更准确地解决问题。"

邹德强

复旦大学管理学院市场营销系讲师、博士

"社会化商业最根本的问题，是你所号称的那个社会化是否以及究竟多大程度上促进了价值的创造感知和传递。"

刘 杰

复旦大学信息管理与信息系统系教授

"物联网把'物'和'物质的人'通过RFID(无线射频技术)和传感器等链接到互联网，从而给'物'赋予智能。"

从阿里、京东看生态圈与产业融合

↓ 如何看待阿里IPO过程中电商模式的"中国式创新"？

钱世政

中国式创新，事实上是在经济转型期中通过互联网重建商业模式，正如麦肯锡上海公司合伙人罗斯(Erik Roth)所言，通过"商业化创新"找到了一个利用现有技术和商业模式占领市场的途径。阿里在这方面有一些探索，譬如2002年在中国率先对客户进行诚信认证，建立了征信体系，这为其12年后建立阿里金融铺平了道路。又比如2005年阿里用股权置换的方式获取了雅虎在中国的搜索引擎，从而拥有了同行中最强大的技术平台，一举奠定了其在电商市场的地位。

↓目前中国的电商基本有两大代表，一是做平台，代表者是阿里巴巴；另外一个京东。两者相比，你更看好哪种模式？

钱世政

互联网时代永远没有固定商业模式，阿里是电商企业中个体最大的，但大未必代表强。我们可以对比一下京东与阿里这两个电商，阿里的体量虽大，但是整体脉络比较粗，京东则更加精细化拓展。2014年5月，京东在美国上市，虽然业绩是巨亏的，但是市场仍然给予了京东很大的市值，这是为何？显然，人们关心背后，是谁能读懂未来。

无论是阿里还是京东，大家都打着互联网生态圈的旗帜，那么，我们可以比比谁更有优势。

所谓生态圈，上天入地。"上天"就是与云挂钩，"入地"即与物流最后一公里对接。京东的盈利虽然不好，但引进了腾讯作为大股东，腾讯是社群社交聊天中最好的互联网公司，与电商平台是两回事，这使得两者之间可以形成有效的互补。在这个层面上，阿里的即时通信并没有做出成绩，"来往"半死不活。作为京东的第二大股东，腾讯自己不做电商，而是完全开放给京东，换了京东15%的股权，这种协同效应是1+1大于2的。

往下，京东集团从2007年开始自建物流，可以做到8点订货，11点送来，解决了自营电商的最后一公里问题，大大提高消费体验。如果说互联网经济的最大体验就是"好玩，体验至上，用户至上"，那么无疑京东是成功的。

↓阿里的生态圈有何可取之道？

钱世政

我认为阿里赢的地方在于金融。

金融未来的发展，是阿里最让人看好的地方，把支付宝独立在阿里集团之外另起炉灶，也恰恰是阿里最聪明的，因为金融的成长性不可估量。众所周知，金融就是信息交换，不需要物流，需要的是征信体系，阿里在2002年已经做了诚信体系认证，这就是为何去年支付宝转身推出"余额宝"，人们能信得过。这是信用积累，十多年来中小微客户的信用积累，是它最大的宝藏。

↓无论是京东还是阿里，都在试图构建全产业链模式，构建自己的商业帝国。那么全产业链是否会是电商未来的生态环境？

钱世政

电商生态圈和全产业链其实略有差异。全产业链是指物联网在互联网的情况下彼此结合，但是全产业链太过庞大，不可能人人都做得到。互联网生态圈可能各有特长，每个企业都可以在互联网生态圈内各自找到自己的那个圈。

再以京东为例。刘强东曾经说过，如果要赚钱，京东早就能赚了，这里面的潜台词就是做生态圈，这个生态圈是指自建物流。然后，腾讯与京东联手了，生态圈又扩大了，双方的合作有后发优势，微信带来大量的用户黏性以及应用软件。这个生态圈中，已经不是只卖物质产品了，背后是精神消费产品，前途不可估量。

其实，京东并不是阿里唯一的对手。现在，万达、腾讯、百度联手了，"腾百万"不是土豪，我很看好他们的合作，因为未来的生态圈可能比京东更加厉害。大数据处理不是腾讯的特长，是百度的特长，所以合作带来的商业模式，更加值得期待。

↓这种互联网生态圈的商业模式有没有共同点？

钱世政

商业模式没有固定，但能提炼出一些共同点。首先，互联网能把个性化的产品变成个性化的服务，过去没有想到的，在互联网上都能轻而易举地做到。随着大数据、云计算的发展，可以发掘、延展得更多。

其次，产业融合能推动经济的创新转型。比如制造业和服务业正在前移，过去制造业企业只专心造东西，不搞营销，现在把第二产业和第三产业融合在一起了。

这里有个专有名词叫做"产业网络"，产业网络不是网络组织，是互联网把没有关联度的企业结合起来。现在的"产业网络"证明，第二产业与第三产业能融合，第一产业与第三产业也在融合。所以说，互联网能改变传统经济的表现就在这里。举个例子，互联网对于房地产的渗透，目前仅仅放在互联网的销售上，我觉得很狭隘，事实上销售并非关键，互联网对房地产的改变应该表现在量身定制上，提供智慧社区，否则房地产商依然只是造房子的功能。

↓如何用互联网思维改造传统企业？

钱世政

先举两个例子。一个例子是小米卖手机，人们认同小米手机，是因为认同背后的互联网生态圈。还有一个例子是特斯拉，这台电动车能够风靡世界，很大一部分原因，它是搭载苹果iOS7的第一辆车，这是物联网时代的车联网经典，特斯拉作为移动互联网和新能源两大新兴产业的交汇点，其走红是消费者对互联网思维和体验经济的认同。

传统手机和汽车，本来都是与互联网割裂的，但是通过互联网思维，焕发了新的活力。

互联网经济学告诉我们，一、互联网降低了准入门槛；二、它解决了信息不对称；三、它降低了交易成本。既然是这样，互联网后面的商业模式，还有什么缺乏想象力的地方呢？

此外，互联网的基础是IT技术，这是具有无限可能的，软件技术是否能让销售具有个性化？这些都是能够改造传统企业的"利器"。

瓦解信息不对称，寻找多元需求

↓在移动终端不断发展、移动应用海量增长的当下，应该怎样看待电商行业的现状？

李玲芳

现在很多企业在做移动电商，也有一些导购平台，但从现状来看，还是不能满足全面的需求。腾讯抓住了朋友圈的朋友关系，可一旦过度，一直在发推广、营销信息，也会引起反感。互联网，包括移动互联网，提供了很好的渠道，减少了物理空间和时间上的限制。但限制减少之后怎么办，还有待进一步探索。

↓从线上到线下的O2O是现在移动电商发展的重点，如何看待这一波O2O的热潮？

李玲芳

电商发展的潜力确实是将线上和线下连起来，将线下的习惯带到线上，或者说在线上满足线下的需求。比如万达，此前也做过电商，但不算太成功。因此，他们考虑联手腾讯和百度，将人的需求和线下体验结合起来，就能发挥自身优势。以前的电商和线下购物是有一定矛盾的，很多人在线下试完之后跑去网上买。如今，线上线下结合得更紧密了，如果能把利益机制设计好分清楚，将线下体验和线上引流结合起来，可能结果会更好。

↓这样的结合应该怎样实现？

李玲芳

电商也好，互联网也好，只不过是把很多线下的生活连接带到线上，更好地搜索和信息匹配，从而满足需求。

未来要发展商业，还是要更深入地想一想人的需求是什么。比如我去买书，亚马逊会根据大数据算法给我推荐书籍，确实很符合我的口味，此后就一直会用。相应地，如果到一个陌生城市，推荐的餐厅、便利的生活服务设施，一旦能有线上的应用来实现推荐，也能给线下带来很好的体验。人的注意力都是有限的，到了最后，线上的生活和线下的生活会高度融合。

↓现在大数据、云计算等概念不断进入电商领域。您刚才也提到了亚马逊的推荐机制，您觉得这些概念如何在电商领域"施展拳脚"？

李玲芳

商业的核心价值在于满足需求，最核心的问题是通过各种方法来解决信息不对称从而达成交易，电商也不例外。最核心的问题是通过各种方法来解决信息不对称。通过大数据来解决推荐问题，本质也是挖掘潜在的需求。包括网上的诚信系统，也是在解决货物质量是不是能符合买家需求的问题。物流也是为了满足大家能够快速拿货的需求，支付宝解决了在线交易的保障需求。各种服务，最终服务的还是人最基本的疑虑和需求：有保障、有诚信的好交易。

↓现在的电商行业，尤其创业公司，都在提一个说法：不要做平台，要做垂直领域的"小而美"。对此您怎么评价？

李玲芳

建平台也好，做小而美的电商也好，还是取决于有什么资源。有一次我去泉州调研一个做服饰的跨境电商，创业起家时只有500元资金，到后来年营业额2亿元。那位创业者的理念就是，商业的本质是利他，让交易对方也得利。大也好、小也好，关键是满足他人的需求。

大的平台对接的可能是大量的买方和卖方，小而美更多直接面对用户。这些年我给学生上课的时候，经常让他们填写最常用的网站的App，3、4年前只有很少的人填哔哩哔哩，但最近有很多学生填了。看动漫、影视剧还使用弹幕的需求，年轻人里很充分，70后可能就不太接受。

人的需求是多种多样的。大的平台提供的是丰富的需求，可以上平台去寻求满足需要的商户，但"小而美"的垂直电商，可以更专业化、更准确地解决问题。如果我喜欢小众的东西，去那些垂直电商也就够了。

↓除了小而美，目前在母婴、酒类等垂直领域也有一些已成规模的电商平台。这会不会和阿里、京东等巨头形成竞争？

李玲芳

我给你举个例子。家门有一条路，对面有2个水果店，相距不到500米，马路这一边也有两个水果摊。这4家定位都不同，但都有盈利。马路对面，一家水果店是全国连锁的，东西相对精品一点，包装和服务也好；另一家东西相对差一点，但服务态度不错。在马路这一边，有一辆大货车在卖水果，东西很一般，但就是便宜，还会搞一些团购。另一个小摊没有实物，就开着特斯拉停在小区门口，只做进口水果和有机农产品的团购。500米不到，就有4家水果店生存下来，说明人的需求是多层次的，只要找到自己擅长的领域发力，都能盈利。

↓关于移动端和PC端的讨论，目前也有不少。风投目前也较为集中地为移动互联网项目投钱，您怎么看待这两块未来的发展趋势？

李玲芳

移动互联让人很方便地随时随地拿出智能终端，做些相关的事情。但移动互联的东西多了，App也装不过来，人的注意力毕竟有限，用得最多的也就是某一些App。

总体而言，无论移动端还是PC端，都是一个网，可以连起来。线上很多事情都可以做，线下也可以做，都是为了满足各种各样的需求。最终，两端融合是一个趋势。

从社会化媒体到社会化商业

↓一个企业在商业推广中为什么需要社交媒体？

邹德强

一个企业需要社交媒体有很多原因，很多企业通过社交媒体搜集顾客的声音，做好客户服务；一些企业通过社交媒体获得创造新产品的点子，还有一些企业会把社交媒体作为销售产品的新渠道。还有一个原因，我们需要这个免费的媒体能够去节省点，甚至消除掉很多企业做广告的成本。所有的媒体其实看起来就像管道一样，这个管道有两部分的东西，一个就叫结构，也就是媒体渠道；另一个是管道里面的液体，叫内容。

↓ 目前企业在社交媒体上做产品宣传，有哪些常见的误区？

邹德强

在社交媒体上做宣传，有一条非常违背直觉的原则，就是尽量不要谈论产品。我们多数人都特别高估人们对自己的产品或者服务的兴趣，但其实我们的产品，对多数人来说是毫无吸引力的。

多数企业现在是这么干的：微博上你随便抓几个转发此微博同时@三位好友就可抽奖，奖品一般都是 iPad，这有什么问题？如果我是那个被@的人，我会想，咱俩人缘关系有这么差吗，我是你为了获得抽奖机会的一块垫脚石？那如果是这样，人们不仅不能够去得到社会资本，还会去丧失社会资本。如果我们改一下这个规则说，@三位好友，你不会有抽奖的机会，被@的人会有抽奖机会。人们的想法是不是就会有变化了呢？

↓ 那么我们如何在社交媒体上宣传产品？

邹德强

可以举一个优衣库的例子。优衣库有一个方法，他们创立了一个社区，那里有两群用户，一群人是提供内容的人，另一群人是阅读内容的人。那些提供内容的人把家里衣柜里优衣库的衣服混搭一下，穿在自己的身上，然后拍一堆照片，上传到这个社区。而其他用户就可以看到你分享的穿衣效果，可以给赞，还可以给你留言写评论。这样一种方式，相比我们在杂志上做广告有什么好处？第一，优衣库所有的产品都有了展示的机会；第二，如果一个消费者长得很胖，她可以看一下，有哪些其他的人也长得很胖，穿在她身上好看的衣服可以借鉴。

这里面能说明什么问题？就是企业需要创造一套崭新的激励机制，确保消费者在做一件事情、实现自身利益最大化的同时，对企业利益也是最大化的。多数情况下，企业要求实现利益最大化的事情，恰恰是损害消费者利益的。在社交媒体上，我们需要实现消费者追求的利益和企业追求的利益双方是联动的，我们把它叫做激励相容的一套机制。

↓社会化媒体真正关心的是什么？

邹德强

社会化的媒体真正关心的是与你的顾客之间的联系，也就是说真正的新媒体并不是互联网，也不是移动互联网，而是你根据人际关系、社会资本塑造出来的彼此相互交流并且分享信息的人，才是真正意义上的新媒体。如果你找到一个人说，我们公司需要一个社交媒体战略，但你问的问题是这个：我们怎么把人们吸引到品牌上来呢？你就不是真正的社交媒体的思维，而正确的思维是这样的：我们怎样才能让人们因为我们的品牌而互相联系。优衣库创造了前面提到的分享社区，它并不是让人们联系到优衣库上，而是让一个人的穿衣智慧和体验，联系到更多的消费者市场。

↓社交媒体的这些经验如何帮助企业做社会化的商业？

邹德强

这是一个非常矛盾的概念，既要做商业的，又要不做商业的。我想强调的一点是，你需要设计一套激励相容的机制，能够去促进你的企业中，让社会化的因素去创造价值。

这里面有几个事情要考虑。第一，你创造的机制里，有哪些是服从于经济规范的，有哪些是服从于社会化规范的，一定不要让经济规范去排挤或扼杀掉社会化规范。第二，要确保自利动机和利他动机，要把这左边和右边不同的机制摆平，确保他们是彼此协同的，社会化商业最根本的问题，是你所号称的那个社会化是否以及究竟多大程度上促进了价值的创造感知和传递。如果做到这一点的话，你的社会化商业就是成功的。聪明的企业的做法，一定不是自己硬生生地创造出那种逼着大家、诱惑大家去传递的东西，而是说你创造一套激励制度，让他为了自己的好处，就可以为了你而去传递这些内容，创造更多的价值。

所有数据背后都有真相

↓信息技术在电商行业中扮演着怎样的角色，有何作用与意义？

刘　杰

目前来看,应用普遍的信息技术就是互联网,互联网发展到现在一个重要的阶段就是移动互联,与互联网密切结合的相关技术还有物联网、云计算和大数据,这些技术现在对商业的影响都比较大。也就是说,信息技术中对商业影响最根本的还是互联网,因为不论是物联网,还是云计算,它们的基础仍是互联网。从社会交往和商业交易角度来说,互联网改变了其中最基本的信息交换活动,带来的变化,一是速度快,其次是开放,三是去中心化,可以实现端对端。

↓现在我们说信息流,很多人都会提起大数据,您觉得大数据在电商中的重要性在哪里?现在大数据的开发利用处于哪个阶段?

刘　杰

《魔鬼经济学》一书中有一句话说得好,所有数据的背后都有真相。例如,随着物联网中与顾客有关的穿戴设备、车联网的发展,包括顾客在网络上浏览的行为数据,这些数据的背后表现出来的,就是顾客的消费需求与习惯。过去这些数据很难采集到,并且也无工具去处理;而现在,无论是大企业还是小企业,都可以通过相关的计算技术来更好地感知市场需求,把握消费者的行为了。

目前来看,大数据虽然还处于概念阶段,但是这个概念可以让企业树立起数据应用的思维。现如今,许多企业都积累起了大量的数据,目前的一项重要工作就在于如何更好地利用这些数据。例如,上、下游的企业在面对最终市场顾客需求时,可以通过对历史数据的分析,在供应链中协同起来,以较低的整体供应链库存来更好地满足市场的需求。

从企业角度而言,对大数据的理解无须死抠定义,不管现在是否已经进入到大数据阶段,对于大多数企业来说,可以应用的数据确实存在着。因此,对这些企业的决策甚至生产计划的安排,都应该基于数据来说话了。随着移动技术、物联网等的发展,能够获得的数据量也会越来越大,数据的应用在未来也会越来越广泛。

↓现在企业张口就说利用大数据,在您看来,企业是否真的有处理大数据的能力?在使用过程中,有没有什么误区?

刘　杰

企业目前可以通过已有数据的应用逐步建立起大数据的思维,比如,在数据分析的基础上可以应用80/20原则找出更有价值的客户,但是很多企业忽视了已有数据的应用,许多企业手中徒有大量数据,但是却无从运用,对数据背后隐藏信息的挖掘,还有所欠缺。

目前,国内很多企业的管理还是比较粗放,并没有更好地运用数据辅助管理决策。这从近年来的"双十一"打折时,淘宝系中的服装销售一打折就是上百亿就能看得出——这就说明服装行业的管理太粗放了,库存量太大了。如果企业能拥有市场数据并且能加以运用,哪有那么多库存?

企业对大数据的应用误区体现在两个极端:一个极端就是对数据无感觉,仍然用传统的经验方式来做决策;另一个极端就是无限依赖大数据,后者在一些电商企业表现更加突出。事实上不论哪一类数据,都是难以完整表达客观现实的,最终还应该靠人做决策,大数据只是起到决策辅助作用,不能代替一切。例如,有人在网上搜索过"去殡仪馆的路线"信息后,后面推荐给他的就都是骨灰盒、墓地等,给人感觉很不好,这就说明,现在的有些推荐系统完全依靠数据,并没有考虑对象。

另外,完全根据数据来做推荐,也会使顾客感觉自己的隐私被偷窥,很不爽。例如,美国媒体曾报道过,一个超市根据女性消费者买维生素的情况来判定是否怀孕,进而寄送孕妇用品广告,这就可能会无意中泄露个人的隐私。大数据和隐私密切相关,滥用大数据也会带来负面效应,因此,企业应注意使用的技巧,比如上述案例中,超市后来就在其他广告中"无意间"夹杂怀孕用品的广告。

↓ 在大数据的挖掘上,未来有没有更大潜力?

刘 杰

目前关于真正的大数据的许多处理技术还处在发展阶段,所谓大数据,除了数据量大之外,还表现在数据种类多等特点,即除了文字、数字等结构化数据之外,还有大量非结构化的图片、视频等数据。目前阶段,对结构化数据的处理技术相对成熟,对非结构化数据的处理工具还有待发展。不过,更多的信息是存在于非结构化的数据中的,比如,人们在网络上仅仅通过文字进行交流,表达的信息量其实并不充分的,其他比如表情、肢体语言及情绪等更多的信息是无法传递的。目前,我们对照片、声音、影像等处理的商业化技术尚未成熟,大数据的应用也因此受到了局限。

数据应用的潜力巨大,因为与物质材料和能源相比,数据资源具有两个重要特点:一是可再生,可以从原有数据的处理中不断再生出新的有价值的数据来,一个简单的例子如证券公司,就可以对已有数据进行处理产生新的有用数据来;二是可共享,一个人对某个数据的拥有并不影响其他人对该数据的拥有。通过数据的这两个基本特点,就可以了解到在未来数据应用的广泛性。

↓ 能否说说物联网与云计算对电商的作用?

刘 杰

物联网把"物"和"物质的人"通过RFID(无线射频技术)和传感器等链接到互联网，从而给"物"赋予智能。由于物联网的使用，带来了更大的数据量，而云计算的出现，则解决了大数据的存储与处理问题。以前只有大企业才能买得起的计算设备，现在小企业也可以通过租用云计算资源来获得了，即将原来需要购置的固定资产变成了租用费。租用云计算的优点包括一次性投入费用低、建设速度快、维护质量高等，所以，对于一般企业开展电商业务而言，就不需要设置专用的机房等了，部署的速度也得以加快。这样，中、小企业在开展电商等业务方面所能够拥有的计算能力就可以与大企业平起平坐了，这也促使了整个竞争格局的改变。

举个简单的例子，淘宝就使得草根们也能做大生意，这就是由于整个阿里通过云计算来服务每个淘宝卖家，并且还给这些卖家提供很多与其业务相关的数据分析报表。当然，移动技术、云计算等信息技术的渗透性很强，也已经让我们很多人难以分清工作和生活的界限了。

当然，对于中小企业来说，应该学会把云计算看作是自己的重要能力组成部分，但是，也要注意不要为了云计算而云计算，要根据自己对数据的安全性、投入产出等判断选择是否采用云计算。

【延伸阅读】

《魔鬼经济学》

作者：Steven Levitt, Stephen Dubner

（广东经济出版社）

"所有数据的背后都有真相。"在这本书中，作者展示了搜集来的各种数据——学校的考试成绩、日本著名相扑手的秘密证据、房地产经纪人的买卖记录，甚至还有黑社会卧底的秘密日记……通过对这些数据的分析，得出了种种令人跌破眼镜的结论。用数据分析你所看到的世界，才知道原来真实的世界是这样的。

同时，作者取材日常生活，以经济学的方式来探索日常事物背后的世界：念书给婴儿听会不会使他日后成为一个好学生？游泳池比枪支还危险？贩毒集团的结构其实和麦当劳的组织很像，而且基层员工和小弟都没赚头，钱都进了总裁和大哥的口袋；父母教养方式的差异对孩子影响不大。书中确立了一个有悖于传统智慧的观点：如果说伦理道德代表了我们心目中理想的社会运行模式的话，那么经济学就是在向我们描述这个社会到底是如何运行的。

互联网金融：工具创新还是产业革命

随着互联网技术在金融领域的应用日益深入，大数据、云计算、社交网络等新兴互联网技术正在悄然改变着传统的金融业务。金融与互联网的联姻引发了诸多商业模式变革和服务模式创新，直接推动了金融市场环境、客户需求和服务模式的深刻变化，催生了互联网时代的金融新业态。

从 P2P 网络信贷的风起云涌，到阿里巴巴的马云撂下"改变银行"的狠话，再到余额宝掀起的阵阵热浪……互联网金融在中国的火热程度绝对让人吃惊，模式更是层出不穷。2014 年第四季度，波士顿咨询公司在一份报告中称：预计到 2020 年，中国通过互联网金融实现的资金投资、理财覆盖率将会从目前只占人口的 3% 增长到 25% 至 30%。这一数据的一大重要支撑依据正是源于近两年来中国互联网金融市场的"大爆发"。

来自一家第三方数据平台的统计显示，截至 2015 年 6 月底，中国 P2P 网贷正常运营平台数量上升至 2 028 家，相对 2014 年年底增加了 28.76%。目前已有 55 家平台获得风投，国资系平台数量达 59 家，上市系平台增至 42 家，银行系平台数量达 13 家，还有部分网贷平台为复合背景。除了风险资本，银行、国有企业、产业资本都在陆续进入这一领域，掌握"大数据"优势的电商平台、互联网公司也已开始谋篇布局，且进入者名单还在不断增加。

当我们为"极为诱惑"的商业前景而热血沸腾时，是否想过，互联网金融是什么？它是否具备发展成产业的基本特征？或者只是一个为支持金融服务而衍生出来的工具？如果它是产业，支撑其发展的生态体系如何建立？如果它只是工具，如何利用这个工具，诠释金融行业的服务本质？

嘉宾

丁 蔚

上海浦东发展银行总行电子银行部总经理

"借助互联网技术对客户行为数据的搜集和分析，能够有效消除金融服务借贷双方的信息不对称情况，让金融服务的过程更透明、更对等。"

骆品亮

复旦大学管理学院产业经济学系副系主任、教授

"如果说传统银行主要是基于自身力量来开展封闭式的创新，那么互联网金融企业的优势，在于整合价值网络上的优势，创新资源开展开放式创新。"

陈祥锋

复旦大学管理学院管理科学系教授、副系主任

"互联网金融的出现，使得电子商务企业、传统金融机构、交易企业等发现，贸易服务和金融服务相互交叉的重要性，这种交叉可以为各自企业未来的业务，甚至是经营模式带来新的机会。"

王安宇

复旦大学管理学院管理科学系副教授

"传统银行和所谓的互联网金融企业，未来会根据自身资源禀赋分别选择适合自己的产业价值链环节，进行价值共创。"

周 汉

融道网创始人、CEO

"实际上，现在很多P2P公司做的正是商业银行不愿意做、不屑做的业务，比如小微企业信贷，是传统的商业银行把这一业务空白留给了互联网行业。"

严定贵

"你我贷"创始人、上海嘉银金融服务有限公司总裁

"颠覆性或许还不能说，但至少能促进金融机构去变革，借助互联网的力量，可以让金融机构对接结算、信贷、购买、理财等需求的过程变得更为便捷。"

张海晖

阿里巴巴政策研究室（金融与支付）高级专家

"互联网的基础就是开放、平等和分享，借助互联网金融，无论是否'高富帅'，都有接受同样金融服务的权利。"

商建刚

三级高级法官、原大成律师事务所高级合伙人

"将来，银行肯定需要考虑如何维持大量经营网点带来的巨大成本问题，而当银行因为成本居高不下而不得不减少网点时，我认为这就是互联网公司颠覆传统银行业的标志性事件。"

↓什么是互联网金融？有哪些特点？目前，它在国内的发展是一番怎样的状况？

丁　蔚

从余额宝到人人贷到陆金所，一系列新型的互联网金融平台的兴起，令这个新型金融业态引来前所未有的关注。

什么是互联网金融？在我看来，任何依托互联网而存在和发展的金融业务，都属于互联网金融。其实，无论是互联网金融还是金融互联网，都是互联网企业和传统金融业之间的一种跨界的深入融合，这种深入融合的本质，是利用互联网技术以及自身的运营模式去拓宽金融服务的内涵，创新金融服务的方式。

在我看来，互联网金融主要有"广、高、明"三个特征：

第一个是"广"。传统金融服务受制于银行网点的服务半径，服务范围是有限的，服务对象也是有限的。但互联网金融下，通过互联网的触角，摆脱地域的限制，能够将金融服务延伸到每一个互联网所覆盖到的地区，使得更多的大众群体能够共享金融服务。

第二个是"高"，是指效率的提高。以信贷为例，传统信贷服务需要经过人工实地调研、形成审批材料、按照"支－分－总"层层审批的多环节处理，不仅需要较大的成本投入，在效率上也经常不能满足急迫客户的需求。而互联网金融通过大数据、大平台的运算，能够批量化、快速进行业务处理，有效降低经营成本、提高服务效率。

第三个是"明"。借助互联网技术对客户行为数据的搜集和分析，能够有效

消除金融服务借贷双方的信息不对称情况，让金融服务的过程更透明、更对等，这也符合互联网开放、平等的特征。

目前来看，互联网金融已经包括第三方支付、P2P网贷、众筹融资、在线理财产品的销售、金融电子商务等模式。从银行传统业务领域看，主要有网上支付、网络信贷与网络理财三个部分。未来，随着不断创新，互联网金融还会出现更多的业务模式。

骆品亮

在我看来，互联网金融有三大特征。

第一个是核心资源和核心能力不同于传统银行。如果说传统银行的核心资源是物理网点，那么互联网金融企业的核心资源在于平台节点，也就是它所拥有的边的数量以及每个边的规模。双边平台具有交叉网络外部性的特征，它所拥有的一个边规模越大，平台对另外一个边的吸引力就越强。比如，支付宝与天弘基金合作开发的余额宝，实际上就是充分利用了支付宝背后8亿账户这么一个强大的边。最近浦发银行与腾讯的合作，实际上也体现了交叉网络效应。因此，如何发展新的边，也就是所谓的增值服务，以及如何增加每个边的规模，就成为互联网金融企业价值创新的重点。

第二个特征，创新风险和创新成本降低了，创新效率就大大提高。随着云计算技术的发展，互联网金融企业很容易基于每个边的用户大数据分析，来降低信息不对称所引起的交易风险，提高资金融通效率。比如，阿里巴巴根据B2B用户的历史数据进行风险甄别，为商户提供小额贷款。所以，互联网金融平台上的品类拓展和业态扩张，都是轻而易举的。

第三个特征，互联网金融具有开放性创新的特点。如果说传统银行主要是基于自身力量来开展封闭式的创新，那么互联网金融企业的优势，在于整合价值网络上的优势，创新资源开展开放式创新。在这个创新生态系统当中，用户高度参与，创新者高度尊重用户的感受、体验和价值诉求。

↓互联网金融有哪几种创新模式？

骆品亮

从理论上来讲，互联网金融价值创新大致有三种模式。第一种是提供自营业务的封闭式运营模式，比如说生活缴费等代收业务、转账结算等。封闭式运营的核心能力，来自金融产品创新能力。

第二种模式是纯平台业务的开放运营模式，比如说P2P贷款，中小企业融资、众筹融资、在线理财等。这些平台型互联网金融公司的核心能力，来自对边的扩张能力。

第三种模式是半封闭、半开放的服务集成模式,也就是所谓的"自营+平台"的业务模式,它的核心能力,来自对产业网络资源的整合能力。

从互联网金融业务模式的演化规律来看,互联网金融主要是基于电商对金融服务的特殊需求而兴起的,一开始以自营业务为主,随着互联网公司用户基数的爆发式增长,互联网公司发现不但可以用很低的增量成本为用户提供增值服务,还可以把这些用户的注意力转售给第三方。于是,平台开始走向开放,互联网金融逐渐发展成为"自营+平台"的业务模式,现在很多互联网金融公司,比如说网络贷款公司,从事的是纯平台业务。由于平台服务以边对边的分散交易为主,质量风险与交易维护可能会降低平台的运行效率。但是,我认为互联网金融企业的多边平台化发展,将是一个长期趋势。

↓互联网金融的创新对于传统金融机构来说,意味着什么?

陈祥锋

我更倾向于把互联网金融分为两类,其一是传统金融服务在互联网实现,如融资、网上银行、项目投资、理财等,即所谓的金融互联网;另一类是由新兴电子商务交易所引发的金融服务,如第三方支付服务、供应链金融、物流金融、现金管理、理财服务,即所谓的互联网金融。前者是借助"长尾效应"和互联网平台技术,使得普通的消费者或小企业能够参与传统金融服务所属的活动中,从而引发了传统金融机构和网上企业进行金融业务的创新。

事实上,互联网金融之所以能引起这么大的轰动效应,很大程度是因为它是基于产品交易而引发的金融服务,特别是电子商务企业意识到互联网金融使得它们有可能向贸易链中交易双方提供融资和理财服务,甚至是个人消费者提供网上支付和个人理财或现金管理服务,而这种服务,对于传统金融机构的存款、贷款、支付等业务产生了严重的潜在威胁。

互联网金融的出现,使得电子商务企业、传统金融机构、交易企业等发现,贸易服务和金融服务相互交叉的重要性,这种交叉可以为各自企业未来的业务,甚至是经营模式带来新的机会。即电子商务企业希望通过提供金融服务来增加利润源泉,增加顾客黏度和忠诚度;而金融机构则希望能融入贸易链全程,从源头到最终消费者,为这些用户提供全方位金融服务。因此,我认为"条条大路通罗马",其实最终互联网金融、金融互联网都会走向同一条道路。所以,从这个角度上来说,不会是颠覆,而更多是互相促进。

其实,伴随"长尾效应"理论和互联网技术的发展,银行也一直在创新,例如网上银行、网上支付等。银行也开始改变传统以单个企业服务为主的,而开始以服务贸易链全程的客户为服务对象。今后,我相信银行业更应该积极地投入互联网金融创新领域的探索,更加关注在产业链全程的服务创新。

王安宇

应该分两个层次来考虑：一层是互联网金融业务能否取代传统业务,另一层是互联网金融企业能否取代传统银行。

银行的首要功能是借贷功能,目前的监管政策虽对放贷有所松动,但对吸收存款是严格控制的,这种行政性壁垒给传统银行带来了绝对优势。银行的第二个业务是支付功能,我们发现第三方支付业务在很大程度上依赖于银行,第三方支付企业短期内要想做大可能难度比较大。况且这两项功能还涉及到客户对资金安全的考虑,以轻资产著称的诸多互联网金融企业,恐怕在这方面不占多少优势。银行的第三个功能是销售,网络销售具有运营成本和增值服务优势。所以,就此功能而言,互联网金融企业应该能从传统银行那里夺取大量市场份额。

从传统银行的层面来看,互联网金融企业进行的价值创新思路,无外乎是降低交易成本或运营成本,创造出新价值与客户分享,比如余额宝就是让资金的碎片化时间得以应用。但这种价值创新能力,并非互联网金融企业所独有。在技术开发、客户获取、与监管方关系维护等方面,传统银行目前都更占有优势。实际上,许多传统银行正在加大对互联网金融业务的涉足力度,成立专门机构进行基础设施建设、业务开发等。可以预测,传统银行和所谓的互联网金融企业,未来会根据自身资源禀赋分别选择适合自己的产业价值链环节,进行价值共创。

周 汉

我认为互联网金融是一场产业革命。就拿大家熟悉的电子商务来说,原来消费者都要到实体店里去购买商品,而现在越来越多的人在网上购买。电子商务中的"电子"就是互联网,作为商业的工具,两者结合后产生了全新的产业。同样的,对于金融来说,互联网既是工具,两者结合而诞生的互联网金融,也将成为新的产业。

互联网企业做金融,传统的金融行业做互联网,将来比较长的一段时间里可能还是一种融合性竞争的关系。实际上,现在很多P2P公司做的正是商业银行不愿意做、不屑做的业务,比如小微企业信贷。借助互联网技术,P2P公司在效率上提升了这一块业务,在风控上有一定的创新,在时间成本上也给客户带来了很多便利。所以说,是传统的商业银行把这一业务空白留给了互联网行业。以融道网为例,创新的网络融资B2C(Bankto Customer)模式,使得资金需求者与资金供给方的对接更加精准、高效，还引入了融资比价功能，提高了整个社会的资金融通效率，降低了资金成本，不管是对于传统金融机构还是对于新型的互联网金融，都是有利的。

严定贵

金融业是一个几千年来形成的传统产业，核心业务规模大，利润也相当高。从国内的情况来看，金融与实体经济之间依然有较大的落差。事实上，由于金融业存在垄断，造成的结果，就是整个资源配置效率的降低，许多中小型创新企业很难获取金融资源。互联网金融的发展，实际上可以融合物流、信息流甚至现金流，让金融更有效率。颠覆性或许还不能说，但至少能促进金融机构去变革，借助互联网的力量，可以让金融机构对接结算、信贷、购买、理财等需求的过程变得更为便捷。

互联网金融最初表现出来的是结算功能，由于电子商务的迅速发展，为了提高结算的便利性，满足客户的需求，催生出了这个行业的发展。随后就是P2P网络信贷行业，它为小微企业之间的借贷搭建良好的平台，同时为投资客户提供一个新的理财模式，而"你我贷"就是其中一种。

张海晖

在我看来这两者更多的是融合。传统金融服务存在"二八现象"，即用所有人的钱去服务20%的客户，结果会是20%的客户越来越有钱，而剩余的80%的人却可能会越来越贫穷。互联网的基础就是开放、平等和分享，借助互联网金融，无论是20%的"高富帅"，还是80%的"屌丝"，都有接受同样金融服务的权利。

所以在我看来，互联网与金融在产业上互相融合，在思想层面上，互联网所倡导的"开放、平等、分享"精神，对于每个人来说都是一种颠覆。

丁 蔚

从商业银行的角度来看，互联网企业和金融机构之间，并非简单的"此消彼长"替代关系。

互联网企业的经营机制、激励机制灵活，新技术应用快，对于市场需求的反应迅速，这些都是商业银行需要学习的。

但商业银行是经营风险的企业，无论是服务模式还是手段的创新，都离不开对风险的经营。在多年的发展过程中，商业银行已经建立起一整套比较完善的风险控制体系，拥有非常优秀的风险文化，积累了良好的商业信誉，比互联网企业要更懂金融。同时无论是在技术还是资本方面都具备相对雄厚的实力。还有一点不能忽视——商业银行是在比较严格的监管约束下拿到"存、贷、汇"全牌照的机构。这就使银行具有了货币创造的能力，可以保持流动性，而流动性恰恰是金融的生命线。

因此，两者要互相学习，融合创新。

我认为互联网金融是一种产业变革，但我更倾向于把互联网金融放在更长的时间轴上去预测它的影响。我们可以很清晰地看到，互联网金融的演进路径可以分为三个阶段，最早是以信息技术为基础的金融服务手段创新，其特征就是传统的金融服务网络化，比如网上银行、网上证券、网上支付等。第二个阶段是借助电商平台、社交网络等互联网服务模式的创新，去实现互联网金融的深化，比如很多商业银行最近推出的微信银行。

而产业变革，其实是指第三阶段——互联网和金融的深度融合，而不再是形式的融合。我认为，能够称为产业变革，必然要符合这样一个特征，即这个变革能够为产业带来巨大的新增价值，互联网金融无疑具备这样的潜力。首先，互联网金融使得金融资源通过更低的中间成本得到更有效、更高效的配置，更广泛的客户可以便捷地体验金融服务。其次，传统金融业受限于服务成本高、信息不对称这两大障碍，无法进入大量的个人客户、小微企业的理财、融资等金融服务市场，互联网金融为我们进入这些新的蓝海市场提供了可能；同时，金融业本身具有虚拟化的特征，是适合互联网化的行业之一，金融和互联网行业天然具备融合的基础条件。

商建刚

我认为互联网金融一定会颠覆传统的金融业。从功能来讲，银行主要有吸收存款、发放贷款以及结算功能，现在互联网金融公司至少具备结算、发放贷款的功能。银行最大的问题是大量成本的存在，包括不动产和员工成本。而互联网公司都是轻资产公司，成本压力比银行小很多。将来，银行肯定需要考虑如何维持大量经营网点带来的巨大成本问题，而当银行因为成本居高不下而不得不减少网点时，我认为这就是互联网公司颠覆传统银行业的标志性事件。

骆品亮

如果将互联网金融仅仅理解为渠道或终端变革，实际上还停留在"金融互联网"的层次上，即传统金融机构利用互联网开展金融服务。对互联网金融，我们不妨从产业生态的高度来理解，简单地说，银行等传统金融机构从事全产业链价值活动，而互联网金融企业主要从事产业价值链中某些活动环节。从发展现实看，互联网金融企业正在扩展其活动边界，有向上游领域延伸的倾向，因而对传统金融机构具有一定的替代作用，形成"旁路竞争"效应。

互联网金融对传统银行的影响，首先是从渠道创新开始，进而倒逼银行进行产品与业务创新。在一个理想的互联网金融产业生态系统中，金融机构、互联网企业、客户群、监管机构等多利益主体将找准自己的角色定位，分工协助，形成合力，共同推进互联网金融产业的创新发展，这就形成颠覆性创新了。

【延伸阅读】

《创新者的窘境》

作者：Clayton.M.Christensen

作者是哈佛商学院教授，1995年度麦肯锡奖得主。他在《创新者的窘境》里描绘了上世纪末的"硬盘驱动器大战"，在这场广泛、快速、残酷的技术变革和市场刷新中，新兴企业不断淘汰成熟的顶级企业，成就了创新颠覆的经典一幕。

作者发现，产业大洗牌现象在几乎所有的产业中都出现过，硬盘业、零售业、机械挖掘工业、钢铁业、计算机业、打印机、会计软件、摩托车业……他称之为"商业世界的运作方式"。在被颠覆掉的诸多企业中，有不少是取得伟大成功的主流企业。这些企业为什么没有抓住技术变革带来的机会？大众一般会认为，市场老大的衰败是因为官僚主义盛行、管理决策缓慢才会在创新中落后，最后被勇于创新的小公司击败。

然而，作者认为，实际情况恰恰相反，这些大公司的管理太好了，对各种创新方案的成本收益比的计算也太过精确。这些企业代表市场的主流，其产品与服务是大部分客户购买的对象。它们与当前客户走得太近，太以当前客户需求为导向，不断按照主流客户的需求改进自己的产品与服务，导致了对其他技术创新的忽视。当感觉到破坏性技术的威力时，往往来不及应对就被颠覆了。这听起来像个悖论，为什么精明的决策反而适得其反？我们不妨看看本书中的解释。

（推荐人王安宇，系复旦大学管理学院管理科学系副教授）

互联网金融：创新探索呼唤"温和监管"

对于刚刚起步却又异常火热的互联网金融来说，建立一套既鼓励创新，又不失安全性的监管机制至关重要。就在2015年7月，酝酿许久的"中国版"互联网金融"顶层设计"亮相——中国人民银行、工业和信息化部、公安部、财政部、国家工商总局、国务院法制办、银行业监督管理委员会、证券监督管理委员会、保险监督管理委员会、国家互联网信息办公室联合发布《关于促进互联网金融健康发展的指导意见》，令互联网金融行业的监管格局浮出水面。

《意见》明确，互联网金融的本质仍属于金融，没有改变金融经营风险的本质属性，也没有改变金融风险的隐蔽性、传染性、广泛性和突发性，其主要业态包括互联网支付、网络借贷、股权众筹融资、互联网基金销售、互联网保险、互联网信托和互联网消费金融等。

在监管职责划分上，人民银行负责互联网支付业务的监督管理；银监会负责包括个体网络借贷和网络小额贷款在内的网络借贷以及互联网信托和互联网消费金融的监督管理；证监会负责股权众筹融资和互联网基金销售的监督管理；保监会负责互联网保险的监督管理。

事实上，近几年，我国互联网金融发展迅速，但也暴露出了一些问题和风险隐患，例如行业发展"缺门槛、缺规则、缺监管"；客户资金安全存在隐患，出现了多起经营者"卷款跑路"事件；从业机构内控制度不健全，存在经营风险；信用体系和金融消费者保护机制不健全；从业机构的信息安全水平有待提高等。

这份监管意见为互联网金融行业系统勾勒出了行政服务、税收、法律等基础构架层面的支持与鼓励举措，在资金托管、信息披露及安全等方面也全面落实了监管责任，明确了操作底线和业务边界，也标志着中国的互联网金融真正进入了"监管时代"。

嘉宾

张海晖

阿里巴巴政策研究室（金融与支付）高级专家

"银行业正在不断地主动调整，来适应互联网金融的发展，与此同时，创新的互联网金融形态，也改善了金融服务生态。"

丁　蔚

上海浦东发展银行总行电子银行部总经理

"互联网金融正在驱动商业银行对原有的传统服务模式和盈利模式进行探索和创新。"

骆品亮

复旦大学管理学院产业经济学系副系主任、教授

"在传统银行业创新效率不尽人意的现实条件下，对互联网金融这种新生事物实行旨在鼓励创新的'温和监管'是一种现实、可行的策略选择。"

李明顺

"好贷网"创始人、总裁

"很多创新只有在更多想象空间的情况下才能实现，如果说被困在一个笼子，那就是'戴着镣铐跳舞'。"

李　娟

上海金融信息行业协会秘书长

"要处理好监管和创新的关系，金融机构针对漏洞创新，监管部门先行观察后再着手监管，这样的结果就是不断有新的金融产品产生，监管政策也会越来越完善，推动互联网金融行业朝着良性、规范的方向发展。"

商建刚

三级高级法官、原大成律师事务所高级合伙人

"把诉权交给老百姓，整个监管中除了政府、行业协会之外，就会加上消费者的力量，促成市场的自觉。"

● 机遇还是挑战

↓ 互联网金融的兴起，对传统金融领域的商业银行来说是机遇还是挑战？

张海晖

从广义的互联网金融来看，商业银行开展网上银行业务已经有约二十年的历史；如果把支付宝、阿里小贷也视作互联网金融的一种形态，其发展也有愈十年的时间；最近比较火的 P2P，2008 年左右已在国内出现。所以，互联网金融的整个生态发展，其实已有很长的时间，只是近几年，对于互联网金融的探讨才开始逐渐多了起来。

我认为，互联网金融的服务目前包括两种类型，第一种是偏内生的，第二种是偏外置的。前者是包括传统的金融业务形态，从线下变成线上的服务形式变化，如网上银行、网上证券、网上保险，也包括适应互联网经济发展的新生金融服务形态，比如第三方支付和阿里小额贷款等。而另一种互联网金融的服务是偏外置的，比如 P2P、众筹等。

我并不认为互联网金融会把银行业颠覆，但它确实改变了银行。银行业正在不断地主动调整，来适应互联网金融的发展。而与此同时，创新的互联网金融形态，也改善了金融服务生态。

丁　蔚

相对而言，传统金融服务模式存在服务成本高、借贷双方信息不对称的情况，这两大障碍使得传统的商业银行很难去服务更多的客户。而互联网金融让这些服务成为可能，所以，互联网金融正在驱动商业银行对原有的传统服务模式和盈利模式进行探索和创新。因此，商业银行发展互联网金融，本身也是积极应对环境变化的一种手段。

互联网金融的出现，要求金融服务从原有的等客上门，发展为把服务主动地推送到客户的桌面与指尖。在无数的碎片化时间里，让客户体验到无时不在金融服务，为客户创造出金融服务的新价值。在等电梯、等地铁的时候也能购买一笔理财产品，如果不借助互联网的力量，这是不可能实现。基金、保险等金融产品都可以依托互联网取得更大的发展。

● 互联网金融是否已吹起了"泡沫"

↓ 中国互联网金融目前的发展存在着泡沫吗？

骆品亮

互联网金融究竟有多少成分的"泡沫"，目前还很难用数据来证明，但我认为可以从两个角度上来看这个问题：第一，是否过度进入？第二，是否存在风险聚集，或者说产业脆弱性如何？

尽管乍看上去互联网公司要进入互联网金融领域门槛比较低，相对容易，但目前进入的都还局限于"渠道"部分，即互联网金融公司很大程度上还是依附于传统金融机构，充当其中的一个渠道公司，从事金融服务的某些活动环节。当然，由于互联网公司的介入，金融渠道的变革不断出现，根据平台经济发展的基本规律，在"马太效应"的作用下，互联网金融公司会逐渐趋向集中。因此，随着互联网金融产业的不断成长，按照优胜劣汰的市场竞争规则，产业整合将成为常态，即使存在一定的"泡沫"，市场也会自动做出调整。

互联网金融风险，倒是一个特别需要警惕的问题。一方面，互联网金融还没有相应的风险担保机制（比如存款保险制度），导致公众对其信心不足；另一方面，有些互联网金融企业脱离平台业务直接从事金融交易活动（比如个别P2P公司设立资金池直接从事存贷业务），形成道德风险问题，在一定程度上会影响实体金融秩序。所以，如果不加以预警，进行实时监控，今后有可能会对金融产业的安全性产生负面影响。

李明顺

互联网金融虽然引发了一场热烈的讨论，但在传统金融里，互联网金融的占比还是相当低。如果拿网上贷款的业务来做一个比较的话，可能发现，目前通过互联网金融机构产生贷款的整个交易额才几百个亿，而每年商业银行的贷款规模则在10万亿左右。两相比较，互联网金融的规模自然还只是"九牛一毛"。

所以，我认为今天互联网金融行业可能更多还是处于理念上的探讨，做一些布局和准备，远远没有到所谓"泡沫"或者说"过热"的阶段。

大家之所以如此关注互联网金融的发展，首先是因为看到了传统金融机构在某些服务上还存在不足。同时，从用户的角度来说，部分企业，尤其是小微企业的需求还没有完全被满足。在这样的背景下，互联网金融就有了机会，以更高的效率和更好的用户体验去服务，这才是互联网金融在当前如此受关注的本质原因。

李 娟

谈互联网金融"泡沫"还为时过早，我认为现在整体的互联网金融如雨后春笋般的爆发，更像是"春秋战国时代"群雄并起。从行业发展的规律来看，互联网金融行业应该包含以下这三个方面内容：一、产生标杆性的企业；二、制定"一流企业标准"，细分相关领域的行业标准和规范化建设逐渐成熟；三、监管部门发布监管制度。

监管政策未来走向何方

↓对于互联网金融的发展来说，关键是否在于要平衡效率和安全？

骆品亮

对互联网金融的监管主要是解决三个基本问题：该不该管？如果要管，管什么？以及如何管？

在互联网金融发展初期，监管政策的切入点应是鼓励互联网金融业态的创新与发展，在繁荣和丰富互联网金融业态的过程中有选择地进行监管。所以，我觉得管不管是一回事，管得好不好是另外一回事。对于互联网金融产业创新，要有选择性地管，管住最关键的环节，哪些关键环节容易出风险，就必须把它控制住。比如说，技术标准体系、产业安全标准、市场竞争秩序等，如果偏离轨道就要预警与监控、纠偏。我个人认同"先发展后监管，边发展边监管"的监管路径选择。

监管策略的制订，需要在保证产业安全的条件下提高产业创新效率。监管是一把双刃剑，严厉的监管可能会挫伤互联网金融企业的创新热情。但是，没有约束的创新，更可能导致互联网金融乱象，导致"多输"局面。所以，在传统银行业创新效率不尽人意的现实条件下，对互联网金融这种新生事物实行旨在鼓励创新的"温和监管"是一种现实、可行的策略选择。

"温和监管"的关键，在于我们如何认识互联网金融的业务模式。业界的"金融互联网"和"互联网金融"两种叫法，在我看来，区别主要体现在三个方面：首先，概念范畴不同。金融互联网是一个网络的概念，而互联网金融是一个产业的形态。简单地说，金融互联网是运用互联网将金融服务主体（以传统金融机构为主）联结起来的一个网络，而互联网金融是在互联网技术环境下的各种金融服务业态。其次，运营主体不同。金融互联网的运营主体是金融机构，而互联网金融的运营主体是多元的，包括传统金融机构、互联网企业、金融产品（比如资金、信息、理财、保险等）的供给与需求方等，具有产业生态圈的特征。最后，两者是互联网与金融产业融合的不同阶段。金融互联网反映了产业融合进程中的技术融合阶段，主要表现为互联网技术对传统金融业渠道体系的冲击，可以说是一场终端变革或者工具创新。而互联网金融反映了产业融合进程中的业务融合与市场融合阶段，是更深层次的融合，集中表现为互联网技术条件下的各种金融产品与业务模式创新。

这就带来一个重要问题，金融业务能不能开放？牌照如何发放？而背后实际上涉及了安全性、风险等问题。因此，所谓的监管方面的"温和性"，其核心在于互联网金融业务到底应如何界定。与此同时，现在互联网公司和传统银行处于混杂共存的状况，因为互联网公司只是渠道，可以与银行实现业态互补，建立良好的利益均衡协调机制，从而实现共赢。然而如果业务出现同质化，大家开始拼价格，甚至出现封杀、相互之间玩"屏蔽"，就会破坏整个行业生态。

所以，我认为"温和监管"主要是三个方面：一是传统金融业务的开放问题；二是互联网金融业务安全标准体系问题；三是互联网金融业务竞争秩序的规范问题。

商建刚

我赞同不能管太多，因为可能会管死，但是究竟应该怎么管，我看还是要管两方面。一个是要把钱管好，涉及公众的资金，所有互联网企业无论是通过什么样的方式获得的资金，都必须由银行监管。第二个是要把信息管好。比如，把钱放在那里，万一涉及融资的企业倒闭，绝大部分的公众利益不会受损。在把信息和钱管好了的前提下，业务创新方式、业务产品都可以不管。

怎么去监管，我有几个看法。首先，国家需要针对整个行业的特点，制定出固定、专门的法律，成立专门的监管互联网金融行业的机构，这是第一个层面。

第二个层面，这个行业还有高度的成长性，应该发挥行业协会的作用，要求企业在协会中实现自律，制定行业标准。现在其实已经出现了一些标准，例如平台只能提供信息，不能成为交易的一方，也不能为一方提供担保，不得挪用资金等。

第三个层面，我认为应该把诉权交还给老百姓。如果一些企业出现违规、违法的情况，不能只是政府教育监管、处罚，而是应该要把起诉的权利，甚至索赔的权利交给老百姓。如果把诉权交给老百姓，整个监管中除了政府、行业协会之外，就会加上消费者的力量，促成市场的自觉。

李 娟

目前为止，美国互联网金融发展超前于欧洲，监管政策也是一个重要的推动因素。在互联网金融监管上，美国主要是通过补充新的监管法律法规，使原有的金融监管规则适应网络金融要求，对网络金融的监管采取谨慎宽松的政策，这使得网络金融市场准入的门槛很低，现有金融机构可直接进行网络金融业务。而欧洲采取独立方法对互联网金融进行专门监管，坚持适度审慎的监管原则。

从促进新兴行业发展的角度来看，创新的互联网金融行业在现阶段正处于蓬勃发展阶段，完全植根于市场之中，目前对其"最好的监管也许是暂时不监管"。因此，个人认为，一是可以借鉴美国等发达国家处理创新和监管的经验，结合我国的实际情况，从组建行业协会做起，通过行业协会，把行业自律和加强风险控制等方面的工作先做起来。二是处理好"监管"和"创新"的关系，金融机构针对漏洞创新，监管部门先行观察后再着手监管，这样的结果就是不断有新的金融产品产生，监管政策也会越来越完善，政府相关部门应站在"创新行业，发展产业"的角度，推动互联网金融行业朝着良性、规范的方向发展。

李明顺

对于互联网金融行业，未来政府管理部门更多要做的是"监督"，而不是监管。比如，可以制定一些法律来保障互联网金融消费者的基本安全，但不是说硬要去限制互联网企业的各种经营行为。因为，很多创新只有在更多想象空间的情况下才能实现，如果说被困在一个笼子，那就是"戴着镣铐跳舞"，不可能实现创新。

【延伸阅读】

《已经发生的未来》

作者：Peter F. Drucker

（东方出版社）

该书预见了人类生活与经历的三大主要领域的变迁：一、"后现代"新世界的思想转变；二、世界面临的四个现实性挑战：知识型社会、经济发展、政府的衰弱和东方文化的变化；三、人类存在的精神实质。这些都被视作"后现代"社会的基本元素。

作者在书中说道："在过去20年的某个不经意时刻，我们悄然走出了现代，进入了一个新的无名时代，充满机遇、危险和挑战的新领域将随之出现。"这也许用来描绘互联网金融正合宜。我们生活在互联网时代，带着互联网思维方式享受的金融服务产品，它像十年前兴起的电子商务、二十年前流行的网络技术一样，将彻底改变我们的生活。

P2P 的监管与未来

　　网络红人凤姐最近发布了一条长微博，题目为"屌丝一定要学会理财"，讲了自己在美国和中国的理财经历和理财心得。提到自己对股票失望，后来上了 P2P 平台 Lending Club，接着开始关注国内的一些 P2P 网站，倡导大家一定要多多学理财。

　　P2P 理财是一种新兴的理财方式，它的本质是民间借贷的线上化。由于近年来中小企业融资困难，从线下小贷公司借钱成本又高，这种借贷形式逐渐开始兴起。经过近几年的发展，P2P 平台已然从单纯的信息撮合平台，变成了集存贷款功能于一身的类金融机构，对于投资人来讲，通过 P2P 平台能更方便地参与投资获取收益。但是随之而来的是，全国陆续有 P2P 平台倒闭或出现提现困难，这些平台问题各异，包括跑路、虚假标的、高息标的、自融、担保形同虚设等。

　　因此，2015 年 7 月 18 日央行联合十部委正式公布了《关于促进互联网金融健康发展的指导意见》，自此标志 P2P 网贷行业进入有法可依状态。紧接着 7 月 31 日央行发布了《非银行支付机构网络支付业务管理办法（征求意见稿）》，8 月 6 日最高人民法院发布了《最高人民法院关于审理民间借贷案件适用法律若干问题的规定》，8 月 12 日国务院法制办公室发布了《非存款类放贷组织条例（征求意见稿）》。监管政策"四连发"，明确了很多有关 P2P 网络借贷的行为准则和法律责任，成为未来行业稳定发展的基石。

　　行业监管细则的出台从长期来看对整个 P2P 行业吸引资本、加速规范化运作、争取上市融资具有积极的推动意义。未来，互联网金融行业的发展空间将是巨大的，但对企业金融属性的要求越来越高，专业的风控能力是企业发展核心竞争力。在面对新形势下的资金和平台安全挑战，P2P 平台需要形成一套适合自身和互联网发展的风控体系。

嘉宾

骆品亮

复旦大学管理学院产业经济学系副系主任、教授

"行业发展必须要讲'生态化发展'。除了行业自律外，还需要第三方监管，需要政府规制。"

李 娟

上海金融信息行业协会秘书长

"由于互联网金融与传统金融相比缺少固定的标准和规范，许多P2P平台急于求成，盲目追求短期效益，缺少基本操守，这让那些具有金融思维严肃性、严谨性、遵守金融规则的P2P企业，生存上倍感压力。"

郑海阳

融道网·生菜金融副总裁

"立法具有滞后性，而互联网金融的发展却是日新月异的，存在着法律一颁布就过时的可能性，因此，希望更贴近P2P企业的行业协会能够发展更大的作用，先实行行业自律。"

P2P 企业的生存压力

↓ 对于P2P发展现状，各位怎么看？

骆品亮

首先要明确一点的是，P2P是不是一个行业？迄今关于P2P的属性还是有点争议，保守的观点认为，这只不过是一种融资业务，也有学者认为P2P是融资的工具之一。我认为，P2P实际上是一个平台，是基于平台型的信息中介进行投融资的一种模式。从平台的构成要素来看，除了平台运营方以外，主要参与者还有投资人、融资人，还包括征信及担保机构在内的第三方或第四方参与者。更宽泛地讲，参与者中还有政府监管部门。在此语境下，我们可以认为P2P是一个由所有P2P平台构成的行业。

基于这个认识，我们可以运用产业经济学的"结构－行为－绩效"基本范式，来对P2P行业做一个总体分析。从结构来看，国内数千家P2P企业无疑属于垄断竞争型市场，具体表现在两个方面：一方面，由于进入门槛较低，P2P平台良莠不齐，商业模式大同小异，行业同质化竞争激烈，进入与退出成为常态；行业自律不够，个别平台跑路事件连累整个行业的声誉。

另一方面，一些领先平台充分利用平台经济规律，聚集了一定数量的双边客户，具有弱垄断特征。从企业行为来看，平台竞争呈现一定的无序状态，比如有的平台一味强调高回报来吸引投资人，掩盖风险，或者对需求方的信息采取选择性披露策略，扭曲市场信号；有平台方通过一些承诺吸引投资人，甚至伪造一些需求信息，偏离了纯平台企业的中立性；还有一些平台方越位介入资金交易，非法设置资金池。至于运行绩效，我认为不能简单地从交易量的规模来看，而是要看交易双方的配置效果，也就是匹配效率——是不是把资金给了真正最需要的人？从这点来看，P2P当下的运行绩效相对还比较低。

郑海阳

新生事物总是会带来一些争议，尤其是P2P，它属于互联网与金融的融合。一个是新兴的行业，至今不过数十年的历史；而另一个则是历史悠久的行业之一，有剩余粮食时就产生了借贷。

仔细分析，在行业气质上，两者也是"背道而驰"——互联网倡导"平等、开放、协作、分享"精神，羊毛可以出在狗身上，让猪来买单。金融则强调"封闭、保守、风控至上"，靠信息不对称来赚钱，笃信"天下没有免费的午餐"。因此，两种行业、从业人员发生"碰撞"也就在所难免。要看到，即使是监管十分严格的金融业，每隔一段时间也会发生周期性的金融危机，更何况P2P问世至今只有短短十年时间，在监管还处于"真空"的情况下高速发展，行业内出一些问题，无须大惊小怪。

↓ P2P行业存在哪些乱象？

李 娟

有报道说全国有5 000多家P2P企业，但根据我们协会的判断，全国能够有资料可查、由专业人士运营、可以作为行业发展研究对象的企业，总共也就几十家。江湖上一些所谓的P2P机构，更多是民间借贷行为，借助互联网金融的概念，在进行相应的金融服务。

由于互联网金融与传统金融相比缺少固定的标准和规范，许多P2P平台急于求成，盲目追求短期效益，没有"底线思维"，缺少基本操守，这让那些具有金融思维严肃性、严谨性、遵守金融规则的P2P企业，生存上倍感压力。

比如互联网金融发展的本质是降低借款时间和财务成本，但由于目前社会信用体系仍不健全，P2P平台承载了小微金融的借贷关系，数量级很大，单笔交易的量又很少，也就是说，平台对每一笔借贷都要花费相当大的人力成本。对小微金融的借贷者，平台方必须通过大数据运行进行信用评定，迫使原本秉持互联网金融思维运营的企业，在无奈之下集聚大量人员进行借贷企业的信用评定，从轻资产企业变成人员密集型企业。与此同时，整个行业的产品技术人员缺失，比如产品经理和架构师的稀缺，造成这方面人力资本水涨船高。

此外，P2P企业的风险意识有待提高。为了吸收更多有效投资人的资金，一些P2P平台承诺较高投资收益，很多平台给出超过18%—20%的年化收益率，借款者综合融资成本30%—40%，无形之中提高了网贷平台借款风险。此外，由于国内对合格投资人教育存在缺失，造成投资者对于投资风险的认识和防范都很不到位。

P2P市场上，政府扮演着什么角色

↓ 政府为了行业的健康发展，应该做点什么？

骆品亮

行业发展必须要讲"生态化发展"。除了行业自律外，还需要第三方监管，需要政府规制。

从监管层传递的信息看，当前的监管政策明显受到多目标约束。问题是，诸多目标之间如何协同？会不会按下葫芦浮起瓢？这是当前监管面临的困境。按照激励性规制理论，我觉得对P2P的监管目标是不是应该这样来表述比较合适：如何在有效防范风险的前提下，最大限度地鼓励金融创新，进而倒逼传统金融机构提高服务效率？

基于对监管目标的认识，我觉得，未来监管的重点，还是应该放在风险管控上。为此，首先需要明晰P2P平台的功能定位，把平台运营方作为重点监管对象。如果将P2P明确界定为"金融信息服务中介"，那么，P2P平台应是一个纯粹的平台商，它是中立的，自己不能从事资金交易。这样，就可以采用针对"信息服务中介"的监管法则来监管，可以对服务的标准化、规范化做出明确清晰的界定。

其次，风险管控的两个关键控制点是事前的风险防范与事后的风险控制。从激励经济学的角度看，风险主要来自两个方面，一方面，它来自交易前（即事前）的隐藏信息导致的信用风险或劣质风险；另一方面，它来自交易后（即事后）的隐藏行为导致的道德风险或机会主义行为。

就 P2P 而言，除了借入者的风险外，另一个更重要的是 P2P 平台方自身的风险。从现实来看，事前的劣质风险主要表现为借入者的资信不合格或者平台方具有吸储的不良动机（往往以高回报为诱饵），出现人们熟知的"劣币驱逐良币"现象。事后的道德风险，主要表现为借入者不支付本息或平台方挪用资金，尤以跑路事件为典型代表。业内的一个建议方案是，通过第三方强制性规制机制设计来规避风险：对于事前风险的防范，可通过甄别机制（比如发放牌照）来筛选合格的平台方并激励平台方进行尽责调查；对于事后风险的抑制，可通过发布行为规范来约束平台的运行，还可通过激励机制设计来激励平台方对交易的维护与跟踪。

再次，规制是一个多方利益博弈的过程，为达到规制效果，需要找到多方主体的共同点，也就是"最大公约数"。目前来看，规制的主体涉及多部门，这容易导致政出多门，或是相关部门"搭便车"、不作为，因此需要对规制机构的职能进行整合。另外，在实施过程中宜采用动态规制策略，先公布条件，再事中监督、事后处置。

最后，监管还应发挥市场的力量。市场具有"排毒"和自我纠错功能，竞争会导致优胜劣汰。在市场声誉机制的作用下，平台会进行自我约束。而信息通过市场流通后，投资者也会用脚投票，对平台产生约束机制。

李 娟

既要鼓励新兴产业创新，又要让传统金融机构在目前状态下焕发新的动力。这是监管机构面临的两难选择。

从目前实践来看，银行还处于被动的应付之中。我的看法是，与其被动应付，不如做一些分流。比如，银行目前不能服务的产品，不妨放开让互联网金融来做。我们呼吁，传统金融机构的专业人士能够多多进入互联网金融等新兴领域，多做一些培训、解读和讲座，与其互相抵触，不妨用传统金融的规章制度，来一一对应互联网金融，互相解读、理解和支撑。事实上，政策制定往往滞后于各个领域创新。科技创新和互联网创新同样面临类似问题，也就是技术创新推动产业发展，产业发展需要政策推进。

在这个背景下，通过市场磨合来不断完善整个行业的环境。政府的政策意见没有出台前，行业协会先做自律和规范，给政府政策出台做好前期铺垫；在实践中出现问题，首先由行业来自行消化、自我"排毒"。我认为，现在监管部门不一定会出非常明晰的规则，而是多以指导性意见为主。

行业协会首当其冲要做好有效信息披露的工作，搭建信息共享平台，加强对重复借贷问题、债权披露等准入标准方面的约束，让那些愿意按照行业准入标准开展经营活动的企业成为"良币"，形成"良币"驱逐"劣币"的局面。协会要积极支持和帮助愿意在互联网金融大潮下合规经营的企业，给他们提供公平竞争的环境。

郑海阳

对P2P市场，目前国内尚无明确的监管措施。但是银监会明确了监管的四条红线：一是要明确平台的中介性；二是明确平台本身不得提供担保；三是不得搞资金池；四是不得非法吸收公众存款，并且在实现行业规范之后，银监会与银行或第三方支付机构或将开展资金托管业务。

由于目前少数P2P公司的不正当竞争行为给整个P2P行业带来了负面影响，也殃及了大部分正规经营的P2P机构，因此我们也希望政府相关部门进行规范，以防止劣币驱逐良币，确保整个行业健康发展。

至于是否要出台专门针对P2P行业的管理法规，我们认为立法具有滞后性，而互联网金融的发展却是日新月异的，存在着法律一颁布就过时的可能性，因此，希望更贴近P2P企业的行业协会能够发展更大的作用，先实行行业自律。

P2P 未来发展之路

↓ P2P行业会出现什么趋势性的变化？

骆品亮

P2P平台会出现一枝独秀还是多平台竞争？按照平台经济的基本规律，在马太效应的作用下，平台会因聚集效应而形成垄断局面。但是，实际情况是，目前P2P行业大量平台并存，颇有点鱼龙混杂的情形。为什么？我想一个主要原因是，这个市场还处于培育期，投资者及从业者还没有完全弄清楚怎么做，在"羊群效应"的作用下，许多传统的民间金融中介一窝蜂转变为P2P平台。但是，现在大家都知道怎么做P2P了，如果仍然采取同质化竞争，最终必然出现行业集中的格局。因此，支持大量P2P平台长期共存的根本原因是，尽管P2P平台的运营模式大同小异，但它们之间必然存在着差异化竞争。

差异化是P2P平台未来生存的法宝。未来P2P平台的差异化竞争主要体现为：市场定位的差异化，各平台根据各自的资源禀赋和擅长做有差异化的市场，向纵深化发展，精细化运营；服务的差异化，即不仅仅是撮合交易，还帮投资者找一些好的项目；还有就是业务体系上的差异化。我相信，未来 P2P 的专业领域会越来越细分。细分就会形成壁垒，就会出现差异化平台共存的局面，而不会出现一枝独秀的现象。

从业务体系看，P2P 的未来发展是突破融资信息服务的单一业务，通过掌握两端客户的数据以及利用客户的黏性来提供增值服务。这就不是简单的资金交易中介，而是形成一个综合性金融服务平台，类似金融超市的概念。简而言之，从业务发展趋势和方向来看，就是以 P2P 为起点，寻找商业模式的突破。

李 娟

P2P 平台占有的两端大数据怎么发挥作用？还是要看集中在什么类别。有的 P2P 平台坚持纯线上小额的经营，这些平台基于电商平台，但是将来会遇到的问题，是它的增长会受到电商的季节性经营性波动而有所影响。很多发展不够完善的企业会被淘汰，明年债权到期后，可能会出现更多的逾期和坏账，更多企业面临细分市场的竞争。

P2P 更深入的发展方向是众筹领域，如产品众筹、股债众筹。基于农业的 P2P 平台已经有做农产品众筹的成功案例，这是众筹发展的新方向。

另外，文化产业更适合通过产品众筹模式来募集资金，但是对于有些比较复杂、不好操作的产品，众筹并不合适。简单地说就是跟老百姓消费直接相关的产品，未来都可以采用众筹模式，互联网金融行业等也都可以做众筹，提供衍生产品和高附加值服务。正如我们前期看到有图书预售方面的众筹，投资回报收益给了市场很大的想象空间。

郑海阳

P2P 平台要实现可持续发展，就必须仿照银行等金融机构，在公司治理、风险管理等方面稳健管理。例如，为每笔贷款建立风险准备金，为投资者建立投资者保护基金（仿照存款准备金），投资的贷款不能过度集中在某个企业。要建立贷前、贷中、贷后制度。P2P 企业之间也可以模仿银行同业的办法，进行"同业融资、同业拆借"，活跃 P2P 交易市场。

专业垂直化。大而全意味着什么都做不好，而且绝大部分 P2P 公司的实力都不足以支撑成为什么行业都能涉足的大平台。P2P 平台还是应着眼细分行业、本地市场，渠道下沉，风险管理坐实，为投资者提供稳定安全的收益是行业发展正道。有的 P2P 对某些行业有较深的理解，就可以在这些行业里深耕细作。

↓最后请概括一下对未来 P2P 发展的期许。

骆品亮

　　P2P是一种融资创新模式，对传统金融体系形成有益补充，值得肯定。在监管层和市场共同努力下，防范和化解发展中遇到的道德风险，行业能够走上健康发展的正道。

郑海阳

　　大浪淘沙不可避免，只有用心做好的P2P平台，才能更好活下去。

李　娟

　　将会出现更多第三方机构来服务P2P，律师行、信用机构、会计师事务所等都会参与到该行业。同时，互联网金融不只是P2P，我们要寻找更多更好的模式来充盈这个行业。

【延伸阅读】

《民主化创新》

作者：Eric von Hippel
（知识产权出版社）

　　"创新2.0"就是打破以技术为出发点，激发用户自行开发产品和服务的过程。越来越多的个体和企业开始无偿共享其创新成果，结成创新社团、制定创新政策，实现"创新民主化"。创新民主化的趋势从软件和信息产品领域延展到实物产品领域。领先用户先于市场潮流，完成一个又一个极具商业吸引力的创新。

　　企业为用户提供工具；政府以研发的财政补助、赋税优惠为用户消除创新的障碍。"用政府权力的'减法'换取创新创业热情的'乘法'"。本书作者的观点与中国新常态下所倡导的"大众创新、万众创业"不谋而合。

（推荐人李大维，系新车间创始人）

"专车"的互联网创新与监管

从O2O的布局来看,专车是一个非常细分的领域,但谁也没有想到,依靠烧钱补贴换来的用户习惯,会迅速膨胀成今天这个巨大的市场,并且引发了城市交通的一场大辩论。

支持的观点认为,专车能多层次、个性化解决人们的出行难问题。事实上,专车的出现很大程度上是因为痛点而生,以上海为例,统计局数字显示,2014年上海的常住人口为2 425万人,但上海的出租车保有量只有5.06万辆,高峰期和暴雨天气,几乎打不到车。但随着专车出现,却很大程度上缓解了出行问题,无论是高大上的特斯拉还是实用便宜的荣威550,无论是去机场的长距离跋涉,还是去隔壁街买个菜,都有对应的解决方法。专车的拥护者主要是出行者以及私家车主——出行者的需求使得很多私家车主找到了一份好兼职。

反对者则来自出租车司机及监管部门。对于司机而言,专车的出现,不仅抢了生意,还加剧了路面的拥堵。此外,由于体制问题,出租车司机的收入大半交给了企业,而专车司机却基本"收入囊中",这更加重了"不公平待遇"。而监管者担心的是一旦出现事故的责任认定问题,以及这种现象是否会扰乱原有的市场秩序,也正是出于这样的担心,专车是否合法化的问题一直得不到最终答案。

不同的利益相关者自然有不同的态度,而现在的问题是,在原有交通出行理念被颠覆后,新的游戏规则该如何制定,又如何权衡各方利益。我们还要思考,在专车的治理过程中,是否还能有效解决过去的黑车顽疾。这个答案,还需拭目以待。

嘉宾

苏 勇

复旦大学管理学院企业管理系主任、教授，复旦大学东方管理研究院院长

"打车软件虽不会颠覆出租车行业，但新业态在很大程度上会倒逼政府和监管部门对出租车行业进行改革。"

龚冰琳

复旦大学管理学院产业经济系讲师、博士

"新鲜事物的出现就是有针对性地满足原本市场未能完全满足的需求，这就说明以前提供的服务是有一定缺陷的。"

朱平豆

"滴滴"公司副总裁

"需要建立更加符合行业准则的管理制度，需要把安全控制工作做成体系。这是来自企业内部的需求。"

专车创新发掘了细分市场

↓从滴滴打车到滴滴专车，从互联网创新的角度来看，其创新的内涵体现在何处？

苏 勇

滴滴打车也好，滴滴专车也好，毫无疑问都是一种创新，其模式是原来市场上所没有的。我的基本看法是，这是一种基于互联网技术发展而来的，对原有监管措施、原有出租车市场的创新。从管理学的角度来说，创新很有可能是一种破坏性创新，或者称颠覆性创新，肯定会冲破原有的条条框框。

从最初的出租车打车软件，到现在的滴滴专车，市场对其确实存在需求。专车创新认准了细分市场差异化的需求。就像在服装市场上，有人会选择100元价位的服装，有人会选择1 000元价位，有人会选择10 000元价位。比如客户从外地回到上海，在火车站等出租车需30分钟，如果他不想等，可以提前预约专车

接送，出站就能上车。这就是一种需求。滴滴专车适应了这种需求，所以它有存在的理由。

朱平豆

滴滴打车的初衷是要解决司机和乘客之间信息匹配的问题，也就是供给和需求信息交换的问题。我们发现司机和乘客两者常常相遇而不相见，即便乘客站在马路对面扬招，也不能与司机取得很好的沟通。通过移动出行的信息服务平台，需要打车的人和需要载客的司机的信息可以有效匹配，使打车变得便捷。

打车软件也满足了司机的需求，解决了出租车空驶耗油、司机耗精力的问题。很多司机每天在路上花费10多个小时开车，不仅空驶耗油严重，而且身体很累。现在使用打车软件，司机可以在路边停一段时间，通过手机查看乘客的需求。这改变了出租车司机的传统工作方式，并为司机增加了收入，因此很受司机欢迎。

在研发滴滴专车的过程中，我们认识到，人们的大量出行需求是有规律、有计划的。如果客户在下午1点有约，他们希望中午12点就约到车。而通过传统出租车公司的调度系统，预约车辆的成功率是比较低的。这种有规律、有计划的出行需求通过专车可以马上实现，带给客户的方便程度也很高。

专车的差异化体现在"四高"：面向高收入人群，提供高中端车型，提供高品质服务，收费价格也是相对高的。随着社会经济发展，高品质、多层次、个性化的高端商务出行需求越来越旺盛，对于这部分用户来说，基本的出行需求已不再是其使用出行方式的首选要素，而对服务质量和良好体验的需求成了核心要素。

出租车的定位不清晰，长期徘徊于个性化出行和公共交通之间，而且在今后很长的一段时间内，出租车仍然会定位为公共交通的重要补充，侧重点仍然集中在满足老百姓的基本出行需求。这使得市场上的中高端需求无法得到满足，结果造成私家车的放量增长。专车的出现可以有效填补市场空白，缓解需求矛盾。

当然，专车所针对的另一点问题是要设法解决"没车"的瓶颈。我们研究发现，打车软件提高了客户叫车的成功率，但目前的叫车成功率再要提升很难，瓶颈就是没有足够的车。没车尤其是高峰时间没车，是中国打车难的根本问题。人们打不到车，就会去挤公交、挤地铁，最后就是走上了购置私家车的路。

龚冰琳

打车软件很大程度上方便了乘客与司机之间的信息匹配，给生活带来便利。新鲜事物的出现就是有针对性地满足原本市场未能完全满足的需求，这就说明以前提供的服务是有一定缺陷的。现在的专车服务是对传统出租车行业模式的一种补充，可能针对的是更加复杂的需求。比如从一个较为偏僻的地方出行，就很有可能用得上专车。又如，很多人在生孩子之前没有买车，但有了孩子就一定得买车。因为总觉得普通的出租车不够舒适卫生，车厢可能有烟味影响孩子，没有儿童安全座椅，司机开得又快，很不安全。有复杂需求的人求诸买车，但私家车的成本非常高，在上海日常开车出行的成本要比坐出租车高得多。而专车服务的出现就可以满足这部分人的需求。

倒逼传统行业改革

↓专车问题近期已成为社会关注的热点，不仅受乘客欢迎，司机也乐意拉活。同时，很多城市也发生出租车司机集体停运的事件，有人认为这与专车的出现有一定联系。那么，打车软件的创新会不会颠覆整个传统出租车行业？

苏 勇

目前还谈不上打车软件会颠覆传统市场。就拿发达国家举例，即便UBER等打车新业态发展迅猛，可传统出租车还是会存在。我对打车软件热的看法是，它之所以显得有如此巨大的影响，是因为它借助移动互联网技术为乘客提供了便利，与传统出租车行业形成了鲜明对照，它像一匹黑马，冲破了原来出租车行业的垄断。打车软件虽不会颠覆出租车行业，但新业态在很大程度上会倒逼政府和监管部门对出租车行业进行改革。目前出租车行业实行特许经营，牌照核发严格控制，垄断是不争的事实。我曾经做过上海一家知名出租车公司的企业管理顾问，做过调研，司机相当辛苦。若没有新业态的冲击，在传统垄断模式下，司机没有选择，工作负担很重。

另外一个值得讨论的问题是，打车软件是为出租车市场带来了增量，还是会动摇出租车市场原有的存量？最近，一些城市的的哥集体停运，这些司机觉得收入分配不够公平。如果考虑到乘客出行需求是刚性存在的，那么，是否打车软件或者专车服务的红火，与还在传统叫车模式下的哥收入的下降，也存在某种联系？

朱平豆

我可以提供一项数据，2014年8月以来，在已经开通专车的城市进行的测算显示，每天专车服务成功预约的订单数量，尚不足当地整体出租车市场的1%。再说到专车服务的需求差异化，专车服务从开始设计时就定位高端，这就是"隔火墙"，它不会影响传统出租车行业中司机的利益。

通过对比同时期的出租车和专车业务订单数据，商务专车服务的推出并未对出租车市场产生冲击,相反在一定程度上对出租车行业产生了利好影响,比如在出租车呼叫订单继续保持增长的前提下,订单成交率有了显著提升,这就意味着服务方式多样性的出现,通过市场优化了资源配置,一定程度上缓解了出租车打车难的问题,提升了城市出行效率,订单成功率持续上升就是最好的证明。同时也说明了市场产生新的供给关系不仅不会危害到原有供给体系,反而会互通共融,会让整体的市场需求变得更大。

我同意苏勇教授的看法,打车软件对出租车行业带来的影响,主要是对过去几十年形成的特许经营模式形成冲击。过去传统出租车公司的管理水平,如今在互联网时代很可能已经落伍了。

龚冰琳

应该如何理解颠覆? 现在出租车司机的选择比以前多了。有些专车服务的司机就曾经是出租车司机。既然专车工作模式更加灵活,收入更高,那么出租车司机们也许真会考虑转行。如果出现一定规模的转行,短时间内,对现有出租车行业的确会是冲击。但从长时间看,这个市场内部出现竞争肯定是件好事。有了竞争,原来僵化的管理、不合理的规定就有了被迫改变的压力。新鲜事物对传统行业的冲击不完全是坏事,可能形成市场倒逼机制推动改革。

朱平豆

比如说现在出租车公司向司机收取份子钱。份子钱也是受供需关系影响的,当出租车司机的职业是个紧俏岗位的时候,份子钱就会不断升高。如果司机有了很多选择,或者离开了行业,是不是份子钱就有可能下降? 这就是市场倒逼的结果。

创新与监管之间如何平衡

↓有人担心专车服务的安全性。此前,UBER在德国被全面禁止,在美国部分地区也被禁止,也与其运营安全管理以及司机资质审核有关。这一问题也被视作应当加强政府监管的理由之一。对一个创新企业来说,"大破"之后能否给客户树立足够信心?

苏 勇

我有一次从机场预约乘坐专车回家。快到家时,我临时起意决定在离家还有100米的地方下车,没有让司机直接把车停到家门口。换作普通出租车的话,我应该会在家门口下车,可是乘坐专车,我察觉到自己有一丝不安。因为我与专车司机并非熟人，而且他的车辆没有统一标识，他本人也不隶属于某家公司，没有工号。我只不过是和他通了电话，做了非常简单的约定。此时作为一名乘客的心理很值得玩味。

我认为，专车服务的组织管理水平还有继续提高的空间。专车的车型很不错，服务很好，司机态度非常客气，车厢也很干净。可是，除了态度以外，是否还应添上统一标识？给司机换上统一的制服和工号？

还有一次，我在外地乘坐专车，司机本有一份职业，是下班后开着自己的车赚点外快，这就更需要加以规范。对于专车服务来说，带车上岗没有问题，可是业余兼职，能不能管理好？

朱平豆

我们企业内部一致认为，需要建立更加符合行业准则的管理制度，需要把安全控制工作做成体系。这是来自企业内部的需求。

目前，滴滴专车撮合车辆、司机、乘客三方信息匹配。

车辆方面，滴滴专车平台只为正规的汽车租赁公司提供信息服务，租赁车公司需要通过严格的资质审核，并严格要求车况良好及有完善的保险。司机则要求来自第三方劳务公司，需通过资质审核，并统一接受严格培训。司机滴滴专车平台只为正规的第三方劳务公司提供信息服务，并要求所有提供驾驶员的劳务公司按照统一标准进行严格的面试、培训和考核。司机不能有刑事犯罪记录，不能有重大交通事故记录，不能有醉驾这样严重的交通违法记录，否则都不符合我们的条件。

龚冰琳

争论带车上岗对不对，争论司机兼职好不好，核心问题是怎么做好对安全与质量的控制。其实，对安全与质量的控制是企业内生的需求。

滴滴打车这样的创新企业能运用互联网技术，在安全与质量控制方面是有一定技术优势的，甚至可以做到比普通出租车更好。比如，一单预约成功以后，公司能够即时看到哪一辆车载客了，行程从哪里出发，目的地是在哪里，这些数据透明，做到有据可查。

朱平豆

打车软件有继续提升管理水平的基础，专车可以做到比出租车更安全。专车与"黑车"完全不同。"黑车"可以概括为"四无"：信息不透明、价格不透明、没有组织、无法监管。而专车司机与乘客之间的信息是透明的，可以实时监控，过后可以追溯，一个月前某某司机在哪里载客都是可查的；专车的价格也是透

　　明的，它通过系统进行计算形成。

　　专车同样强调信息安全。目前，乘客在预约车辆时，可以不透露自己的手机号码，而是通过公司专线拨给司机，这就是安全方面的一个保证。在做数据记录的时候，由系统记录、分析大量交易的行为特征，但公司不会打开数据库查看某个个体的数据信息，也就是说，个体乘客的信息是不会被泄露的。

↓有人认为创新与监管是一对矛盾。比如支付宝刚刚崛起时，曾有商业银行对其表示质疑，认为其游离于监管之外，有关部门应对其加强监管。如今这个问题又轮到了打车软件。如何在创新与监管之间寻找到平衡点？政府又该在创新企业的成长中扮演什么角色？

龚冰琳

　　从经济学角度看，政府部门应该只控制那些市场失灵的部分。监管部门应该一方面让市场用商业手段解决问题，另一方面通过政府对质量、安全的控制解决可能的市场失灵的问题。在这个市场上，政府有标准，但企业的标准未必比政府低。相信企业会自我提升服务质量。北上广等大城市，甚至中小城市交通拥挤都是严重问题。专车创新很大程度可解决出行难的问题。

朱平豆

　　地方政府要面对很多出租车公司，需要维持交通秩序正常，维持需求供给之间的利益平衡。因此，最重要的事情应该是在维持稳定的情况下逐步放开市场，避免因为突然的冲击形成秩序混乱。而作为企业来说，这也是我们的希望。因此，希望有关方面能在创新和监管寻找到平衡点。

　　作为一种创新，专车欢迎监管。但是，我们也认为，"一棍子打死"并不能称之为监管，而是简单粗暴的扼杀；无视社会经济的发展、市场需求的变化，而固执地照搬很多年前的规定来行事，那是刻舟求剑。我们希望政府监管可以深入专车体系，帮助它建立更加完整、有效的体系，而不是去扼杀它。

苏　勇

　　面对专车创新，政府应该做出更积极的应对，要拥抱变化、拥抱互联网。首先要经过论证，肯定这种业态存在的必要性和合法性，随后再以监管措施帮助公司提高服务水平和管理水平，从而打消乘客的某种顾虑。创新必然带来冲突，政府应当在理解互联网技术发展的基础上，探索创新的监管模式，这也需要理论界、实务界的共同努力。

目前，政府基本肯定了打车软件的合法性。此前，上海也曾动过脑筋，想把打车软件接入出租车公司的电调平台。这样的态度是积极的，没有将打车软件"一棍子打死"。如今专车出现了，政府应该思考，原有监管方式是否落后于时代了？

朱平豆

我们公司采取了不同于传统出租车行业做法的措施来管理司机。比如，传统出租车行业的调度系统有时很难发挥作用。如果某个地方偏僻，司机并不在附近，接下这单交易就会亏钱，所以不愿去。而我们公司会以类似积分的形式，奖励接了这单交易的司机。今后，按照积分的多少，还会优先安排有过良好记录、愿意服从调度的司机去跑机场这样容易挣钱的交易。

另外，我们还让乘客给司机打星评分。司机非常在意乘客给他打几颗星，因为这和他们的考核、奖励是挂钩的。如果乘客打了三颗星，司机会非常紧张。公司设立了末位淘汰机制，每个月有10%的人员可能会有淘汰风险。这些都是新的管理方式，希望政府有更宽容的心态来鼓励创新，也希望政府的监管能进一步提高我们的管理水平。

互联网创新带来共享经济

↓打车软件未来继续创新的方向在何处？打车软件的信息平台积累了大量的用户行为数据，这些数据会不会考虑投入商业化使用？

朱平豆

未来一定会走大数据的商业化道路。目前打车软件的大数据应用就很强大，当一名乘客通过软件叫车的时候，他的上车地点有多少车，这些车载客意愿是积极的还是消极的，这单交易对司机来说算是挣钱的好单子，还是差单子，都能分辨出来。

至于未来发展，首先要对用户的需求研究到极致，今后也许可以满足更加复杂的需求。比如现在使用打车软件的年轻人居多，以后说不定老年人要到医院里去，也可以通过某种渠道预约专车，享受更贴心的服务。

其次，随着未来平台服务功能的不断完善，滴滴平台上还将提供智能公交、城市物流等服务信息。移动互联网时代，共享经济是很重要的因子。出租车毕竟不能完全解决城市叫车难的问题。根据测算，如果要让所有潜在客户都成功打车，现有的出租车数量就要翻倍了，那么城市道路必将更加拥挤。在国外，通过减少私家车的空车上路，或者减少车内空闲座位的方式，把上下班的人流带走，已形成共享经济的红利。

　　一项管理措施的推行,经常会带来公平与效率的问题,专车形式无疑提升了效率,为资源配置提供了一条新渠道,而能否在效率优先的基础上兼顾公平? 如能兼顾传统顾客和新顾客的利益,获得越来越多乘客的理解,那么,我相信政府主管部门对专车也会乐观其成的。

【延伸阅读】

《博弈与社会》

作者: 张维迎

（北京大学出版社）

　　人类社会发展面临的两大问题,一个是协调,另一个是合作,前者不存在利益冲突,后者存在利益冲突。

　　人类如何才能更好地合作? 什么样的制度和文化有助于促进人与人之间的合作? 这是博弈论关注的问题,也是贯穿本书的主题。生活中的许多现象、许多社会问题都可以从博弈论中找到答案。

　　因此,人类社会进步的关键是如何走出"囚徒困境",走向合作共赢。

（推荐人陈晓萍,系美国华盛顿大学福斯特商学院Philip M. Condit讲席教授）

第六章 创新创未来

　　互联网分享将创新的成本降到历史新低，创新的速度和频率前所未见。未来会是什么样，我们一方面充满想象、一方面也无法想象。转型、升级、变革、创新……这些词在这个时代被一再强调重复，显得空前重要，同时也空前的切实、随时发生在我们身边，MOOC、工业4.0、智能汽车、创客等新概念新事物接踵而至、跃入眼帘，让人时刻期待其激发的机遇。进入新常态的中国更将"众创"、"建设科技创新中心"等多项国家战略并举，然而，激动人心的同时，仍要清醒自省，如何有效激发创新？驱动力何在？欢迎，即将到来的未来。下一个三十年，依然任重道远。

欢迎，工业4.0

"工业4.0"的提出，寓意人类将迎来以生产高度数字化、网络化、机器自组织为标志的第四次工业革命。这一工业发展新概念一经发布，立即在全球引发极大关注，掀起了新一轮研究与实践热潮。中国对这一制造业未来发展趋势也高度关注。尤其是2014年10月9日，国务院总理李克强与德国总理默克尔共同发表《中德合作行动纲要》，宣布两国将开展"工业4.0"合作，该领域合作有望成为中德未来产业合作的新方向。在这一背景下，工业4.0将为德国乃至整个欧洲带来什么？德国与美国这两个制造大国的制造业未来如何发展？中国制造、上海制造又该走向哪里？

工业4.0这一概念最早由德国人提出，德国学术界和产业界对"工业4.0"概念比较统一的阐释是：继机械化（1.0）、电气化（2.0）和信息技术（3.0）之后，以智能制造为主导的第四次工业革命，主要是指通过信息通讯技术和虚拟网络/实体物理网络系统（CPS）的结合，将制造业向智能化转型，实现集中式控制向分散式增强型控制的基本模式转变，最终建立一个高度灵活的个性化和数字化的产品与服务生产模式。

业界翘首以待许久，中国版的"工业4.0"规划——《中国制造2025》在2015年5月终于落地。立足国情，立足现实，力争通过"三步走"实现制造强国的战略目标。同时，推动新一代信息技术产业、高档数控机床和机器人、航空航天装备、海洋工程装备及高技术船舶、先进轨道交通装备、节能与新能源汽车、电力装备、农机装备、新材料、生物医药及高性能医疗器械等十大重点领域突破。

在专家看来，对中国而言，无论是"工业4.0"还是《中国制造2025》本质上是推进中国制造业转型升级的规划指引，为中国制造业在经济新常态中指明了发展方向。

嘉宾

芮明杰

复旦大学管理学院产业经济系主任、教授

"工业4.0是新的生产方式，现在的德国也还是集中生产，但未来有可能变成分散生产，实现物联化。"

李 翔

复旦大学信息科学与工程学院电子工程系主任、教授

"人的个性化并不是完全千姿百态的。原来的集中化生产需要满足90%、80%的人的需求，现在可以将规模化的利润转化到个性化服务中。"

胡玉良

宝钢股份总经理助理、运营改善部部长

"工业一直通过理性逻辑思考，在模型基础上成长起来。因此，短期内看不到大数据在工业上填补空白的价值。"

工业4.0是什么

↓首先请定义下什么是"工业4.0"？

芮明杰

工业4.0并不是一蹴而就的，在这之前还有工业1.0、2.0、3.0。德国人将工业发展历程进行划分，把蒸汽机为代表的技术革命叫做工业1.0；把流水线、电气化为代表的技术带来的制造业发展叫做工业2.0；把目前正在进行的自动化、数字化技术叫工业3.0；把未来的或正在推进的工业和物联网结合形成的新型生产系统，以及由此导致的新的工业革命，称为工业4.0。

2013年，德国成立了"工业4.0工作组"，并于同年4月在汉诺威工业博览会上发布了最终报告《保障德国制造业的未来：关于实施工业4.0战略的建议》。这份报告认为，工业4.0的核心就是信息物联网和服务互联网与制造业的融合创新。报告指出，工业4.0将智能技术和网络投入到工业应用中，从而进一步巩固

德国作为生产地以及制造设备供应国和IT业务解决方案供应国的领先地位。

美国于2005年末、2006年初，曾对信息物联网和服务互联网与制造业的融合做出综合性的概括，称之为虚拟网络/实体物理系统（Cyber-Phsysical System，CPS）。面对制造业未来的发展，美国与德国虽然提出的概念不同，但工业4.0与CPS本质上是异曲同工的。

所有技术的发展，实际上都是把人逐渐解放出来，先从最繁重的体力劳动中解放，慢慢从智力劳动中解放出来，再不断地替代高级的智力劳动，但真正创造性的发展非人莫属。从这个意义上来讲，发展工业4.0等技术，最根本是为了提升人的幸福感、消费满足感和生活舒适感。

李 翔

工业技术的发展会随着自动化程度的推进而不断往前走。从政府角度而言，对工业4.0的概念会有更多的拓展。从控制学科的发展历史来看，智能控制分为三大主要流派：模糊控制、神经网络控制和进化控制。模糊控制理论成熟于20世纪90年代，不过在此之前就在工业实践上很好地把工人的经验用模糊逻辑来实现。工业4.0的目标是将现有的一些设想在未来实现，目前还没有定论的体系和技术。工业4.0带来的包括"私人订制"等在内的观念，是很有吸引力和煽动感的，它同时带来了信息量的增长。从工业大数据的概念来看，早在十多年以前，无论是在生命科学还是航天技术领域，大数据本身就一直存在。在网络时代，个人既是受益者又是被影响者。工业4.0的过程也是技术、社会、人和信息交互的过程。

胡玉良

在工业4.0出现前后，大数据、云计算、自动化、智能化、智慧生产等诸多概念可谓"乱花渐欲迷人眼"，很难具体说明几者之间的区别。

4.0不应该是从无到有的概念，应该是互联网计算机技术发展到一个阶段的时候，从量变到质变的概念。从宝钢的产业实践来看，我认为也是有工业4.0的影子的。之前工业4.0在宝钢的体现主要有两个方面：第一，宝钢是1978年开工，1985年投产，2000年上市的钢铁公司。1978年开工投产的时候，宝钢就体现出了整体装备自动化程度高的特点。20世纪90年代，宝钢的工人90%以上就已经在宽敞明亮的计算机中控室工作了。工业4.0的影子的另外一个体现，是在宝钢的信息化布局上。20世纪90年代末，宝钢开始进行信息化布局。目前宝钢所有业务流全都在计算机上实现了，没有纸质打印的过程。从客户需求输入、到转换为合同、到下发生产计划、再到每一个生产任务的完成、数据的上传，最后到交付用户，所有流程都完全告别纸质化了。

最近，宝钢决定把"智慧制造"作为未来 6 年规划的发展战略，目前还在初步的研究摸索阶段。工业 4.0 概念的引入，一定会给中国制造业带来新的元素和变化。

传统制造业模式如何被一步步颠覆

↓"工业 4.0"会对传统制造业产生哪些影响？

芮明杰

工业 4.0 与 3.0 最大区别有三点：第一，工业 3.0 是自动化，4.0 是智能化。整个生产系统根据加工对象的不同，发送的信息也不同：自动化生产大规模、标准化的产品，智能化生产的是个性化产品；

第二，自动化生产也可以用计算机控制，但工业 4.0 是互联网智能化连接，然后适时进行工业大数据处理。现在说的大数据是消费大数据，60 亿人的个性化需求数据需要物联网传递，之后需要云计算进行计算处理，然后交给智能生产系统处理，最后再进行决策、生产个性化产品。也就是说，工业 4.0 代表的生产方式是全新生产方式，智能化以互联网为依托的大规模定制生产。定制是最符合消费者本质需求的，消费者消费的是符合自己偏好的商品，而不是工厂提供的与大众一样的标准化产品。以宝钢为例，材料行业未来的制造一定也是定制化的，不可能还是大规模、大批量、标准化的生产。

第三，自动化的制造，说到底还是生产，而智能化是将生产和服务一体化。个性化的生产本身就蕴含着服务，生产与服务集成。

胡玉良

作为生产资料来说，人是最为活跃的因素。从宝钢 30 年的进展来看，人总结出的经验规律不断被机器替代。宝钢第一批引入的轧机自动化程度很高，但是当初还是有工艺工程师的；随后很多工业流程实现了自动化，工程师也不断被机器替代。

如果说仅仅是简单的装配，人被机器替代是企业发展的必然趋势。但事实上，人与机器应该是交替发展的，人不断提出更高的目标、更好的设想来让机器完成，不断提升人类的技术水平。目前，宝钢"智慧制造"有三个明确的技术路线：工业大数据使用技术、模型工艺使用技术和机器人使用技术。

李 翔

目前来看，工业 4.0 还处在构想和设计理念的层面，但一些相关的信息技术在过去的五年、十年里已经开展了。例如电子标签能够更多地获取更加微观的数据，已经形成了现代物联的基础。但实际上，互联只是第一步，另外还需要考虑数据收集的价值。数据采集过来，但没有被发现，那它仍然只是信息。

大数据现在为何这么火？计算机网络和信息化的普及已经产生了各种各样海量数据，而且非常通俗，不需要去解释，很容易被理解。但是，从学科科学的探讨角度来看，对于大数据的界定有专门的含义，跟原来的数据挖掘、原来的数据仓库最大的区别，在于它从科学理解上是往更深层次推进的。所以，将来的工业4.0，其实是在现有的认知基础上，把目前不能理解的东西化为外延和探索目标。互联是第一步，把相互割裂的数据交互起来，但是怎么用数据去发现信息、提升知识、融汇规律，最后来服务于生产一线，目前还有很多步要走。

所以，物联网实际是能够打通互联这一领域，但是在提升智慧、提升自我适应的学习能力方面，相关的学科领域中，有不少还没有完全考虑清楚。

没有工业4.0，"个性化生产"就无从谈起

↓当前人们的需求越来越趋于个性化，传统制造业能否在工业4.0的助力下满足这些需求？

李 翔

定制产品的需求在原材料的生产上没有很大的变化。根据长尾效应理论，不管是消费还是商品生产、商品服务，需要保持个性化特征，此时在不同产品的生产上，个性化所带来的成本是不一样的。因此，个性化生产在实体化的生产方面，的确会给企业带来各种困惑。

同时，工业生产是有规模效应的，有需求才有生产。现在除了个性化的需求之外，还有个性化生产，但人的个性化并不是完全千姿百态的。原来的集中化生产需要满足90%、80%的人的需求，现在可以将规模化的利润转化到个性化服务中。例如索尼最早推行个人笔记本的定制，客户可以选择CPU、内存、元件，但实际上推行的效果可能并不理想，因为客户的核心需求其实是趋同的。因此，个性化服务不是用个性化来体现标新立异的需求，而是更好地帮助集中化生产，更好地了解大众需求，充分利用原来的规模效益，更好地抓住、实现个性化的机会，改变完全依赖规模化生产的模式，同时适应20%的小众的需求。因此，包括宝钢等一类实体化的生产制造企业，更需要从集中式的生产方式转向更具有柔性化的、分散式的生产方式。例如3D打印这种柔性化、个性化的生产方式，如何在类似

于钢铁制造这种原材料的生产行业得到推广，本身也需要生产制造企业及研究者做大量探索的。当然，柔性化生产并不意味着像宝钢这样的集中型生产行业需要完全背离原来的生产模式，转化为完全个性化的生产模式。将来的数据支撑还是有很大的规模效应的需求，来保证原来的规模生产。

胡玉良

谈个性化较多的是离散性制造业，譬如说电子、汽车行业。这种行业是把很多的元件连续组装完成，所以有很多小批量。而宝钢是典型的连续制造业，宝钢现在要做的是把大规模和定制结合在一起，在最终端的生产维持规模化，保证稳定和低成本生产。除非制造业发生了颠覆性的改变，否则宝钢依然会用规模化生产来保证自身的稳定性。

但是，宝钢依然在努力实现个性化服务，为客户创造价值，来体现企业的竞争能力。所以，宝钢于8年前成为业内第一家提出"三定尺服务"的企业。以前仅仅实现单定尺，但宝钢可以保证"长宽厚"的个性化需求，实现客户不同的尺寸要求。一方面挖掘客户个性化需求，另一方面，在生产组织和管理上仍然保持大规模生产来维持原有的平稳。在满足客户个性化需求基础上，保证大规模生产。

芮明杰

当产品附加价值不高时，生产者必然会选择低端的设备，因此，产品的附加价值与消费者的消费能力有着密切的关系。当大众普遍消费能力还很弱时，个性化产品确实还只能是理想。从这个意义上来讲，并不能说我们完全可以立刻实现个性化生产，因为人们普遍收入水平还达不到高消费的要求。唯有当财富不断涌现的时候，收入水平达到一定高度，消费者才会有更高级的消费欲望。当消费升级的时候，也就有了成本提升的空间。

在企业理论中，生产自动化流水线，过去叫规模经济，形成了普遍生产方式，产品成本越来越低，人类生活改善明显，这是工业革命带来的好处。如今，人们还是习惯用现在的观念来推测未来，但是这种推测不一定准确。

在大部分制造企业中，设备本身就是为大规模生产而准备的。而在工业4.0概念中，设备硬件系统是可变的、可塑的、柔性的，完全可以根据客户需求来变化。德国想研究的系统就是柔性的、弹性的、智慧的，能够为个性化生产准备。这一系统比不可变的系统更先进、更发达、更面对未来。

人类未来需求有三大变化：第一，个性化需求倾向明显。当然，在个性化基础上，不排除共同消费可能。例如，德国正在研究一条流水线上可生产不同类型的汽车。第二，体现在集成化。人们越来越希望需要的东西被一次性解决，例如住房直接带装修，包括硬装修和软装修。第三，便利化。这三大变化是符合人的本性欲望的，其实，整个现代工业发展的历史，就是满足消费者需求的过程。

个性化定制也可以理解为一种商业模式，生产系统变成了为个性化服务的系统，定制增加价值。随着竞争、随着对客户理解的不同，在商业模式上个性化也是必然趋势，因为消费者的需求是多样化的。实际上，长尾理论关注的就是小批量多品种，"二八理论"关注的是大规模诉求。将来的工业4.0设备在多品种条件下，依然可以做到连续性、流水线的生产，并且继续保持规模效应，同时带来个性化产品。

工业 4.0 难题和机会一样多

↓ 工业4.0当前的实际应用如何？遇到了哪些挑战？

胡玉良

大数据虽然很热，但最热的领域在服务业。事实上，就目前来看，工业大数据还难以落地。

服务业的对象是人，人是活跃的，思想难以用模型替代。突然出现的大数据可以不考虑合理性，仅仅给出一种趋势和相关性，这是一种模糊计算技术。然而工业不是这样，工业一直通过理性逻辑思考，在模型基础上成长起来。因此，短期内看不到大数据在工业上填补空白的价值。目前宝钢仅仅在财务和客户信息收集上使用大数据，在其他方面运用不多。

今年开始，宝钢在质量稳定性方面尝试使用大数据，将顾客需求转化为质量计划，之后做出具体控制。将工业大数据进一步引入到质量控制中去，虽然没有像服务业一样有颠覆性改变，但是有了一定补充。这主要体现在两方面，一个是表面质量控制，大数据能够快速捕捉钢材表面质量的变化，在工业应用方面是一个大的变化；另外一个是在复杂模型的控制上，原来仅仅能够控制核心模型，剩下的控制点没有进入数据处理中，但相信大数据的出现，能够解决复杂控制的分析。

芮明杰

在工业4.0的技术准备方面，目前能够看到的至少有三种路径：第一，工业4.0的智能互联生产系统，要求个性化的生产；第二，3D打印也是一种解决个性化生产的技术，需要前期的个性化设计，之后完成打印；第三条路径在很多年前已经开始实施，即模块化分工与集成——先将产品进行分解，然后根据不同功能的需要，将分解的模块进行集成，集成以后满足个人的需求。这三条路径都在推进过程中，目前很难判断三者哪个更好，哪个能占垄断地位。因为，我们现在还需要进一步研究整个社会资源配置的成本与效益。最后选择何种技术路径，还要从社会资源配置的成本和对人类创造的效益角度来考虑。

另外，今天的生产组织方式随着个性化制造的推出，也会发生重要变化。以宝钢为例，属于集中生产，全球分销模式。很多的产品、原料需要来回地运输，但现在的运输成本越来越高，而且在运输过程中产生的二氧化碳排放量很高，从环境、资源运用角度看是不经济的。一旦实现定制化、互联化，就会转为分散生产，就地分销。生产可以到有需求的地方去生产，无需运输、库存。从社会资源配置和企业资金周转来讲，都是效益提高的表现。

工业 4.0 是新的生产方式，现在的德国也还是集中生产，但未来有可能变成分散生产，实现物联化。

另外，还有一个很难预料的问题，就是未来的技术革命一方面能增进效益，另一方面还可能会降低成本。也就是说，工业 4.0 是个技术的重要转折点，我们要跟上步伐。

【延伸阅读】

《工业 4.0：即将来袭的第四次工业革命》

编著：Ulrich Sendler

（机械工业出版社）

概述数年以来，工业界一直处于一场重大而根本性的变革之中。这一变革在德国被称为工业 4.0。德国政府已经宣布工业 4.0 为其高科技战略之核心部分，旨在确保德国未来的工业生产基地的地位。变革的核心在于工业、工业产品和服务的全面交叉渗透。这种渗透借助软件，通过在互联网和其他网络上实现产品及服务的网络化而实现。新的产品和服务将伴随这一变化而产生，从而改变整个人类的生活和工作方式，尤其是改变了人类与产品、技术和工艺之间的关系。这也要求工业产品的开发和生产要有根本性的转变和调整，以便高质量地部署新工艺，并使其转化为具有经济上的益处。为做到这些，工业界必须理解工业 4.0 的细节。

本书是费尔达芬工业峰会——系统领导 2030 年的配套用书，为我们清晰地勾勒出目前工业产业发展所处岔路口的情形。

在浪潮之巅，见创业之美

"大众创业，万众创新"，已经成为这个时代的强音。无论是在现代服务业领域，还是实业之中，更多有想法也有执行力的年轻人，开始投身机遇与挑战并存的"大时代"，期望在大浪里实现个体的价值。

而在移动互联网的技术及思维推进下，人与人的连接前所未有得紧密，海量资讯也使得心怀野望的年轻人有更多的资本和机会畅想未来。

在动辄谈论项目和融资的咖啡馆，在对接客户需求和力求技术迭代的创业园区，行将而立的80后占据主流，初涉社会的90后也开始崭露头角，创业成为一个新选择。有人因为追求自由而创业，有人因为实现梦想而创业，也有人因为具体的项目和规划创业。选择创业的群体日益增多，如何向投资人讲述创业故事，如何评价一位连续创业者等诸多问题，开始成为创业流行中时常被提及的热点问题。

但创业大军里，有多少是心念坚定，又有多少是盲目跟风？对个体而言，如何厘清创业之于职业发展和生活轨迹的意义？宏观而论，大众创业需要怎样的政策扶持和制度设计？在纷纭的创业图景中，如何厘清创业的目标与意义？怎样为青年人提供更有益的创业参考？如今这个时代的创业氛围如何？应该倡导怎样的创新精神？

嘉宾

包季鸣

复旦大学管理学院企业管理系教授

"为什么创业这么艰难，成功的概率也是比较小的，我们还要如此的提倡？因为创新精神和创业能力的培养十分重要。"

唐亚林

复旦大学国际关系与公共事务学院 教授、博士生导师

"提倡年轻人创业很重要。现代社会是一个市场性社会，一切财富的来源都是通过市场的创造而来的。市场的自发创新精神是一个社会繁荣和谐的永恒基石。"

陆雄文

复旦大学管理学院院长、教授

"中国作为全球经济的重要组成部分和增长动力来源，正处于一个继往开来新时代的起始点，年轻人自当胸怀天下。'天下'或者说'世界'，并非一个虚无的存在，而是切切实实落在肩上的。"

王安宇

复旦大学管理学院管理科学系副教授

"在新形势下的商业模式设计视角需要由点到线再到面、盈利模式由简单到复杂、资源整合范围由封闭到开放……这些都需要创业者掌握更多的商业知识、了解更多的商业案例。"

青年人创业迎来最佳时期

↓对如今的青年人来说，创业已经十分常见，甚至成为一种流行。是什么原因造成了这种前所未有的创业潮？

包季鸣

综合现阶段时机与环境，今天正是青年人创业的最佳时期。

首先，这是一个充满不确定性的全新时代，一个科技创造新世界、个人创新就可能改变世界的时代，这样的时代背景，为创业者创造了无尽的机遇。其次，今天的中国恰逢转型进行时，"经济增长速度换档期"、"结构调整镇痛期"以及"前期刺激政策消化期"三期叠加，互联网市场高速发展，混合所有制进一步被推进……这片充满变革的土壤，构成了青年创业的"地利"。再者，精神文明建设意识的逐渐增强，社会对人才积累的要求，对人才的渴求，使得优秀的人才和创业团队可以获得越来越多的机会。创业目前所拥有的条件，可谓"天时、地利、人和"兼备。

王安宇

多数人都有追求卓越、实现自身梦想的冲动。当外部条件许可时，人们就会倾向于努力把这种冲动付诸实践。自改革开放以来，国有资本从一些经济领域退出、政府对许多经济领域的限制或者管制逐步放松，许多具有创业梦想的人纷纷下海，造就了不少财富神话。这些神话的激励作用不可小觑，吸引了更多的人投身于创业活动。另外，随着市场经济的发展，政府日益认识到中小企业对提供就业岗位、增加税收收入、提供经济活力等方面的重要性，对创业活动的宣传和支持力度不断加大，鼓励了更多的人参与创业活动。当然，大学多年来的创业教育对此也功不可没。

与以往相比，中国现在的创业环境总体上有了很大的改观。首先，各级政府重视创业的重要性，出台了各类扶持政策。其次，各类孵化器建设有了长足进展。第三，风险投资行业的发展空前繁荣。第四，我国经济尚处在转型期，有许多创业机会，社会对创业的认识也在不断加深。

↓从社会的角度出发，是否也需要这样一波创业热潮？

陆雄文

现在的年轻人即将迎来一个风云际会、波澜壮阔的时代。"入门须正，立志须高。"

现在，中国作为全球经济的重要组成部分和增长动力来源，正处于一个继往开来新时代的起始点，年轻人自当胸怀天下。"天下"，或者说"世界"，并非一个虚无的存在，而是切切实实落在肩上的。要承担起这份责任，当年轻人积累足够经验与能力后，就要把握历史的机遇，承担时代赋予的责任，去开创事业，扮演社会领导者的角色。

唐亚林

现代社会的一大特征，是充分发挥市场、政府和社会"三只手"的合力。其中，市场这只"看不见的手"在资源配置中发挥决定性作用；政府这只"看得见的手"在社会福利分配和公民权利维护中发挥主导性作用；社会这只"体现主体性力量的手"在自我组织、自主管理中发挥基础性作用，三者各有侧重，共同构成促进市场繁荣、增进公共福祉、创造社会和谐的秩序共同体。因此，一个良善、繁荣、和谐的国家，必然鼓励人们将聪明才智投向能极大创造社会财富、极大增强市场与社会发展活力、极大维护公民自由平等的市场性社会。

↓大多数的创业最终都会以失败告终。既然如此，还要提倡年轻人创业吗？

包季鸣

为什么创业这么艰难，成功的概率也是比较小的，我们还要如此的提倡？因为创新精神和创业能力的培养十分重要。在这个过程中，做成了当然可喜可贺，即使暂时没有做成也没有关系，这是非常好的学习锻炼的机会。

年轻人犯错误，做错事成本是最低的。不是有句话"年轻人犯错误，上帝都会原谅"？现在即使创业受到挫折，但挫折中学到的东西，对今后把路走得更好，取得更大的成功非常有帮助。人是螺旋式前进、波浪式发展的。所以我非常主张鼓励年轻人创业，如果时光可以倒流，让我回到20多岁，我也要去闯一闯。创业刚开始的时候，成功的概率不大，但任何一种学习都不如从反面教训中获益更多，而且，很多东西书本是学习不到、爹妈教不会的，只能靠自己摸索来感受。

王安宇

创业活动本来就是高风险的。成功创业需要得到许多条件的支持，比如天时地利人和。只不过多数年轻人由于缺乏社会阅历和商业经验，往往无法有效处理创业活动中可能出现的各种错综复杂的问题。但是，年轻人有创业激情、勇于承担风险，并且具有"从头再来"的机会。

唐亚林

提倡年轻人创业很重要。现代社会是一个市场性社会，一切财富的来源都是通过市场的创造而来的。市场的自发创新精神是一个社会繁荣和谐的永恒基石。

↓目前的社会习惯以80后、90后来划分两个代际的年轻人。两代人之间确实也呈现出不同的差异。具体到创业群体，80后和90后有什么差别？能否举一些具体的例子？

王安宇

  每代人的性格或者给人的感觉也许会独特性，比如人们给80后贴上的标签是"垮掉的一代"、另类、叛逆和不懂事；给90后贴上的标签是：脑残、不靠谱。但我不认为这两代人在性格上有显著差异。不过，这两代人的创业活动分别都带有所处时代的烙印。80后在2000年前后进入大学或踏入社会，他们的创业发生在90年代末互联网大潮中，多数在互联网做门户、电商和搜索引擎以及一些衍生应用，如2000年考上哈尔滨某大学的戴志康创办Comsenz、1999年创业的李想创办PCPOP.com、龚海燕2003年创办世纪佳缘等。90后在2010年前后进入大学或踏入社会，目前也逐步登上创业舞台。他们的创业发生在互联网技术逐步渗透到生活和生产各领域，尤其是智能终端日益普及、移动互联网大行其道的年代，主要涉足互联网技术的各种深度应用，涉及的行业更加多样化，被誉为"靠网吃网"的一代人。比如武星宇开发在线题库、郭列团队开发"脸萌"App、弹幕Bilibili的创办等。

年轻创业者应具备哪些特质

↓ 对年轻创业者来说，应该具备哪些特质？

包季鸣

  第一点，要有创新精神。李开复说，1960年的时候，有学者对哈佛大学1 520名学生做了学习动机调查，只有一个题目：到哈佛商学院上学是为了赚钱还是为了理想？结果有1 245个人选择了为了赚钱，有275个人选择了为了理想。20年以后，对这批学生做跟踪调查，1 520名学生中有101人成为百万富翁，其中100人当初选择的就是为了理想。出发点不一样，结果是不一样的。越是敢于在理想主义磨石上磨砺的人，生命就越会放出光彩。

  第二，一定要热爱你所从事的专业，兴趣是最好的老师。应该更多想想我自己最想做的是什么，最喜欢的事情是什么。

  第三是与众不同的创新精神。是什么使微软从小公司一跃而起，比尔·盖茨的解释是拥有当时巨人没有想到的点子。

  第四要有搏击风浪的勇气。世界上没有一个伟大的业绩是由事事都求稳操胜券的犹豫不决者创造的。正因为犹豫，好机会就错过了。现在社会发展这么快，人又这么聪明，信息这么畅通，做事情一定要很果断，还要能做大胆的判断。

  第五点，具备敏锐的商业感触力。

  第六点，要有坚定的毅力。

  第七点，懂得与他人分享。一些人老是在算，我要多少份额。一些人尽管份额少了，但蛋糕做大了以后，实际得到的也更多了。只有懂得分享，才会使更多人聚集在自己身边，创造更大的能量。

王安宇

　　许多60后创业者主要依靠勤劳、勇敢、坚持。今天的创业者不仅需要这些精神品质，还需要加强自身的商业知识和社会责任感。因为今天商业竞争格局和商业环境与过去相比有了很大的不同。比如，在新形势下的商业模式设计视角需要由点到线再到面、盈利模式由简单到复杂、资源整合范围由封闭到开放……这些都需要创业者掌握更多的商业知识、了解更多的商业案例。

↓如果将创业定义为一种精神，应该怎样来描述？

包季鸣

　　第一是要有眼界。我们经常说性格决定命运、细节决定成败、境界决定一切。我要强调的是，眼界决定境界。如果看得比较多，心情就会豁达，"会当凌绝顶，一览众山小"。怎么提高眼界，就要和高手过招。

　　此外，要明势，知道时势是什么。时势有三个意思，同样一件事，做还是不做，做得好还是不好，取决于在什么时候、什么地方、谁来做。比如一个项目，首先判断这是什么样的行业，是夕阳还是朝阳。第二看项目怎么样。第三看团队。

　　此外，我还想强调谋略，什么时候做什么事情，用什么方法做什么事情。得法者，事半功倍，不得法往往就事倍功半。现在很多地方是片面地强调方法，而忽略了基础。比如说为商，商道酬信，天道酬勤，人道酬和。一定要掌握基本点，如果你基本点没有掌握好，去讲方式方法，就是东施效颦。

王安宇

　　简单地说，创业精神就是求新担险，即不断开拓新产品、新业务、新模式，同时勇于和善于承担风险。

要想创业、敢创业、能创业

↓年轻人在国内创业，环境相对复杂，如何才能"突出重围"？

包季鸣

　　我归纳了三点要突破：想创业、敢创业、能创业。

首先要想创业。原来传统的择业观念对创业并不十分强调。

其次要敢创业，有一种开拓创新、敢于冒险的精神。但是中国多少年来的文化，儒家文化占主体，儒家文化的核心就是中庸之道。包括老子的思想也是这样的，老子认为人有三宝，第三个就是不敢为天下先。所以中国传统文化对创业并不是很有利的。

第三是能创业，也就是创业能力。在做创业计划的时候，要有营销手段，也要有理想和目标，这是十分重要的。

此外，还有一些其他因素的制约。比如大学生缺乏真正有商业前景的创业项目，很多点子经不起市场的考验，创业一定要考虑项目的可操作性。有时候，年轻人的想法过于简单、脱离实际。有时候眼高手低，往往会大谈"第一桶金"，却不去挣"第一分钱"。形成独立人格、锻炼心理承受能力，也是年轻人必须要做的功课。

此外，在校大学生信用档案和社会没有接轨，会导致融资困难重重。整个社会文化和商业交往常常不信任年轻人，也不利于创业氛围的形成。

王安宇

由于实践经验的局限性，年轻人往往抱着一腔热情，对各种创业困难估计不足，乐观情绪压倒理性思维。除了选择自己熟悉的创业领域之外，建议创业者在权衡了知识产权保护问题的前提下，咨询行业内的资深人士、风投从业者等专业人士。

↓现在的创业项目比较集中，尤其在移动互联网领域，风投也更关注这一块。这是否会制约年轻人创业的多元性？反过来说，年轻人如何结合自身条件，选择合适的创业项目？

王安宇

我也关注到了这个现象，即许多年轻人的创业集中在移动互联网领域。但是，我觉得只要是创业者的自主选择，就是正常现象。基于互联网的创业往往市场空间足够大，进入的资金壁垒较低，政府管制也较少。技术壁垒对于年轻人来讲也不算高。年轻人往往熟悉互联网，有利用互联网进行社交活动等经历，切身感受到在使用互联网产品过程中遇到的困扰或者商机，从而萌生了自己设计新业务或方法来解决这些困扰或者满足未被满足需求的冲动。对于创业领域选择问题，不应追求所谓的多元性。如果年轻人的创业过于集中到某一个领域，那么，市场机制就会发挥作用。

对于创业项目选择，除了需要考虑市场前景、各种进入壁垒、可行性之外，我强烈建议创业者选择自己熟悉的领域、组建合理的团队。这对于降低创业风险十分关键。

↓ 如果为现在的年轻创业者提一些建议，您会怎么说？

包季鸣

第一，找准风口，顺势而为。今天的中国社会处于转型期，传统产业面临颠覆，生活方式正在发生重大改变，跨界整合已成基本趋势，创新技术影响未来发展，创业者应透过变革看到其背后的发展机遇，找准"风口"，充分借力。

第二，寻找标杆，目标明确。成功地"顺风而起"还需要树立标杆。标杆的明确，能够让企业的目标与方向更加的明确。

第三，凝聚团队，激励到位。

第四，互惠无私，贵人相助。有价值的人脉圈对创业者非常重要，创业者要维护一个有效的社交网络，更需维持个人的和企业的良好声誉。

第五，勇于创新，与时俱进。新时代的创业，机遇与挑战并存，很多时候"怎么做往往比做什么"更重要。在创业领域，这就是商业模式的选择：创业者必须要考虑如何适应"供应生态圈"。任何一个产业都是一个生态圈，从上游到下游，供应链环环相扣，相互联系、相互影响。如何在这个生态圈中占有重要一环，注重商业模式的整合，就显得至关重要。

王安宇

第一，选择自己熟悉的领域；第二，搭建合理的团队；第三，学习一些商业知识，了解所选创业领域的商业发展趋势；第四，如果在创业之初，就能够设计恰当的商业模式，就更好了；第五，如果在创业之初，就能够考虑退出问题，就更好了。

↓ 现在流行一个词叫"情怀"。对年轻创业者来说，情怀可能也决定了最终能走多远。在您看来，年轻人创业应该有怎样的情怀？

陆雄文

我想引用一句话。复旦大学老校友，也是协助马相伯先生创立复旦公学的主要助手于右任先生曾说："计利应计天下利，求名当求万世名。"因此，年轻人虽以一己之力参与社会分工，但在不远的将来应率领团队、群体、组织参与和推动社会发展的进程、启迪思维、指引方向，始终以"天下"为己任，始终秉持改善国家、改变世界的担当、能力和决心。

王安宇

套用一句歌词,再不创业就老了!

【延伸阅读】

《当我们旅行：Lonely Planet 的故事》

作者：Tony Wheeler, Maureen Wheeler

（生活·读书·新知三联书店）

自助旅行最困难的是什么？正如本书作者近40年来一直倡导的：当你下定决心准备出发时,最困难的时刻就已经过去了。创业也是如此。

本书作者是被称为业界传奇的孤独星球出版公司（Lonely Planet）的创始人 Tony Wheeler 和 Maureen Wheeler 夫妇,《当我们旅行》将自传、公司历史和旅行书融于一体,既讲述了两人的故事,也追溯了他们如何从一本地下印刷的《便宜走亚洲》(*Across Asioon the Cheopl*) 活页指南起步,在二十多年的时间里,将"夫妻老婆店"经营成一个几乎为全球所有国家和地区出版了旅行指南、业务涉及出版、网络、电视、酒店业的商业帝国的故事⋯⋯这本朴素的回忆录告诉创业者最简单的一个道理：如果没有冒险精神和激情,就不会有接下来发生的一切。

哪里有创客，哪里就有创新

对很多人来说，创客还是一个新词。它源于英文单词"Maker"。他们从生活身边的实际需求入手，利用数字工具，在屏幕上设计，用桌面制造产品；他们利用开源硬件平台，通过互联网大规模分享合作。可以说，美国硅谷英特尔、苹果、微软等科技巨头的创始人，都曾是车库里走出的创客。

互联网分享将创新的成本降到历史新低，创新的速度和频率前所未见。3D打印、可穿戴设备等"创客出品"正在走进我们视线。克里斯·安德森在《创客：新工业革命》一书中将开源创新视为第三次工业革命的引擎。以创客为表征的新工业革命的来临，其本质是一种大规模就业的制造方式，而其原理则是以互联网制造平台为重资产零成本分享，个人仅仅投入创意这种轻资产，就可以进行的大规定定制的制造。

多年来，中国民间形成了北京创客空间、深圳柴火创客空间、上海新车间三大"创客"生态圈。2015年年初，李克强总理在深圳考察柴火创客空间时，就对"大众创业、万众创新"寄予了厚望。"要让众多创客脱颖而出。"今年，李克强在政府工作报告中首次提到了"创客"一词，尽管只是简短的一句话，但在"创客"群体中引发强烈关注。国务院随后公布的《关于发展众创空间推进大众创新创业的指导意见》又从政策领域为创客们的"创新创业"添了一把火。

进入新常态的中国更是将"众创"、"建设科技创新中心"等多项国家战略并举。那么，创新和创业的驱动力何在？我们又需要怎样的创新中心？

嘉宾

朱春奎

上海市科技创新与公共管理研究中心主任、复旦大学国际关系与公共事务学院教授

孙金云

复旦大学管理学院企业管理系讲师、博士

李大维

新车间创始人

谁是创新创业的主体

↓据统计,约三分之二的新发明、新创造都是中小企业做出来的,微软、苹果、阿里巴巴、百度等高科技公司最早都是小企业孵化而来的。那么,创新来自政府政策的战略意识、市场的利益,还是创新创业者的内在动力?

朱春奎

过去我们经常讨论企业家、科研人员如何创新,用户则没有发言权。但是我们观察创新链条的时候,就会发现从最初的研发、设计、制造、销售到取得商业价值,这条链上的每一个环节都渗透着创新。在链条上的从业人员都成为创业的主体,他需要有研发的人员,所以设计人员也是创新者;制造者也是创新者,做营销、取得商业价值成功的人也是创新者。现在用户也开始介入,创新的主体变得越来越多元,"创新民主化"的时代到来了。

要实现"大众创业,万众创新",首要条件就是建立一套完整的社会保障体系。创新创业是有风险的,有可能面临破产的风险,如果你没有一套社会保障体系,那么,很难将众创的活力释放出来。除了国务院文件中谈到的降低创业门槛,加强创新创业教育外,我们试图要让人们有保障、有尊严地去创新创业。

李大维

我先前对创业人群的分析,被标题党断章取义为"只有富二代才是好创客"。

首先，我是20世纪90年代高中毕业离开台湾去美国的。我们这一代在30岁以前能有"犯错"的机会，是上一辈给我们创造好了条件。但是国内20多岁的一代人，身上还背负着买房、结婚、生子的压力，不能"走错路"。其中的差别并不是来自教育体系，而是大环境的问题。创新这件事除了经济上的硬指标，还有文化上是否允许试错。

第二，并不是每一项创新都是开天辟地的。或许20年后回头看，它就是改变世界的。乔布斯当年在做PC的时候是几百家公司最后一个生存下来的，而历史上写他是当年唯一一个做PC的。创新是一群一群出现的，它不可能是一个单独的事件。创新环境需要共同营造。

第三，创新源于追求快乐。联合国在二战后追踪各个国家的快乐指数。把快乐指数和一个国家的平均收入对比，就发现一个很有趣的现象：在年人均收入达到1.5万美元之前，这两条曲线走的是平行的，这段曲线叫做"金钱真的能够买到快乐"；而在突破这个点之后，金钱买到的快乐越来越少，人开始需要去填补这个空虚。通过突破、冒险，通过和别人做不一样的事情去达成。在国内，我们还处于"金钱能够买到快乐"的水平。因此，目前创新的组合应该是"兴趣、热情加利益"。

↓创业成为如今的热潮，在这当中我们应该注意什么？

孙金云

我们要更加客观来看待创业这件事情。

创业有很大风险，有一定门槛。不管是从经济学的供给需求曲线来讲，还是从管理学的进入壁垒理论来讲，如果说一个没有什么资源、能力、人脉、外部支持的创业者可以做好某件事情，那么这件事情它的进入壁垒是很低的，或者说容易被拷贝的程度是非常强的。如果说这件事情大家都可以做，这就决定了这个企业增长规模不会太大，这件事情的盈利不会很强，它不会成为一个快速增长的企业。换句话说，创业成功的概率是比较低的。

创业门槛还体现在创业者需要具有长期的积累和对行业的洞见。从美国的创业调查来看，年龄在30到35岁、学历本科以上、行业经验在10年以上的创业者成功概率更高。另外，创业活动是系统性的。创业不是一个在校的大学生，受到了一些鼓舞，有了一个创意灵光乍现，然后他就可以开发一家企业，就可以在市场上立足，就可以获得客户，就可以长期发展。创业是需要有生态圈的，其中包括很多角色，创业者本身它只是其中一个元素。而这个元素能否取得成功，跟这个系统是不是完善，有非常大的关联。

对于敢于创业的大学生群体我提出三条建议，或者说三个警示。第一，你去看待创业这个过程的时候，你要明白，创业思维，创新能力是创业的基础。第二个警示我想说的是在校大学生要把创业这件事情，跟你个人的职业生涯规划更好地结合。第三个警示是，这个过程当中，它是一个循序渐进的过程，一定要更加关注资源和能力的积累。互联网时代尤其是移动互联时代的到来，让我们获取信息的门槛降低了，但是个人能力和资源积累的门槛从未降低。

严　雄

　　上海现在希望吸引"创业新四军"，就是大学生创业者、白领辞职创业者、连续创业者和海归创业者。当然，我们鼓励"大众创业、万众创新"，并不是"全民"的创新创业。我一直反对用"全民"这个词儿，实际上也不是每个人都适合创业的。上海要让想创业的人有试错的机会，我们需要创造良好的创业环境，让大家感觉在上海创业很舒服。

"开源创新"的大联合

↓什么样的载体或者空间更加符合创客的需要？

李大维

　　2010年，我在上海创办了国内第一家创客空间。如今会员稳定在百人左右，以白领和学生为主。除了近20位核心会员，其余会员每月流动一半，5年来我们有几千个会员进进出出。"新车间"的意义就在于流动。我认为，生活中，我们可能瞬间冒出个绝妙的点子，然后，往往就没有然后了。"新车间"就是一个不断有人来感受、动手和试验的地方。

　　传统的生产我们需要很长时间去控制机床，而依托数字化生产，我们通过数字来控制机器人做车床，做3D打印。这些大大降低了无论是生产制造，还是写程序的门槛。一些新车间的会员，大家每一个人后面都有自己的故事。创客空间代表的是技术的平民化，技术的开放。大家都可以去玩，大家都可以进去，这个门槛不是那么高的，这些东西其实是很好玩的。

　　我希望在大学里开设一个开放创新的课程，可以让我们进去做这些有趣的试验。因为现在做众筹越来越简单，你只要有概念，有原型，就可以很快做出来，然后去众筹。有人买就继续做下去，没有人买还是可以得到学分，众筹没有成功，这个课程也可以给学分。

朱春奎

创客是一群怀揣梦想要改变世界的人，要通过自己的动手，用新的产品、新的服务改造世界的人。这样的一群人，他们所做的事情是和信息技术联系在一起的，他们需要活动的空间和载体，这就叫众创空间。众创空间是由创客来提供实现创意、交流互动、创新实现产品产业化的场所，它往往是和信息技术联系在一起的。

众创空间是一个人们学习和使用工具资源，发展创造项目的空间。它也是根据个人的兴趣来构建的，可以按照教育的目标来建构。他可以嵌入到高校、图书馆等里面去的。比如：创客入驻图书馆后，图书馆的社会价值被深层挖掘，图书馆成为思想和创意的孵化器，空间得以充分利用，产生新的社会效益和经济效益。当然，图书馆想要成功构建创客空间，必须具备一些最基本的资源，主要涉及基础工具、入门项目、成功经验、创客目录等内容。

大学图书馆要做这样一件事情的话，要分几步走。第一步是准备期，第二步是起步期，第三步是实施期。第一步就是建立一个小型的工具图书馆，这个图书馆开始发生变化了，到了第二步就是开始与高校的院系合作，投入或者是转移一部分的设备进行共建。把图书馆从资料的存储中心，变成一个知识创造的中心和创业服务的中心。最后第三步到了真正的实施期，就可以更多地和区县政府展开进一步合作。

严 雄

创客需要自己的载体，创客空间就是为这些创客们提供实现创意、交流创意思路及产品的线下和线上相结合、创新和交友相结合的社区平台。

我们需要怎样的创新中心

↓中小企业创新、个体创新首要的是找到一个最适合的土壤。北京、深圳、上海抑或杭州，你会选择在哪里？

李大维

《商业周刊》之前来到上海，想采访了解创新屋和中小企业的发展情况，但是这些采访对象都是拒绝的。如果一座都市都不愿意让世界知道创新资源对其整体发展的驱动，创新创业者如何知道"来这里我也能有机会"？与上海相比，北京的企业更愿意将"赚钱"的事广而告之，让VC来追；还经常褒奖各类创新成果，奉为殊荣。在深圳，供应链的上上下下都很清楚其他企业的盈利情况。而上海的文化氛围还需要转变。

把同样小资的上海和纽约作比较，我认为上海有相同的潜力。比如美国智能硬件的中心已经逐渐从硅谷向纽约转移。因为创新发展已经突破了单纯的技术指标，纽约人的社会情调、对生活品质的追求更适合智能设备的成长。因此，上海的创新发展除了政府的支持，还需要企业自己"大声说"。

朱春奎

中国已经成为全球第二的科技进步大国，下一步中国必须成为一个科技成果大国。在这个过程当中，中国大陆会有越来越多的城市成为具有全球影响力的科技创新中心。从上海来讲，必须要在绿色生态科技和智慧生活相应的科技创新领域发力。我对这个前景比较看好。

上海加快建设具有全球影响力的科创中心并不仅仅是为了对标硅谷或者纽约。上海要成为一个什么样的创新中心呢？首先，一系列国家战略性问题亟需解决。第二必须要对接这个国家人民所追求的美好生活。在国际上所有的创新科技中心都至少有三个方面：第一它一定是学术卓越的中心，有一流的大学，有一流的科研机构，有一流的人才。第二它一定有产业创新制度。所谓的产业创新制度，就是创新创业领袖式的人物在其中引领创新创业的潮流。第三因为学术的卓越，这个地方的环境是优质的、有序的，社会是和谐、幸福的。由此来讲，打造这么一个具有全球影响力的科技创新中心，不仅是为了人民的幸福，也是为了国家的强盛。

孙金云

世界银行的"全球营商环境调查"和全球创业研究排名第一的百森商学院的全球创业观察，总结了"创业生态圈"的四个要素。第一个要素是强有力的研究型大学，硅谷有斯坦福和伯克利、波士顿有哈佛和麻省理工、纽约有哥伦比亚和纽约大学。研究型大学提供了创新的氛围、人才、研究成果等一套系统。第二个要素是实现大学研究成果转化的企业或偏向于应用环节的实验室。就像散落在硅谷各个角落的实验室，有别于大学内纯粹的实验机构，是追求盈利的。第三个要素是适合创业的人才。例如，创业学研究全球排名第一和第二的分别是百森商学院和哈佛商学院，它们都培养了大量的创业人才，去承载这样的使命。第四个要素是营商环境，包括很多子系统，例如空气质量、医疗条件、生活舒适度等。

我们要以开放的眼光来看待"创业生态圈"。未来的创业中心不一定以城市为单位。通过调查评估，我们或许可以将上海打造为创新创业的投融资中心、研究中心，并非一定要成为全国领先的创业企业中心，从而实现各城市在创业大生态中的错位、协同发展。

严 雄

创新中心停留在城市层面还是不够的,还必须对周边、全国有辐射能力,对全球有影响力,才能称其为"中心"。站在全球产业的制高点,我们在战略新兴产业、高端制造领域要有重大技术突破,要有走向市场的产品,比如飞机、核电、新能源。另一方面,在良好的创新生态中,只要有好的想法,就有人和你一起讨论商业模式和未来市场定位,有人给你砸钱。就像在硅谷,不论国籍、肤色、语言,创新创业者走到一起。良好的创业环境能够吸引和培育具有全球影响力的创业企业,能够海纳百川。上海要建立的是对长三角、全国、亚太和全球产生影响力的"创新中心",否则它只是一个有创新能力的城市而已。

【延伸阅读】

《创客：新工业革命》

作者：Chris Anderson
（中信出版社）

《连线》杂志主编Anderson提出的免费经济模式和长尾理论曾对互联网经济产生了深远的影响。这一次他将"创客运动"视为让数字世界真正颠覆实体世界的助推器。原本把持在大企业和专业人士手中的制造业正在向所有人开放。互联网在线分享的新工具将全民创造成为可能。随着大众准入门槛的降低,创新的速度和频率不断加快。开源创新是互联网胜利的秘密所在,也是第三次工业革命的引擎。作者认为,"中国主导了20世纪的制造工业,开源创新将是中国在21世纪继续主导制造业的必经之路。"

（推荐人朱春奎,系上海市科技创新与公共管理研究中心主任、复旦大学国际关系与公共事务学院教授）

"造车元年"：IT大佬叫板车坛巨头

2014年,国内外互联网巨头纷纷跨界牵手汽车巨头,苹果在2014年日内瓦车展上发布Carplay汽车操作系统,谷歌同样是汽车智能化领域炙手可热的角色。与此同时,中国汽车产业也已经跨出由"中国制造"向"中国智造"的关键一步,开始朝大数据时代、智能化时代迈进,一批互联网企业纷纷与汽车制造商结成联盟,开启一个新的"造车元年"——阿里巴巴与上汽、乐视与北汽、移动与广汽等都在进行跨界合作,加快布局,抢夺汽车智能时代的饕餮盛宴。

此外,国家政策支持力度的加大,也进一步催化了互联网企业造车的风潮。在法规上,根据发改委、工信部联合发布《新建纯电动乘用车企业管理规定》,自2015年7月10日起,新建企业投资项目的投资总额和生产规模将不受《汽车产业发展政策》有关最低要求限制,可由投资主体自行决定。而对比此前《新建纯电动乘用车生产企业投资项目和生产准入管理规定》(征求意见稿),《规定》也放宽了对企业研发基础的要求。

显然,随着国家对电动车生产企业标准的降低,越来越多的互联网"新军"正摩拳擦掌,希望通过"新型概念"融资,加入到造车行列中来,但这也在一定程度上引发了业内对其产品的疑虑。毕竟,作为涵盖复杂技术的大宗商品,汽车对于安全、技术和使用年限等方面要求更高。而"搅局者"的出现,也使得一些踏实行进的互联网企业,更加明确"挽回行业名誉"的重担。

"轻资产"的互联网企业布局"重资产",且是"劳动密集型"的汽车产业链,连串举动引来业界强烈反响。有论者认为,阿里、小米和乐视的这一轮"跨界行动",显示以互联网起家的这些创业公司对汽车行业的特点缺乏深入了解,成功的机会比较渺茫。但也有更多论者不同意这种看法,他们认为,阿里、小米和乐视涉足汽车制造业,将对相对传统和保守的汽车行业,从生产、销售到售后及整体配套服务的全产业链,带来冲击和变化,从而引发汽车行业整体商业模式的深刻转变。

嘉宾

宁 钟

复旦大学管理学院管理科学系教授、博士生导师，
复旦大学创业与创业投资研究中心执行主任

"互联网最有价值之处，不在于改变大多数传统行业的本质，而是对已有行业的潜力再次挖掘，用互联网的思维去重新提升传统行业。"

王安宇

复旦大学管理学院管理科学系副教授

"电动汽车主要是改变了传统汽车的动力源及相应的传动系统，属于激进创新；而互联网企业进军电动汽车行业，目前看只是给电动汽车增加了互联网元素，当属渐进创新。"

潘 崴

易观智库分析师

"目前适合互联网企业进军汽车行业的模式，是建立开放式协同创新的跨界模式，即主要是通过与汽车厂商合作，抢占汽车这一移动终端，植入自己的数据处理模式，打造'内容+平台+终端+应用'的产业链体系。"

互联网企业押注汽车未来发展

↓对于互联网企业纷纷宣布要造车，各位的第一反应是什么？

宁 钟

意料之外，却又在情理之中。感到意料之外，是因为汽车行业在客户资源、规模、信息技术、人力资源等方面存在很强的壁垒，明显不同于互联网行业。互联网企业如此热情地纷纷宣布造车，其能否取得成效，还有待进一步验证，但不可否认，这将会对汽车行业带来重大影响。感到情理之中，是因为近年来，随着信息化、大数据以及云服务时代的到来，互联网公司与车企的跨界合作已经屡见不鲜。未来，汽车将是一个移动终端，互联网是汽车行业的"知己"，电动化、智

能化是汽车行业发展的大方向。

王安宇

我没有那么吃惊。如果我们把汽车看成未来的移动终端，那么其中蕴含着很多机会。

智能手机是我们现在用得最多的移动终端，围绕智能手机和移动互联网，许多企业正在不断探索出新业务。有迹象标明，未来的移动终端可能是汽车。围绕汽车这个新载体，借助车联网，移动商务、智能汽车、新能源等都有很多创新发展的空间。来自不同行业的企业涌入汽车行业的那一天终究会到来，所以，相关企业需要进行商业模式的前瞻性设计。

潘 崴

我的第一反应是互联网企业对于移动入口的争夺，已经全面延伸到汽车领域。因为，一直以来汽车只是作为解决人们位移问题的交通工具，但随着技术的发展和移动网络的升级，汽车本身的智能化和互联网化也势在必行。从这一趋势来看，汽车将不再只是单纯的交通工具，而进化成为具备强大计算能力、娱乐功能、网络接入能力的超级移动终端。汽车与手机和平板类似，将变成移动互联网时代的入口之一。互联网企业正是基于这样的判断，才有了自己造车的想法，目标不是销售车辆，而是通过掌握汽车这一入口，为用户提供更大的价值。当然，造车不是唯一的路径，也有一些互联网企业从车载终端入手，通过与汽车厂商合作的方式来切入这一领域。

↓诸如特斯拉已经在跨界造车上取得了一定成功，能够给我们什么启示？

王安宇

当前，特斯拉纯电动车的价格还很高，目标客户定位于富裕人群。将来，特斯拉的盈利模式会发生变化，比如可以不靠卖车来赚钱，而是通过后续的增值服务来盈利，甚至可以制订电动汽车行业标准，收取专利授权费。

但是，这些未来盈利模式的成功实现，需要企业拥有相当大的用户基础，即特斯拉需要尽快提高产品销量，以便拥有足够多的消费者。从现阶段来看，特斯拉还有很长的路要走。一方面，如同其他汽车制造商，特斯拉希望通过规模经济来降低成本，从而可以降低价格，吸引更多消费者；但另一方面，销量有限导致成本居高不下，这又阻碍了销售进一步增长。这就陷入了"先有鸡，还是先有蛋"的循环。

不管怎样，特斯拉在设计新产品时，就注重设计围绕新产品的商业模式，值得不同行业的企业借鉴，因为当今企业之间的竞争，不再是简单的产品之间的竞争，而是商业模式之间的竞争。

颠覆式创新"门外汉"能否撼动车老大？

↓互联网企业引以为豪的是颠覆式创新，这些汽车行业的"门外汉"，能否撼动车坛传统巨头的根基？

宁 钟

互联网很难颠覆传统产业的根本价值，但却能给传统行业带来重大变革。因为互联网最有价值之处，不在于改变大多数传统行业的本质，而是对已有行业的潜力再次挖掘，用互联网的思维去重新提升传统行业。毫无疑问，互联网企业的颠覆式创新能够给汽车行业带来巨大的变革，促进汽车智能化革命，让车主在汽车空间里能有更好的舒适体验。

互联网经济至少告诉我们三点：第一，互联网降低了准入门槛；第二，它解决了信息不对称；第三，它降低了交易成本。既然是这样，互联网后面的商业模式，想象力无限。

此外，互联网的基础是IT技术，这是具有无限可能的，比如软件技术是否能让销售个性化？这些都是能够改造传统企业的"利器"。

潘 崴

互联网影响传统行业是必然趋势，通过互联网技术和创新模式来改变原有的商业流程和逻辑，提高效率降低成本，提升用户体验。互联网对于不同传统行业的影响不一样，有些会是颠覆性的，而有些则是改造。对于汽车行业，从目前来看，互联网还难以真正对其进行颠覆，传统企业的力量还很强大，同时它也在逐步开展互联网化。因此，我们认为互联网颠覆汽车行业还言之过早，未来我们将会更多地看到双方的合作。

王安宇

互联网企业进军汽车行业，短期内并不能颠覆传统的汽车产业。

所谓的颠覆性或破坏性创新有两种。一种是创造新的市场，用新的产品和业务吸引尚未消费的顾客，从而开辟一个新市场。比如，索尼设计出随身听产品，为音乐产业开辟青少年市场；任天堂推出wiifit产品，创造通过玩游戏来健身的市场。另外一种是低端破坏，即通过提供功能或质量稍次，但更便宜的产品来掠夺在位者的低端市场，比如当年的山寨手机，质量相对差，但是功能多、价格便宜，从而夺取了主流手机厂商的许多市场份额。

电动汽车主要是改变了传统汽车的动力源及相应的传动系统，属于激进创新(radical innovation)；而互联网企业进军电动汽车行业，目前看只是给电动汽车增加了互联网元素，当属渐进创新(incremental innovation)。"破坏性创新之父"克里斯腾森认为，不论是渐进创新还是激进创新，都属于延续性创新(sustaining innovation)。相应的，"互联网汽车"这类概念只是刚刚出现雏形，到目前为止，既没有开辟一个新市场，也没有夺取主流汽车厂商的低端市场。

↓许多人很期待，互联网企业造车会使出"低价"甚至"免费"这一撒手锏，各位怎么看？

潘 崴

低价或者免费不仅仅只是一种手段，这与以前的价格战并不一样（比如家电行业的价格战）。互联网企业的低价和免费是一种有别于传统的商业模式，以乐视和小米为例，在他们看来，进入电视这一领域并不是为了通过销售电视产品本身来获取收入，而是通过智能化和互联网化的电视占据消费者的客厅入口，然后通过内容或其他的增值服务来获得收入，这与传统电视厂商的商业逻辑，有着这本质区别。

王安宇

硬件免费或低价，靠增值服务收费，属于"剃须刀架+刀片"模式，是许多互联网企业的典型盈利模式。在汽车产业，类似模式也存在，比如某些汽车制造商出售汽车的同时，提供包括融资、维修部件等在内的增值服务。随着技术进步和产业分工的不断完善，即便是传统汽车企业，也已经能造出便宜的传统汽车以及便宜的新能源车。不过，对于互联网汽车来讲，发展早期由于缺乏规模经济性，很难做到低价。即使可以做到低价，目标消费者是不是众多增值服务的有效客户，还是需要深入研究的。

宁 钟

乐视的超级电视号称"性能是同类产品的两倍，但价格是一半"，一开始就带有强烈的价格战思维。乐视之所以能够采用低价策略，是因为乐视电视改变了以往只靠硬件来盈利的模式，还有付费内容收入、广告收入、应用分成收入等。乐视的策略并不仅仅是低价，而是采用"产品低价、服务收费"的盈利模式，一切以提升用户体验为核心。乐视将这种典型的互联网思维移植到硬件制造领域，成为颠覆传统行业的黑马。所以，这一撒手锏推广到别的行业能否成功，更多地取决于是否有一个好的商业模式，以及能否为用户带来良好的体验。

↓互联网企业营造的生态圈概念，对它的造车梦是否有帮助？

王安宇

互联网企业经营汽车业务并不一定要自己生产硬件，而是可以整合各种外部资源，自己则专注于互联网汽车中的控制系统研发和打造品牌。这就是所谓的"开放式创新"的模式，也是目前许多互联网企业的常见做法。这种做法的核心，是借助自己的技术或者品牌来整合各类资源，从而形成一个生态系统。从目前来看，普通汽车的生产能力并不稀缺，互联网企业可以通过收购汽车设计等企业来实现快速进入。

宁　钟

我个人认为，目前适合互联网企业进军汽车行业的模式，是建立开放式协同创新的跨界模式，即主要是通过与汽车厂商合作，抢占汽车这一移动终端，植入自己的数据处理模式，打造"内容＋平台＋终端＋应用"的产业链体系。例如华为，它走的并不是特斯拉模式，而是与车企在汽车电子、智能汽车、信息化技术等领域联手开拓。另外，华为将自身的全球化历程及资源与长安汽车分享，对正在急于走向世界的长安汽车来说，非常珍贵。双方的合作，可以说贯穿了线上和线下。

互联网经济的最大特点就是"好玩"，"体验至上，用户至上"。要知道未来的主流消费者将是"85后""90后"，血液里天生有互联网的DNA。未来商业模式必须适应消费者的改变。

潘　崴

腾讯和阿里巴巴都是打造生态圈的成功案例，腾讯的泛娱乐生态圈和阿里的泛电商生态圈都为其带来了巨大的价值和收入。当然失败的案例也不在少数。同时生态圈的打造和完善是一个浩大的工程，不论是资源的投入还是资金的投入都是巨大的，比如小米目前也在基于智能硬件打造自己的生态圈，但未来是否能够成功，还要打一个问号。

商业模式创新之路

↓成功的商业模式应该具备哪些要素或者共性的东西？

宁 钟

商业模式就是如何创造和传递客户价值和公司价值的系统。根据目前学术界比较认可的商业模式九要素理论，一个成功的商业模式应该具备价值主张、消费者目标群体、分销渠道、客户关系、价值配置、核心能力、合作伙伴网络、成本结构、收入模型这九大要素。其中成功商业模式的核心或者共性的东西，是提供差异化的产品，实现客户价值最大化，能够为客户带来良好用户体验。

例如苹果公司，崇尚将"客户体验做到极致"。客户价值以前意味着苹果公司为他们提供超出同业的最新技术，而自从乔布斯归来，苹果开始重新审视客户价值，破除封闭的老思维，将先进的技术、合适的成本和出众的营销技巧相结合。苹果的产品并没有什么特别前沿的技术，也往往不是业界第一个吃螃蟹的人，但是能够在合适的时机将合适的技术、以最适合消费者体验的方式设计出来，从而取得成功。

事实上，商业模式往往并不关注短期内如何赚钱，而是关注持续的盈利。

王安宇

早在20世纪50年代就有人提出了"商业模式"概念，但直到40年后(20世纪90年代)才流行开来。近年来各种商业模式日趋复杂，如何评价并甄选可行的商业模式，成为学术界和实践界关注的热点。

成功的商业模式，首先需要目标客户界定清晰。创业者往往有一种不恰当的想法，即希望设计出来的产品能够被尽量多的人购买。但事实上，不同消费群体的需求特征不相同，满足所有消费群体需求的产品往往不具有特色，这导致它们很难在激烈的市场竞争中胜出。

其次，成功商业模式的价值主张必须明确而独特，比如帮助目标客户解决问题，缓解目标客户的困扰，或者满足那些未被满足的需求。

第三，价值分配必须实现"帕累托改进"。商业模式的利益相关者都能够从参与该模式中获益，才有积极性，才愿意被你整合。

第四，具有支撑价值主张和关键业务的充足资源能力。

第五，成功商业模式在设计初期往往体现了高管的前瞻性，商业模式也需要根据环境条件的变化做动态调整。

潘 崴

在互联网领域，一种成功的商业模式一要具备核心的资源优势，比如资金、技术、产品、专利等，并能够依赖这些优势建立起强大的门槛；二要具备能够快速复制的特性，能够在较短的时间内建立起较大的规模优势。

↓成功的商业模式能不能复制？比如说乐视能否将做"超级电视"的手法复制到"乐视汽车"上？

宁 钟

成功的商业模式能够被复制，在快速扩张的大潮中，通过兼并和收购，将优秀的商业模式复制到新的企业甚至新的行业，成为很多企业做大做强历程中的必经之路。

商业模式如何复制？就是复制你的差异化。持续获得成功的关键，就是不断地复制核心差异点，将自己的差异化复制到新的领域。

在国内，目前最简单的一个办法就是模仿国外现有的商业模式。当然，应当避免的误区是僵硬、教条式的复制，企业应当结合具体环境和时机进行适当创新，这就是"模仿式创新"。当然，在复制商业模式的同时，应注重差异化，形成自身独特的竞争能力。

王安宇

成功的商业模式是可以被复制的，但是不能盲目复制别人的商业模式。常见的误区是没有审视自己的目标客户数量是否成规模、是否具备足够的核心资源和能力，以及所在产业的竞争和规制状况等。

潘 崴

任何成功的商业模式都有其独特性，只可借鉴，而不能完全复制。需要注意的是，某种商业模式需要放在特定的发展时期和特定的地域来看才有价值，合则毫无意义。

↓决策者在商业模式中扮演什么角色？

宁 钟

老板或者决策者在商业模式中扮演着"龙头"的角色，一个好的商业模式的诞生和执行都与决策者密切相关。我们很难想象，如果苹果没有乔布斯、阿里没有马云，今天这两家伟大的互联网企业会变成什么样。决策者是龙头，决定了企业的发展方向，其才情的高低直接决定了企业的模式是否能够成功和持续发展。好的决策者能够凭借其独特的魅力引领团队，提出独特的价值定位，为客户带来差异化的体验。

↓前段时间大家都在讨论"互联网思维"，互联网企业的创新也倍受关注，一些人甚至将互联网企业的成功创新"神话化"，认为他们的成功经验可以在任何行业复制推广。各位如何看这一论点？

王安宇

互联网更多是一种工具。20世纪90年代末，基于互联网的创新多了起来，特别是在美国，大量的新商业模式被设计出来。最近几年，移动互联网的兴起，互联网经济的概念再度风生水起，过去无法实现或者不经济的商业模式有了吸引力。但是，商业模式设计不能仅靠所谓的"互联网精神"或是"互联网思维"，还需要基于大量的商业智慧和对目标领域的理解力。

宁 钟

互联网颠覆了众多行业的生存模式，也改变着人们的思维方式，"外包一切，以营销赌天下"的理念，因互联网企业及互联网的传播而异常喧嚣，这类明星企业被冠以"互联网思维模式"的胜利，引来无数的仿效者。

我认为互联网"包打一切"的思维是错误的，虽然企业以互联网的思维看待、审视业务及市场十分重要，但是，如果企业生产经营的各环节不能做精做好，企业同样无法胜出甚至生存。

即使在互联网时代，竞争依然是全价值链的竞争。生产制造的价值应该被重新看待，它不是落后和廉价的代名词，而是综合竞争力的体现。

潘 崴

互联网只是工具，没有一种所谓"互联网模式"能够包打天下，只有那些基于对这个市场的特性和特定用户人群的深刻理解而推出的商业模式，才能成功。

目前适合互联网企业进军汽车行业的模式，是建立开放式协同创新的跨界模式，即主要是通过与汽车厂商合作，抢占汽车这一移动终端，植入自己的数据处理模式，打造"内容＋平台＋终端＋应用"的产业链体系。

未来，汽车将不再只是单纯的交通工具，而进化成为具备强大计算能力、娱乐功能、网络接入能力的超级移动终端。汽车与手机和平板类似，将变成移动互联网时代的入口之一。互联网企业正是基于这样的判断才有了自己造车的想法，目标不是销售车辆，而是通过掌握汽车这一入口，为用户提供更大的价值。

互联网很难颠覆传统产业的根本价值，但却能给传统行业带来重大变革。因为互联网最有价值之处，不在于改变大多数传统行业的本质，而是对已有行业的潜力再次挖掘，用互联网的思维去重新提升传统行业。

【延伸阅读】

《Facebook效应》

作者：David Kirkpatrick
（华文出版社）

为完成这本书，作者采访的与Facebook相关的人超过130名，包括所有的创始人、早期员工、投资人、意向投资人、合作伙伴。以其细腻的笔触，精巧的叙事结构，解密了Facebook如何从哈佛的宿舍里萌发，创始人的内讧、权力之争，如何放弃华盛顿邮报的投资，怎样争取到第一个广告客户，而第一轮融资又如何获得1亿美元的估值，让人痴迷的图片产品如何上线，如何面对Twitter的竞争，与Google的世纪之争……

Facebook从无到有的历程固然史无前例，但这本书中令人印象最为深刻的地方并不在此，而是公司经历超速发展后，创始人团队彼此之间不断升级的内讧和权力之争。比起公司草创之初胼手胝足这些我们已经熟悉了的温情场景，功成名就之后翻脸无情的利益争夺更让人触目惊心……它展示出所有成功创业企业不愿外人所知的"另一面"，而它，却是每一位有志创业者都必须学习、接受、度过的一关。

下一个十年,我们怎样学习

要探讨未来怎么学习,不妨先梳理一下,现有的学习方式和教育制度有哪些优势和弊端。

从世界范围来说,中国的学生是最辛苦的,悬梁刺股的学习方式使得中国学生的根基最为扎实,不过,再往上走,填鸭式教育的弊端便显现出来——固定的思维模式使得中国学生的创新力不足,在大学及更高阶段反而落后于欧美学生。

此外,教育资源的分配不公也是一大突出问题。由于优质资源和人才越来越有向一线城市、重点学校集结的趋势,让名校"坑位"一票难求,不少家长只能退而求其次,早早将孩子送出国。

看到了弊端,才有了未来学习的畅想。有没有什么方式,能够有效释放名校资源和名师资源,让有意愿学习的人能如愿以偿? 在互联网及移动互联网时代,答案已经若隐若现。最初的破墙者是MOOC,即大型开放式网络课程。2012年开始,美国的顶尖大学陆续设立网络学习平台,在网上提供免费课程,给更多学生提供了系统学习的可能,也真正意义上拆除了大学的围墙。在中国,包括复旦大学等名校也相继开设了网络课程,让更多的人有了学习的机会。

不过,移动互联网的加入,也给教育带来了新的命题——无法以完整的时间来打包学习,未来,我们将面对一个更加碎片化的学习环境和知识体系。这其中会有更多的思考,比如90后,00后是否能适应碎片化的学习方式,并有能力将它们重新规整;还比如,未来的学习模式必定是个性化、自适应的学习模式,根据学习者的学习能力和难度提供个性化服务的模式,但如何重新建立一个有说服力的评价体系,对当代教育来说,都是课题。

当然,互联网环境下的学习可以改变资源的不公平现状,可以让国外的教育与国内教育相融合,但并不能有效改变创新能力不足的现状,未来的学习如何有效激发创新,也是任重道远的事。

嘉宾

陆雄文教授

复旦大学管理学院院长

"中国要走上创新型国家发展之路，教育的缺失最为关键。开启教育改革与学习革命是当务之急。顺应学生天赋，发展更多可供选择的优秀大学，以培养心智成熟、人格独立的未来人才为目标；同时，融入技术平台发展带来的学习革命中，促进社会知识的分享和全面学习。"

熊丙奇博士

教育学者、21世纪教育研究院副院长

"要真正推进改革，最核心的问题是如何建立新的改革机制，全国教育改革方案必须由地方人大和全国人大审议通过，另一方面，推进改革也需要自下而上的参与，民众应具备参与改革和推动改革的意识。"

姬十三博士

果壳网CEO、科学松鼠会创始人

"自工业革命以来，技术在各个领域带来的突破性变革数不胜数，这种变革并不总是一帆风顺，我相信互联网技术对学习的影响同样如此。在发展初期会有一段探路的过程，然后在某个局部领域，颠覆性地改变人们的学习模式。"

张志敏

格致中学校长

"我们常常反思小班化的教育效果，由于国情的不同，中国的家庭独生子女居多，独生子女本来就缺乏沟通和交流，所以在学校与更多的同龄人进行交流就更为需要，人和人之间的接触交流是最重要的学习。所以，从信息和思想获得的角度而言，读万卷书还要行万里路，行万里路更要阅人无数。"

张成洪

复旦大学管理学院信息管理与信息系统系教授

"移动互联网时代，只要有意愿，随时随地都可以学习，未来的学习型社会，学习真正回归了我们的生活，分享变成了共识，教育是全社会的共同行为。"

钟 雯

中国东方航空股份有限公司培训中心总经理

"以后的学习是碎片化、移动化，我们用O2O线上和线下结合的模式来推进员工学习，同时，建立了学友圈，以满足社区化的学习需求。"

庞 琦

麦当劳中国汉堡大学校长

"企业大学的培训会有三个发展阶段，第一个阶段为'训练'，即企业大学安排的训练课程，第二阶段为'学习'，即员工由内而外的自发的学习愿望。而人员和企业的持续'发展'是企业大学的终极目标。"

唐海松

Elite Educational Institute 联合创始人

"通过MOOC看教学视频，老师线下答疑解惑，讨论练习。其优势在于学习者不需要名师在身边上课，教师也可以把精力放在个性化发展上。"

王治钧

Ted to China 组织者

"未来十年传统教育会受到挑战，因为自下而上的学习能力辨别度会越来越好。真正的学习来自自己的兴趣，其中会有各种各样的冲突，你必须要面对这种压力。"

受挑战的传统教育

↓"传授知识、推动创新、培养未来一代"是教育的三项目标，然而，中国目前的教育体系所传递的"知识"和追求的"使命"与这三个目标是否相符？传统教育面临哪些挑战？

张志敏

我认为传统教育面临的首要挑战是教材，即学习内容。我以为，现在高中的教材内容呈现的绝大部分是过去式的知识，我们要培养的学生是面向未来的人才，具备应对不断发展和变化环境的能力，仅仅把已成过去式的知识传授给他们。这样的教材必须要改变，要让学生学习现在和将来的知识，更需要强调学习方法的传授，"授之以渔"，而非"授之以鱼"。"渔"即渔网，渔网是使用工具的方法，修补渔网需要能力，改进渔网运用智慧。这就是我们对学生创新能力的培养。

第二个是大学自主招生的问题。现在的中学校长推荐制度有进步，但没有根本解决问题。现在的招生制度说是招生，实际上是派生。高考当天发挥不好，学生之前的学习前功尽弃。大学自主招生应该授权中学校长自主推荐，校长凭他的经验、人格和职业操守把创新人才推荐给高校。这就是创新人才的选拔。

创新人才不可能在原先照本宣科式的教育模式下诞生，鼓励学生发现问题，提出问题，解决问题，才是创新人才的培养路径。如果一个老师被学生的问题问得哑口无言，那我认为他的教育是成功了，因为他唤醒了学生自主探索学问的意识。

熊丙奇

当前教育的最大问题，在于教育的价值理念，我们应推进公民教育，培养每个公民独立的人格和自由的思想。在北美的学校，即使是中小学生在作业上写下内容，如果是摘抄的都必须写明出处。这样的要求建立了学生心目中的诚信意识。教育，应该是以道德价值为基础的。

其次，有区别的对待教育投入。我认为对教育加大投入，主要是指加大基础教育的投入，高等教育需要更多社会资源的参加，哈佛大学拥有400多亿的哈佛基金。政府对高校投资越多，行政化就会越严重。

第三，把选择高校的权利交还给学生。当学生同时拿到几个大学的录取通知书，那时的自主招生才体现了其价值。

庞　琦

中国的企业大学数量已经超过两千所，超过了教育部认可的正规高校数量。中国的中小学教育里更侧重于知识，而企业需要的人才的各项能力，跟学生在大学阶段学习到的又并不能百分之百匹配，因此，企业大学必须承担起自己培养员工职业技能和社会人格的职责。所以，如今企业大学的发展现状也能从一个侧面来理解中国教育的问题。

唐海松

我们现有的教育是流水线式的，对于孩子以下六个方面的能力没有涉及。首先是学会如何解决问题。其次是写作能力。写作的优劣不在于词汇量，而在于思维架构的训练。第三，学会如何讲演，这同样需要逻辑和技巧的培训。第四是编程，编程培养了孩子的逻辑思维。第五是时间管理的能力。我在大学期间每天的阅读量是150页左右，关键问题是你怎么安排你的时间。最后一点，也是最重要的，就是个性，要鼓励孩子学会冒险，学会忍受失败。

↓传统教育改革的路径在哪里？

陆雄文

教育改革首先要去行政化，通过公共的机制推动教育监管，而不是由政府部门自己监管。

制度创新是核心，教育改革需要我们从不同角度去碰撞、冲击，所有家长、教育工作者、独立的公共教育知识分子来推动。我想中国的教育改革很有可能从民间自上而下推动，民间有意愿自己办教育的，我觉得政府应该允许。在公共的教育平台上可以得到个性化教育，培养独立成熟、有使命感，这样的社会公民，我觉得这是未来改革的目标，这个做不到，创新国家就是奢谈。

熊丙奇

现在有两个重要的国家决定都是面对未来十年的，从教育的发展来讲，我们的规划纲要已经做到了2020年，民间社会可以做一些事来推动它：第一，一线的教师、学生、家长的力量，第二呼吁企业的力量，第三是NGO的力量。我觉得制度的改革，将为整个教育改革提供更大的平台。

技术推动学习型组织的建立

↓当今信息技术的飞速发展，对学习的影响不仅表现在新技术与手段的运用上，更表现为新的动力和理念。在这样的背景下，学习的内容、方法发生了哪些深刻变革？

张成洪

借助互联网的力量，我们可以改变学习的规则和做法，在移动互联网时代，只要你愿意学习，随时随地都能学习，真的让学习回归了生活，必将逐渐形成一个学习型的社会。在未来的学习型社会中，学习是人们的核心生活方式，分享和互助成为共识，教育是全社会的共同行为。

姬十三

我觉得学习会变得更加无所不在，变得超越学校之外，根据我们的调研，中文MOOC用户更加不在乎课程是否收费，他们的需求很简单，只要学好的内容。

这是否说明我们面对的学习环境和教育环境太差了，以至于我们遇到好的课程，会不在乎是否花钱。

王治钧

多年前，第一批跟着我做TED志愿者的都是复旦的学生，这些年轻人接收信息的速度和数量非常大，我远不及他们。我们通过互联网的方式聚集在一起，现在的互联网上，每一个人都是有标签的，人们很容易找到和自己有相同兴趣爱好和志向的伙伴。我们一起组织线下活动，通过互联网的传播计更多相同标签的人在此聚合。

以学习者为中心

↓新的学习方式引发了以兴趣学习为基础的学习社区的诞生，而学习是一个对持续性要求非常高的活动，如何持续激发学生的兴趣，使社区学习成为一种可持续的学习方式？同时，学校和企业培训虽然是有组织的学习，存在一定的压力，但学生的兴趣同样需要培养，以促进学习的主动性，有没有创新的做法？

庞　琦

从企业角度来说，我们对员工的培训在过去的两三年中经历了两个较大的转变，这也是未来的趋势。

第一，课堂教学方式转向多元化的学习方式。

第二，从"训练"转向"学习"和"发展"。职业教育会有三个发展阶段，第一个阶段是"训练"，即企业大学安排的训练课程，第二阶段为"学习"，即员工由内而外的自发的学习愿望。而人员和企业的持续"发展"是企业大学的终极目标。

企业培训是商业化的，讲求结果，人才和企业的持续发展是企业大学的终极目标。但我们赋予了"发展"更多的内涵，不仅在于能力发挥、职业空间的发展，还包括心灵上的发展，人格上的发展。这是企业学习型组织的变化，从单一的学习方式，变成训练学习发展的方式。

王治钧

真正的学习来自自己的兴趣。兴趣是很好的老师，兴趣可以让你学会很多东西。我本来是学习金融的，也考过CFA，但我对互联网有很深厚的兴趣，当2009年我发现该领域有很多的工作机会，我就跟随我的心愿进入了数字媒体营销领域。2013年，互联网金融发展火热，恰好将我的专业和兴趣结合起来，我又回到了原先的金融行业。

未来十年传统教育会受到挑战，因为自下而上的学习能力辨别度会越来越高。

张成洪

由于信息技术可以记录每个人的学习过程和学习效果，在线学习过程中完全可以采用游戏式的"过关"模式，通过完成任务的成就感激发个人的学习兴趣；也可以通过社会化媒体交流学习进度和体会，通过个体或群体之间的竞争保持学习兴趣。因此，可以采用游戏式学习模式，形成以学习者为中心的个性化促学体系。

移动端"碎片化"浸透

↓知识学习讲求"体系"，才能形成知识储备，移动互联网的迅速崛起使阅读习惯更加"碎片化"，这与碎片化阅读习惯和及时性内容获取的移动互联网特征形成了矛盾，这对矛盾如何化解？

钟 雯

随时随地的终身学习时代已经到来。

东航的"掌上学堂"已经登录了移动手机端，推了3到5分钟哈佛在线商业视频，东航高管对管理的见解，新书推荐等。这种碎片化的学习在企业中很重要，现在的员工，把工作和生活分得很清楚，不愿意工作占用其他的时间，而且，用不到这个东西，大多数员工不会主动学习。员工不需要理论知识的东西，我们需要用另外的东西去打动他，让员工从一个碎片化的内容了解他感兴趣的知识，当他发现了价值，他又会深入PC课堂学习躲过的内容。这是一种牵引和渠道，但不是最终目的。所以我们推出了"i"学习平台，应用互联网的技术对学习方法进行改变。

姬十三

90后、00后的移动化、碎片化信息捕获能力远远超越我们这一代，他们可以从碎片化和移动化的信息中，找出一个切合这个时代机能的体系。

教育创新需线上线下"共勉"

↓知识分享和教学互助使"线上课程、线下服务"的模式悄然兴起,国内已有不少培训机构采用此类模式,并称之为"O2O学习模式"。传统零售行业的O2O模式为现实中的商家提供了一个展示自己的电子商务平台,消费者通过这个平台购买并享受由实体商家提供的产品或服务。在你们看来,O2O学习模式是否有不同的内涵? 它会成为未来学习的主流模式吗?

张成洪

线上学习的优势是很明显的,即学习者不受时间和空间的限制,可以按自己的节奏自由自在地学习; 同时线下面对面的交流学习也是非常吸引人的,甚至是不可替代的,因此线上线下的混合式学习模式将是一个趋势。在混合式学习模式下,学习者的学习进度、内容、情景和讨论可能需要在线上与线下之间自由切换,即需要"无缝"学习。另外,对于以线上为主的自主式学习,则需要有较完整的助学体系,让学习者在任何时候、任何地点都能获得及时有效的帮助,助学体系可以包括教师对学生的帮助服务和学习者之间的互助,也可以包括线上和线下的各种助学活动。

姬十三

混合教学、反转课堂是未来教学的趋势。我们过去在教室里听老师讲课,课后完成习题和作业,而混合教学是"反"过来的。

上课之前,学习者先通过MOOC看完老师的讲课视频,然后做完作业。在教室里,老师答疑解惑,并讨论每个人的作业情况。这样的好处在于,首先你不需要名师在身边教课。在教学上,老师可以把精力放在更重要的个性化发展上。这样的模式已受到非常多的机构推崇。

庞　琦

我们把传统的学习方式变成了网上学习方式,把具体课程从原先的一个星期扩展到五个月。前四个月学习者需要参加每月60分钟的网上学习,基于我们的调查研究,网上学习的时间不能超过60分钟,超过60分钟,这个人的注意力就不能集中。在这60分钟里他跟网上的教授、同学开展研讨,60分钟后,学习者学到了一些知识。然而,这并不是最重要的,对企业大学来说,知识不是力量,运用知识才是力量。在这月其余的时间里,员工需要将他学到的知识,运用到工作、生活中,并养成习惯。我们通过一小时的线上学习,配合一个月的线下练习、实践帮助大家运用知识。第五个月,所有的受训同事回到企业大学进行为期三天的面对面战略模拟和演练，以此帮助员工将学习到的知识融会贯通。目前来讲，这样的学习方式比原来传统的方式更有效。对企业来讲，还有一个资源是学校里没有的，那就是该学员的上级领导。我们鼓励上司教练和帮助员工在工作中持续运用培训中所学到的知识。

我不确定这样的方式未来是否有机会推广到中国的基础教育和高等教育阶段，但对于具有较强自主性的年轻一代来说，是比较有效的。

知识分享成为共识

↓传统教育采用一对多的授课模式。而移动互联网时代的学习，要求教育组织由原来的单向流动，转型成由社会网络构成的原生态教育组织形式。原生态教育组织形式讲求"互助"，知识分享成为共识。有哪些方法可以激励分享和互助？在传统学校和企业内部，如何解决分享与互助的难题？

钟　雯

企业培训目前面临最大的挑战是，如何让大家自主参与。好的课程和体验很重要，但调动学员的积极性还需要一些小技巧，比如，我们会准备一些小奖品来鼓励微信问答。然而，最能够吸引学员主动参与的，还是人与人的连接，所以在移动端上，我们将学友圈代替了好友圈，将培训带到员工的圈子里，以适应碎片化、移动化、社区化的学习需求。

王治钧

生活本身就是一段学习的经历，我相信学习会一直伴随终身。互联网只是一个工具，这个工具可以让很多人便捷地接收信息。同时，它也是一个学习和分享的过程。线下学习同样如此。所以，对于很多学习者来说，学习的同时也承担着施教的责任。

勿让学习迷失在技术浪潮中

↓哲学家克里希·那穆提在《一生的学习》说道："我们可能获有学位，具有像机械化的效率，然而却没有智慧。"人们过多地谈论技术带来的学习变革，是否忽略了其他因素对于学习的重要影响？

张志敏

目前在校的学生大多为独生子女，他们的亲缘结构中，没有兄弟姐妹，再下一代没有叔叔、舅舅、阿姨，他们的社会关系是单一的，缺乏家庭亲缘结构支撑。孩子在家庭里独自长大，过着"两点一线"的生活，成为"孤独的成长者"。当前互联网的飞速发展拓展了独生子女和更多的人群沟通和交流的视野和空间，也给教育工作者提出了如何指导学生运用网络资源进行学习和交流的问题。

唐海松

生活变得太碎片化，我们有没有可能返璞归真，留出一段完整的时间来学习？互联网只是一个媒介，学习的本质是明白生活的意义，注重能力的培养。这些都将在跌宕起伏的人生演进中教会你。

姬十三

从生物学的角度来讲，当环境始终处于学习者的能力范畴边界之外，但踮脚就可以碰到的位置，生理学证明这时的学习效率是最好的。在互联网时代可以找到足够的素材和条件可以满足这样的环境。

不管未来的教育模式发生怎样的变化，最重要的是学习方法的选择。每个人都有适合自己的学习方法，而适合于我的，未必适合于他，找到一个适合自己的学习方法最为重要。

后 记

让各界以正视和开放的态度共商有无、互师互学，这就是复旦大学管理学院与《文汇报》于2010年携手共创"文汇-复旦管理学家圆桌谈"的初衷。这个"一月一会"的系列活动在各方的支持与爱护下已经坚持了五年，至今汇聚了百余位复旦管理学者、海内外经济学家、媒体人、企业家、投资者，以及来自相关行业协会、政府和法律界等人士，参与圆桌对谈，交流碰撞观点，凭借其在各自领域的深度思考与知识经验，多维度解读商业与社会热点话题。

在此背景下，首辑凝炼谈话精髓的书籍《巅峰对话——文汇-复旦管理学家圆桌谈》在2013年问世，如今时隔两年有余，又恰逢复旦大学管理学院恢复建院三十年之际，我们将该书第二辑献于大家。

书中汲取了两年多来的三十个精华主题，以"寻找经济新常态"、"产业突围与破局"、"反思：监管、社会责任与可持续发展"、"技术助力商业洞察"、"'互联网+'生态圈"、"创新创未来"等六个篇章，揭示经济转型时期产业、行业、企业面对挑战而进行的探索与尝试，中国经济近年来从高增长转向中高速发展，经济与管理领域都需要找到新的平衡点；另一方面，以往的高增长难免也带来一些负效应，诸如环境问题、安全问题等，也需要在新的时期找到与经济发展共行的、更可持续的平衡解决方案，而各种新技术为商业带来了深度融合的新力量，互联网"加"出了更多的可能性，改变着经济格局。

细读这些文章，似重现当时的圆桌谈现场，虽时光逝去，但热度不减，这些思考的记录也从未失去其价值，反而让我们能更清醒地深思一些问题。

处于这样一个美妙的时代，挑战与机遇并存。借由此书，我们期望能与您一同再学习、再交流，面向未来，创造价值。

图书在版编目（CIP）数据

巅峰对话：文汇-复旦管理学家圆桌谈.2/ 文汇报
经济部，复旦大学管理学院编著. -- 上海：文汇出版社，
2015.10

ISBN 978 - 7 - 5496 - 1638 - 1

Ⅰ.①巅…　Ⅱ.①文…②复…　Ⅲ.①管理学　Ⅳ.
①C93

中国版本图书馆CIP数据核字（2015）第242745号

巅峰对话
——文汇-复旦管理学家圆桌谈（第二辑）

复旦大学管理学院　文汇报经济部 / 编著

责任编辑 / 竺振榕
特约编辑 / 胡敦伦
封面装帧 / 戴云　张晋

出版发行 / 文汇出版社
　　　　　上海市威海路755号
　　　　　（邮政编码200041）
经　　销 / 全国新华书店
排　　版 / 南京展望文化发展有限公司
印刷装订 / 启东市人民印刷有限公司
版　　次 / 2015年10月第1版
印　　次 / 2015年10月第1次印刷
开　　本 / 787×1092　1/16
字　　数 / 387千字
印　　张 / 19.25
ISBN 978 - 7 - 5496 - 1638 - 1
定　　价 / 48.00元